LA NATURE

REVUE DES SCIENCES

et de leurs Applications aux Arts et à l'Industrie

JOURNAL HEBDOMADAIRE ILLUSTRÉ

Fondé en 1873 par Gaston Tissandier

DIRECTION SCIENTIFIQUE:

L. DE LAUNAY

Professeur à l'École supérieure des Mines

E.-A. MARTEL

Ancien Vice-Président de la Commission centrale de la Société de Géographie.

J. LAFF....

Ingénieur-électricien
Licencié ès sciences physiques.

RÉDACTEURS EN CHEF : **E.-A. MARTEL. — J. LAFFARGUE**

Chaque Numéro comprend :

SEIZE PAGES GRAND IN-8· COLOMBIER

tirées sur beau papier couché, luxueusement illustrées
de très nombreuses figures, contenant de nombreux articles
de vulgarisation scientifique, clairs, intéressants, variés,
signés des noms les plus connus et les plus estimés.

UN SUPPLÉMENT ILLUSTRÉ DE HUIT PAGES
COMPRENANT :

Les **Nouvelles scientifiques**, recueil précieux d'informations.

Sous la rubrique **Science appliquée**, la description des *petites inventions nouvelles* et des *appareils inédits* (photographie, électricité, outillage d'amateur, physique, chimie, etc). *pratiques, intéressants ou curieux.*

Des **recettes et procédés** utiles.

Des **récréations scientifiques**.
Une **bibliographie**.
La **Boîte aux Lettres**, par laquelle les milliers d'abonnés de *La Nature* correspondent entre eux. C'est aussi sous cette rubrique que la Direction répond, avec une inlassable complaisance, aux demandes les plus variées des abonnés.
Le **Bulletin météorologique** de la semaine.

PARIS		DÉPARTEMENTS		UNION POSTALE	
Un an. . .	**20** fr.	Un an . . .	**25** fr.	Un an . . .	**26** fr.
Six mois. .	**10** fr.	Six mois. .	**12 50**	Six mois. .	**13** fr.

NOUVELLES

RECETTES UTILES

PETITE BIBLIOTHÈQUE DE "LA NATURE"
III

NOUVELLES
RECETTES UTILES

ET

APPAREILS PRATIQUES

PAR

GASTON TISSANDIER

RÉDACTEUR EN CHEF DU JOURNAL " *LA NATURE* "

5e ÉDITION

Avec 91 figures dans le texte

PARIS

MASSON ET Cie, ÉDITEURS

120, BOULEVARD SAINT-GERMAIN

PRÉFACE

Il y a quelques années nous avons publié sous le titre : *Recettes et procédés utiles*, un petit livre du format de celui que le lecteur a sous les yeux et dont sept éditions successives ont été épuisées en quelques années. Il a atteint sa huitième édition. Encouragé par cet accueil empressé de la part du public, nous avons fait suivre cet ouvrage d'un second volume du même format ayant comme sous-titre : *La science pratique*. Une troisième édition revue et augmentée de ce second volume a été pubiée au commencement de l'année 1892.

Le succès de ces deux ouvrages nous a démontré que les amateurs, les savants, les ingénieurs et les praticiens, qui travaillent dans la maison domestique ou à la campagne, dans l'atelier ou dans le laboratoire, étaient avides d'avoir des recettes, des formules, des tours de mains que l'on ne rencontre pas dans les livres et qui peuvent rendre des services.

Nous avons publié un troisième volume du
même genre que les précédents; nous en offrons
à nos lecteurs la troisième édition. Elle est sui-
vie d'un quatrième volume qui complète l'œuvre
entreprise. On voit que ces livres peuvent être
considérés comme le résultat d'une grande
moisson de faits utiles.

GASTON TISSANDIER.

Mars 1896.

NOUVELLES
RECETTES UTILES

APPAREILS PRATIQUES

Bonde automatique. — Ce petit appareil a été imaginé par M. William Hubert de Genève. Il offre des services réels et mérite d'être recommandé. La figure 1 ci-contre permet de se rendre immédiatement compte de son fonctionnement.

Supposons que la bonde un peu haute que représente la figure soit simplement percée verticalement d'un trou borgne dans lequel débouche le conduit latéral C s'ouvrant à l'air. Si, dans ces conditions, on ouvre le robinet dont le tonneau est muni, le liquide qu'il contient s'écoulera, aspirant à chaque soutirage une certaine quantité d'air plus ou moins impur et chargé de microbes. En peu de temps il se produira donc, pour ainsi dire fatalement, à l'intérieur de la barrique, des moisissures de nature diverse, déterminant l'acidité ou le goût de moisi dans le liquide avec lequel elles sont en contact.

Mais heureusement, par ses nombreux travaux, M. Pasteur nous a appris qu'un simple tampon de coton fin interposé sur le passage de l'air suffit pour le purifier entièrement, le filtrer en quelque sorte.

Tout naturellement M. Hubert a mis à contribution cette idée si simple et pour éviter le premier incon-

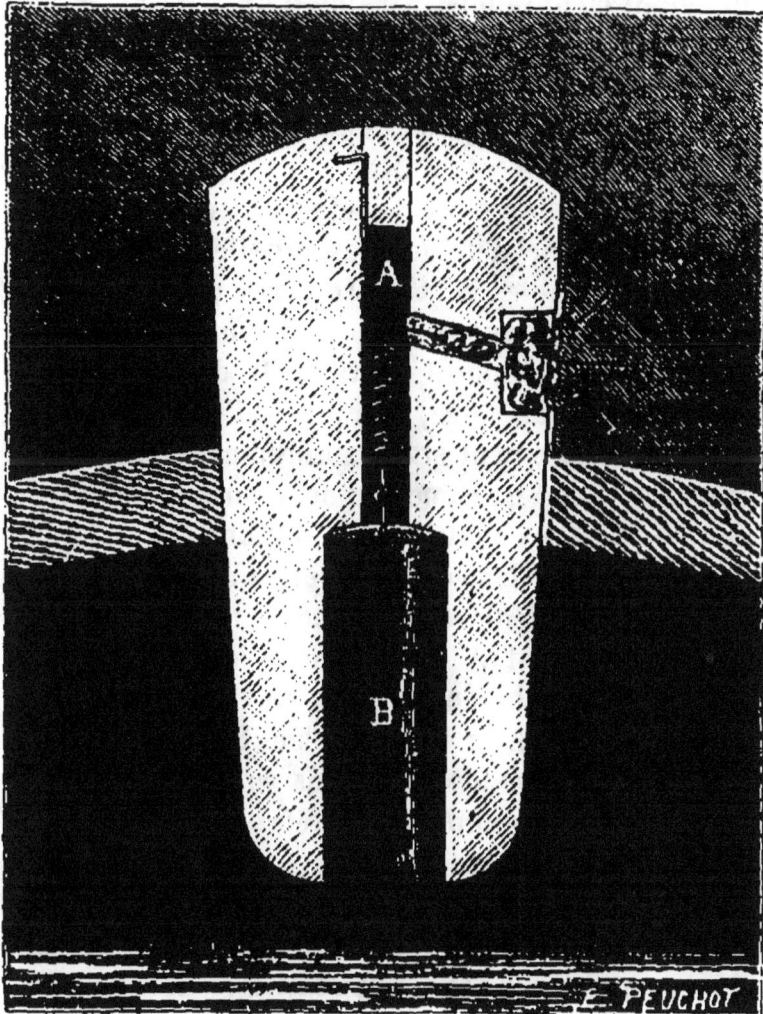

Fig. 1. — Bonde automatique de M. William Hubert.

vénient, il a muni le conduit C d'un filtre en coton maintenu extérieurement par une petite toile métallique. Mais avec cette unique précaution, la seule qui existe dans beaucoup d'appareils analogues, la bonde est bien loin d'être complète.

. Si, en effet, on ne s'astreint pas à boucher hermétiquement chaque fois, à l'aide d'un fausset, le trou de bonde, il se produit une déperdition continuelle de vapeurs alcooliques et des gaz nécessaires à la conservation du liquide. Peu à peu, de ce fait, le liquide s'affaiblit et s'altère, au point de devenir souvent impotable et quelquefois nuisible.

Mais se servir d'un fausset, quelle sujétion ! ici, rien de semblable. M. Hubert a remplacé le fausset par une petite soupape M fermant automatiquement l'extrémité du conduit vertical B de la bonde et appliquée sur son siège, au moyen d'un léger ressort en argent légèrement et constamment tendu.

Le trou d'air est donc toujours fermé, par conséquent, entre deux soutirages, l'évaporation du liquide est impossible. Vient-on d'ailleurs à ouvrir le robinet de vidange immédiatement par suite de la dépression qui se produit à l'intérieur du tonneau, la soupape se détache de son siège en tirant légèrement sur son ressort. L'air extérieur peut alors entrer en se filtrant comme nous l'avons vu jusqu'à ce que l'équilibre de pression s'étant rétabli, la soupape se referme d'elle-même.

L'appareil est donc à la fois filtrant et automatique : c'est ce double caractère qui nous a paru intéressant, et qui nous a conduit à le décrire.

Nous ajouterons que toutes les parties de la bonde sont inattaquables aux vapeurs des liquides soutirés et que le bois est rendu imperméable à l'air, aux gaz et à l'eau par une immersion à chaud dans un bain de cire.

Toutes les plus petites précautions sont donc prises pour que, en toutes circonstances, le liquide puisse conserver tout son arome, son parfum et sa force jusqu'à la fin du tonneau, sans contracter aucune des maladies auxquelles sont sujets, au bout de peu de temps, les liquides tirés au fût à la manière ordinaire. (M. A. C..., ingénieur.)

Un cadran solaire portatif. — Il y a quelques années, un antiquaire me fit cadeau d'un petit anneau de laiton d'une forme singulière, dont il ne connaissait pas l'usage, et dont il ne put m'indiquer la provenance. Cet anneau (fig. 2, n° 1) portait, encastrée dans une rainure extérieure, une bande de laiton que l'on pouvait déplacer circulairement. La bande était percée d'un trou, traversé par un trait perpendiculaire à ses côtés. En examinant l'anneau de plus près, j'aperçus, sur la partie externe, non loin d'un tenon qui servait apparemment à le suspendre en position verticale, des lettres assez mal faites, dans lesquelles je reconnus les initiales des noms des mois (1), et, à l'intérieur, de part et d'autre, d'un trait, une série de chiffres. La bande recouvrait une fente pratiquée dans l'anneau dans le voisinage des lettres.

Après avoir tourné et retourné ce singulier objet, l'idée me vint qu'il pouvait bien avoir servi comme cadran solaire d'une espèce particulière, basé sur la variation de la hauteur du soleil sur l'horizon durant

(1) Ces initiales sont les mêmes, à peu d'exception près, dans les langues les plus importantes de l'Europe.

la journée. Une expérience aussitôt faite confirma
cette idée. Quelques mesures grossières me mon-

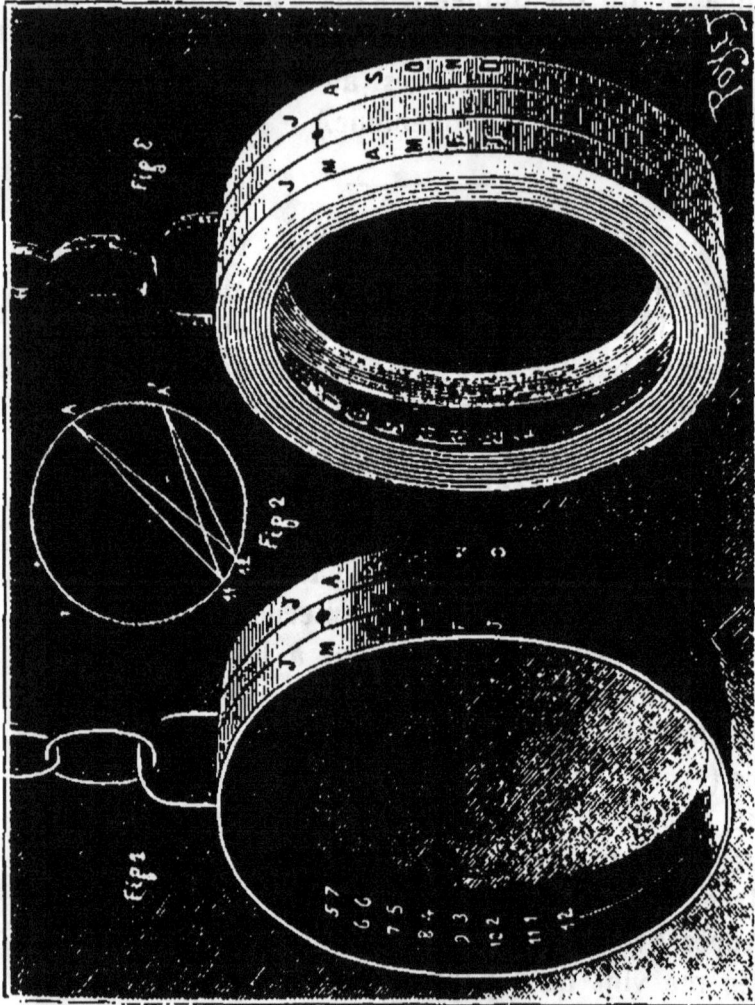

Fig. 2. — Cadran solaire portatif.

trèrent que ce cadran solaire avait été construit pour
une latitude que j'estimai être celle de Londres.

J'eus, à plusieurs reprises, l'occasion de m'assurer
que cette forme de cadran solaire est très peu con-

nue. J'en ai cependant trouvé la trace dans un livre anglais : *Le temps et ses indicateurs* (1). « C'était, dit l'auteur, un des premiers *porteurs de l'heure* qui aient été construits. Des anneaux de ce genre étaient très répandus au siècle dernier; ils étaient fabriqués en grand nombre à Sheffield, lorsque les montres étaient encore trop coûteuses pour être d'un usage général. Certains de ces anneaux, d'une construction supérieure, étaient faits de manière à pouvoir être employés à diverses latitudes. »

La théorie élémentaire de cet instrument est aisée à établir; on reconnaît que, plus on approche du solstice d'hiver, plus l'ouverture A doit être abaissée. Hors de la zone équatoriale, ses positions extrêmes diffèrent de 94° environ. Mais, grâce à une propriété bien connue du cercle, les angles tels que 11 A 12, 11 A' 12 (fig. 2), ayant leur sommet dans les divers points que peut occuper la petite ouverture, et dont les côtés passent par les mêmes chiffres d'heures, sont égaux. L'instrument serait donc rigoureusement exact si les différences entre les hauteurs du soleil pour deux instants déterminés du jour étaient les mêmes en toute saison. Tel n'est pas le cas; mais en adaptant les chiffres inférieurs à la moyenne des variations de la hauteur solaire, on arrive à réduire les erreurs extrêmes à moins d'un quart d'heure pour une latitude moyenne. Il est aisé de se convaincre, sans aucun calcul, que cet instrument ne peut pas être employé aux latitudes élevées, puisque, aux pôles, le soleil se trouve sensiblement à la même hauteur pendant toute une journée.

(1) *Time and time-tellers*, by James-W. Benson.

Il est très facile de construire un cadran solaire portatif en carton de Bristol; il est utile de lui donner un diamètre supérieur à 10 centimètres et d'assurer l'invariabilité de sa forme en le renforçant par des anneaux découpés, comme le montre la figure 3. Un fil de plomb placé à l'intérieur sert à en contrôler la verticalité.

Ce petit travail de cartonnage tentera peut-être quelques-uns de nos lecteurs, qui trouveront dans la construction de cet instrument une bonne occasion d'étudier le mouvement apparent du soleil (1). (M. *Ch.-Ed. Guillaume*.)

Étau parallèle de Stephen. — Les moindres inconvénients des étaux ordinaires sont leur encombrement, le manque de parallélisme des mâchoires lorsqu'il s'agit de serrer de grosses pièces, et le temps perdu à visser et à dévisser le tourniquet lorsque les objets à placer successivement dans l'étau sont de dimensions très différentes. L'étau parallèle

(1) Je rappellerai, à ceux de nos lecteurs que la construction d'un instrument semblable intéresserait, que la hauteur h du soleil, en un lieu de latitude α, est donnée par la formule :

$$\sin h = \sin \alpha . \sin . \beta + \cos \alpha . \cos \beta . \cos \varsigma.$$

β étant la déclinaison du Soleil, ς sa distance au méridien, qui varie de 15° par heure de part et d'autre de midi. La déclinaison du Soleil, nulle aux équinoxes, est maxima aux solstices, où elle atteint 23°30' environ; d'un équinoxe à l'autre, elle varie proportionnellement au sinus du temps écoulé, la durée de 6 mois étant considérée comme équivalente à 180°.

de Stephen, très répandu aujourd'hui en Amérique
et en Angleterre, est à l'abri de toutes ces objections :

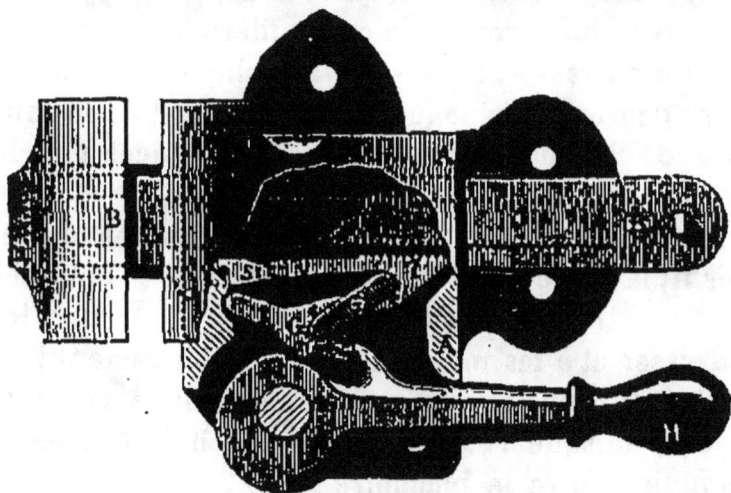

Fig. 2. — Élévation et plan-coupe de l'étau parallèle de Stephen.

la figure ci-contre qui le représente en élévation et
en plan-coupe permet d'en comprendre facilement
les dispositions simples et ingénieuses.

La mâchoire fixe A porte une cavité rectangulaire

dans laquelle vient s'engager une coulisse horizontale qui constitue le socle de la mâchoire mobile B. Le serrage s'effectue à l'aide du levier H qui, dans la position représentée sur la figure, est à l'état de repos et laisse glisser la mâchoire B à frottement doux et permet d'écarter ou de rapprocher rapidement les mâchoires jusqu'au contact avec la pièce à maintenir dans l'étau. Pour effectuer le serrage énergique et rapide de la pièce, il suffit d'amener vers soi le levier H en lui faisant décrire un angle d'environ 120 à 150° dans le plan horizontal et dans le sens des aiguilles d'une montre autour de son axe vertical. Ce mouvement produit une série d'actions mécaniques qu'il est intéressant d'analyser. Au début du mouvement la dent M quittant la butée m dégage un système de leviers qui permet à la crémaillère dentée t, sous l'action du ressort s, de venir s'appliquer contre une autre denture T ménagée sur le côté droit de la coulisse de la mâchoire mobile B. La pièce t et la mâchoire B deviennent ainsi solidaires.

En continuant le mouvement de rotation du levier H, la came fixée sur son axe venant s'appliquer en n contre les deux leviers G et G', tend à les redresser et à les mettre dans le prolongement l'un de l'autre. Pour que ce mouvement puisse s'opérer, il faut, puisque l'extrémité de gauche du levier G s'appuie contre la mâchoire fixe A, que l'extrémité de droite du levier G' se déplace de gauche à droite entraînant ainsi la pièce t et la mâchoire B. L'énergie du serrage dépend de la forme de la came du levier H et de l'angle décrit par ce levier. Il suffit de se rappeler les propriétés bien connues des leviers pour se rendre compte de la grandeur du facteur par

1.

lequel la traction exercée sur le levier H se trouve multipliée grâce à cette combinaison. Le mouvement en sens inverse du levier a naturellement pour effet de desserrer la pièce et de dégager la denture *t*, ce qui rend libre la mâchoire mobile B.

Cette combinaison de leviers, très simple et très robuste, fait de l'étau Stephen un outil extrêmement utile et précieux, non seulement dans les ateliers de construction, mais aussi et surtout chez le simple amateur, qui appréciera certainement les nombreux avantages d'un système sanctionné par la pratique et le succès. Les types établis sont de différentes grandeurs : le plus petit, spécialement disposé pour les amateurs, et pouvant se fixer sur une table, à l'aide d'un simple écrou à oreilles, a des mâchoires dont la largeur n'excède pas 5 centimètres. Le type le plus grand a des mâchoires de 17 centimètres. L'écartement maximum n'est que de 3 centimètres dans le plus petit modèle; il dépasse 28 centimètres dans le plus grand.

Enfin, les plus grands modèles ainsi que les modèles moyens sont munis d'organes supplémentaires s'adaptant aux mâchoires pour permettre le travail des pièces de formes irrégulières, pour prendre facilement des pièces de section circulaire ou pour couper bien droit des fils métalliques de toutes dimensions. (Dr Z...)

Nouveau fil à plomb. — Voici le croquis d'un fil à plomb qui est intéressant par sa forme nouvelle; dans cette étude, il fallait résoudre trois conditions : 1° pose facile du fil dans l'axe de l'instrument;

2° protection efficace de la pointe; 3° enfin, et chose principale, centre de gravité placé très bas faisant tomber l'instrument verticalement lorsqu'on l'abandonne à lui-même pour avoir la projection verticale d'un point élevé (ce qui n'est pas possible

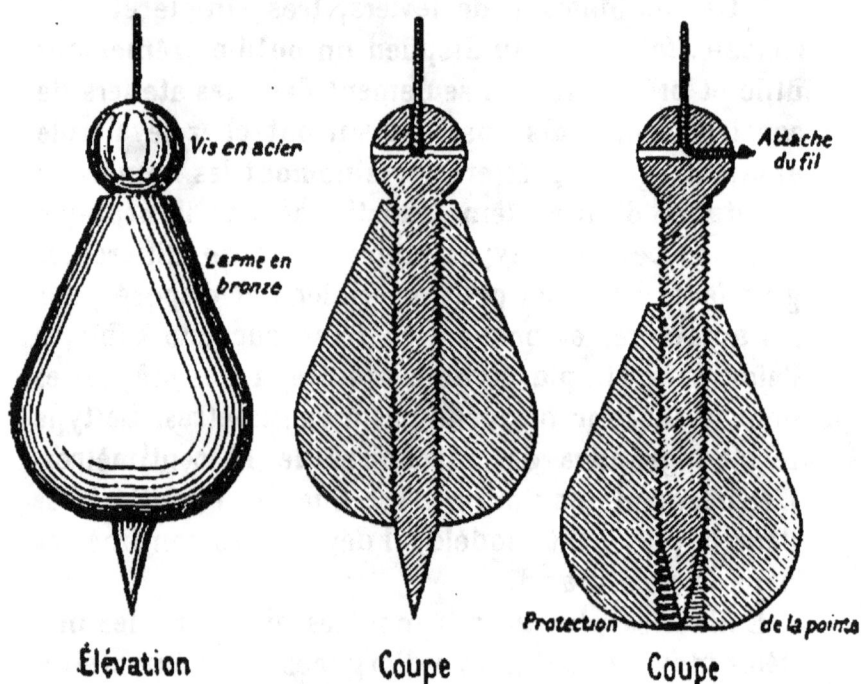

Fig. 4. — Nouveau fil à plomb.

de faire avec les autres formes). Cet instrument n'existe qu'entre les mains de quelques praticiens; mais il n'est pas difficile de le faire exécuter par un tourneur en métaux, car les formes en sont simples et symétriques. (M. A. C., à Lagny.)

_____

Une lunette pour quinze sous! — Pour un élu

admis à se servir des télescopes de lord Ross, de l'observatoire de Marseille, etc., il y a des centaines de mille personnes qui n'ont même jamais regardé les Pléiades dans une modeste lunette de théâtre.

Laissant donc de côté les sommets de la haute science, je voudrais offrir un aliment aux jouissances des plus humbles écoliers, curieux d'en savoir sur ce qui se passe là-haut un peu plus que ce que peuvent leur révéler leurs yeux.

Ceux auxquels je m'adresse savent que la lunette de Galilée est un tuyau terminé par deux verres lenticulaires, l'un objectif convexe à grand foyer, tourné du côté de l'objet, l'autre, l'oculaire, concave à court foyer tourné du côté de l'œil. La distance des deux verres doit pouvoir varier légèrement suivant la vue de l'observateur, et aussi pour permettre de regarder des objets terrestres rapprochés.

La lunette avec laquelle Galilée fit ses grandes découvertes astronomiques, montagnes de la lune, satellites de Jupiter, phases de Vénus, n'était pas meilleure que celle dont je vais indiquer la construction.

Objectif : un verre de bésicle n° 15 ou 18, c'est-à-dire de 15 ou 18 pouces, ou de 40 à 50 centimètres de distance focale ; oculaire : un petit verre biconcave de 1/2, 1 ou 1 1/2 pouce. Rappelons que le grossissement d'une lunette est le quotient de la distance focale de l'objectif par celle de l'oculaire ; que le champ est d'autant plus petit, la difficulté de viser d'autant plus grande que le grossissement est plus fort. Chacun pourra donc choisir entre des grossissements de 8 à 36 fois, suivant son habileté ou son audace.

J'assure que tout opticien pourra fournir avec bénéfice suffisant les deux verres requis pour une quinzaine de sous.

Passons au tube, amusant travail de cartonnage pour une personne soigneuse. On prend comme

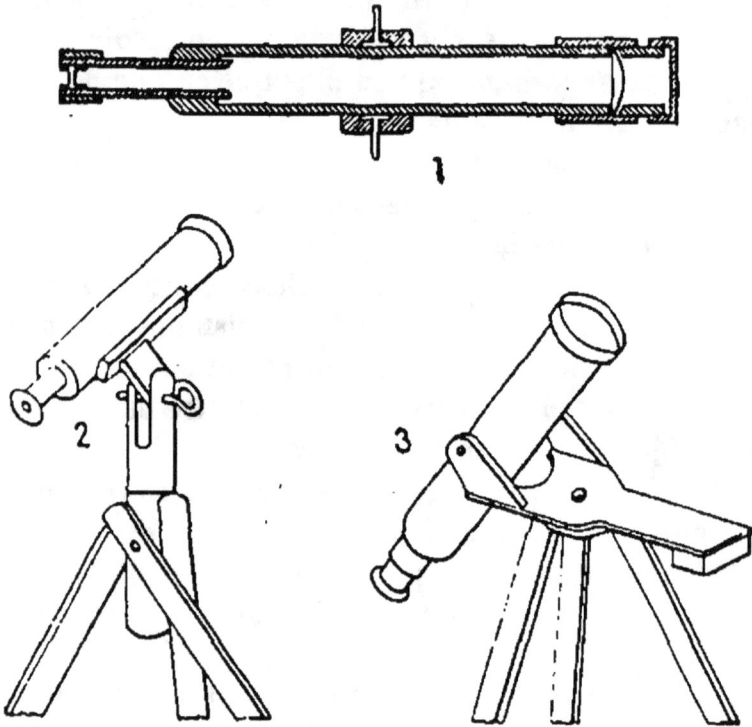

Fig. 5. — Lunette astronomique de 15 sous.

mandrin un cylindre de verre, de cuivre, d'environ 2 centimètres de diamètre, ou simplement un manche à balai. On l'entoure d'un papier s'y appliquant assez exactement quoique sans exagération et collé par le bord seulement, en évitant de mettre la moindre trace de colle sur le mandrin; sur ce papier on colle plusieurs tours de papier épais bien ajusté, n°

frottant soigneusement avec un couteau à papier au
fur et à mesure qu'on enroule le papier. Ce cylindre
se retire facilement par glissement de son mandrin.
Sur ce cylindre on peut en fabriquer de même un
autre dans l'intérieur duquel il glissera, ainsi de suite.

Avec des fragments plus ou moins longs convenablement ajustés, tantôt collés, tantôt à frottement
doux ou serré, on pourra confectionner une lunette
et pas mal d'instruments analogues.

La figure 5, n° 1 indique suffisamment la construction de la lunette de Galilée facilement démontable
pour le nettoyage ou le changement des deux verres.

Quelques détails complémentaires : il sera bon de
noircir l'intérieur de la lunette avec une préparation
faite avec du noir de fumée mouillé de quelques
gouttes de vinaigre et de la colle de pâte ou de la
gomme. Si un ajustage à frottement est trop lâche,
on le serre en collant à l'extérieur du tube intérieur
une bande de papier de largeur et d'épaisseur con-
venables; si un ajustage est trop dur, on l'adoucit
avec du talc.

Sitôt qu'une lunette grossit plus de 4 à 5 fois, et
j'estime que la majorité de ceux qui essayeront ceci
voudront en avoir une grossissant de 15 à 20 fois
elle doit être soutenue autrement qu'à la main. On
peut, faute de mieux, l'attacher à un tabouret placé
sur une table, de préférence avec des caoutchoucs
qui permettent des mouvements de bas en haut de
quelque étendue, le déplacement du tabouret donnant tous les déplacements de côté; mais pour peu
qu'on ait un peu de bois, un peu de zinc, quelques-
uns de ces outils que toutes les écoles commencent
à posséder, et de la bonne volonté, on pourra faire

un pied fort passable en s'inspirant d'un des deux
types représentés ci-dessus (fig. 5, nos 2 et 3). (*Bulletin de l'orphelinat Prevost.*)

**Manière de construire des accumulateurs
électriques.** — Chaque élément d'accumulateur se
compose de seize plaques de plomb de 15 centimètres de largeur sur 17 centimètres de longueur, et
d'une épaisseur de 2 millimètres et demi, placées
dans un vase en verre de 15 centimètres de largeur
sur 23 centimètres de longueur, avec une hauteur
de 20 centimètres Chaque plaque est munie d'un prolongement étroit qui est destiné à faciliter les connexions électriques. Les plaques de plomb sont découpées dans une feuille, comme l'indique la figure 6,
n° 1. C'est là une manière qui permet d'économiser
la matière. Les plaques, une fois coupées et aplaties,
sont rendues rugueuses. La figure 6, n° 2 indique le
moyen d'obtenir cette rugosité. On prend une lime
moyenne, on l'applique sur le plomb, et on frappe avec
un maillet. On fait la même opération sur les deux
côtés de la plaque de plomb. Les prolongements de
plomb, dont nous avons parlé plus haut, sont percés
d'un trou. Les plaques sont juxtaposées en alternant,
de façon que la moitié des bras se trouvent d'un côté,
et la moitié de l'autre côté. Toutes ces plaques sont
séparées les unes des autres à l'aide de morceaux de
bois paraffinés maintenus par des rubans de caoutchouc (fig. 7, n° 1). Les bras de plomb des plaques d'un
même côté sont réunis entre eux à l'aide d'écrous, et
forment les pôles de l'accumulateur (fig. 7, n° 2). Passons maintenant à la formation. Les éléments sont pla-

cés dans les vases remplis d'acide nitrique dilué (acide

Fig. 6. — Manière de construire un accumulateur électrique. —
1. Plaque d'une pile secondaire, A, vue de côté; B, vue en coupe;
C, vue en plan pour montrer le mode de découpage. — 2. Lami-
nage d'une plaque.

nitrique et eau, parties égales). On les laisse tremper pendant vingt-quatre heures. Ce premier traitement modifie la surface du plomb, la rend plus poreuse, et joint à la rugosité donnée plus haut, réduit le temps de formation de quatre ou cinq semaines à une semaine seulement. Quand on s'aperçoit d'une altération profonde sur les plaques, on jette la solution nitrique, et on la remplace par une solution de 9 parties d'eau et 1 partie d'acide sulfurique en vo-

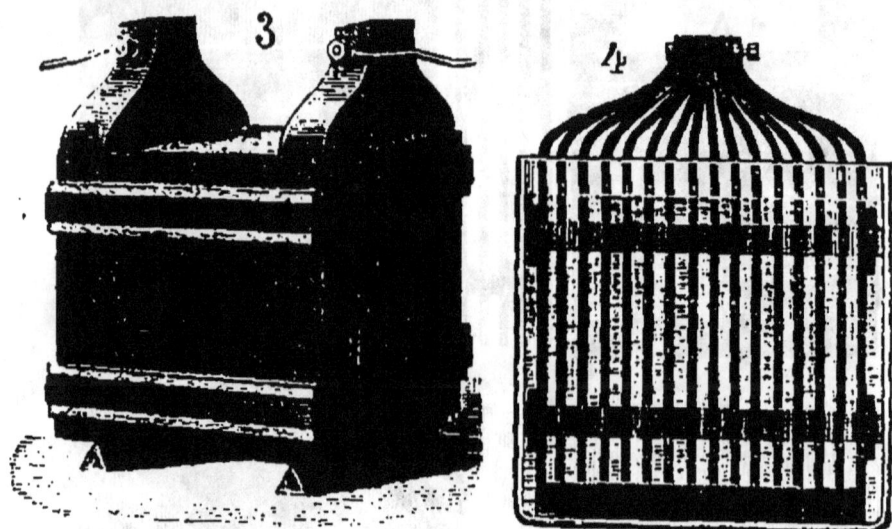

Fig. 7. — 3. Assemblage des plaques. — 4. Un élément complet.

lume. Chaque élément d'accumulateur donne une f.e.m. de 2 volts en chiffres ronds. La f.e.m. d'une batterie de n éléments s'obtient en multipliant le nombre d'éléments n par 2. Pour l'intensité du courant, à la charge, on ne doit pas dépasser 2 à 3 ampères par kilogramme de plaques; à la décharge, on peut adopter le même régime.

On place alors la batterie composée d'un certain nombre d'accumulateurs dans le circuit extérieur

d'une machine shunt. Au bout de trois à quatre heures, la charge est interrompue, et on fait décharger
les accumulateurs soit sur des résistances inertes,
soit sur des lampes. Ensuite les connexions sont de
nouveau établies, mais en ayant soin de changer le
sens du courant. Après cette opération, on décharge
encore les appareils, et on recharge en sens inverse.
Après trois ou quatre opérations de ce genre, la formation est complète. (D'après M. *Geo Hopkins* dans le
Scientific American.)

Serrure de sûreté facile à construire. — Voici

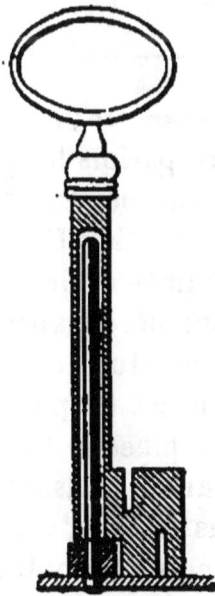

Fig. 8. — Clé de sûreté.

un moyen aussi simple que peu coûteux pour transformer aisément une serrure vulgaire à clef forée en

un verrou de-sûreté. Préparer une bague, soit en
métal, si on a sous la main les outils nécessaires
pour percer, soit en bois, cuir ou fil de fer roulé.
Cette bague sera laissée aussi haute que possible, et
autant que la disposition de la clef le permet. Enfiler
cette bague sur la tige jusqu'au fond de la serrure.
Enfin dégager l'extrémité du tuyau de la clef à la
lime pour en permettre l'introduction entière dans la
serrure, la bague prenant la place de la partie limée
sur la clef. On comprend dès lors que toute autre
clef semblable ne pouvant plus s'enfoncer suffisamment, ne pourra fonctionner. (M. *Maurice Bossière*,
à Paris.)

Sifflets pour pigeons voyageurs. — Il est très
important de défendre parfois les pigeons voyageurs
contre les oiseaux de proie. On emploie ordinairement des sifflets chinois. Ce sifflet est à deux tubes
et pèse environ 3 grammes et demi. Les tuyaux sont
constitués par une manière transparente qui a l'aspect de la corne; la monture est en bois et le tout
est verni. J'ai fait souvent l'expérience d'attacher ce
sifflet à la queue d'un pigeon, d'après le procédé indiqué. Le son me paraît suffisant pour écarter les
oiseaux de proie. Mais certains pigeons en paraissent
effrayés au début et ne s'y accoutument qu'à la longue. (M. *H. Lecoq*, à Menat.)

Sphygmographes économiques. — Pour rendre sensible à nos yeux les battements du pouls ou
du cœur on se sert d'appareils nommés sphygmogra-

phes, dont quelques-uns tels que celui de M. le Dr Marey sont enregistreurs; ce sont des appareils délicats

Fig. 9. — Sphygmographe en fil de laiton.

dont les prix sont *généralement élevés.* Nous avons remarqué depuis quelques temps dans différentes expositions un petit appareil d'un prix excessivement modique (0^{fr},25) et qui donne des indications très suffisantes dans la plus grande partie des cas. Il est constitué par un mince fil de laiton replié sur lui-même et contourné en spirale sur une partie de sa longueur ; l'autre partie restant rectiligne porte à son extrémité un petit drapeau. La dernière spire est soudée à un petit godet en métal (fig. 9).

Pour se servir de l'appareil, il suffit de l'appuyer comme l'indique notre gravure sur l'artère dont on veut rendre les battements visibles ; la tige qui porte le petit drapeau se met aussitôt à osciller d'une façon très sensible. L'amplitude et la fréquence des oscillation varient nécessairement avec les personnes soumises à l'expérience.

S'il s'agissait de faire voir les pulsations à un nombreux auditoire, il faudrait, pour les amplifier assez, avoir une tige oscillante longue et légère, conditions qui sont difficiles à concilier dans la pratique. Notre collaborateur, M. Arthur Good, nous indique une solution fort ingénieuse qui consiste à substituer à une tige matérielle un rayon lumineux venant tracer sur le mur ou le plafond d'une chambre obscure les mouvements du pouls (fig. 10). Ce rayon lumineux passant par un trou des volets, ou provenant d'une source artificielle disposée *ad hoc*, vient frapper une petite glace fixée au poignet par un bracelet de caoutchouc et suivant les lois de la réflexion va former une image sur le plafond. Par suite des mouvements imperceptibles que le pouls imprime au miroir, on peut suivre les oscillations du rayon réfléchi comme celles d'une tige rigide et on voit l'image du plafond se déplacer avec plus ou moins de rapidité selon la fréquence du pouls de la personne qui se prête à l'expérience. Dans les hôpitaux on emploie

quelquefois un moyen analogue pour rendre les pulsations visibles; on colle une petite bandelette de

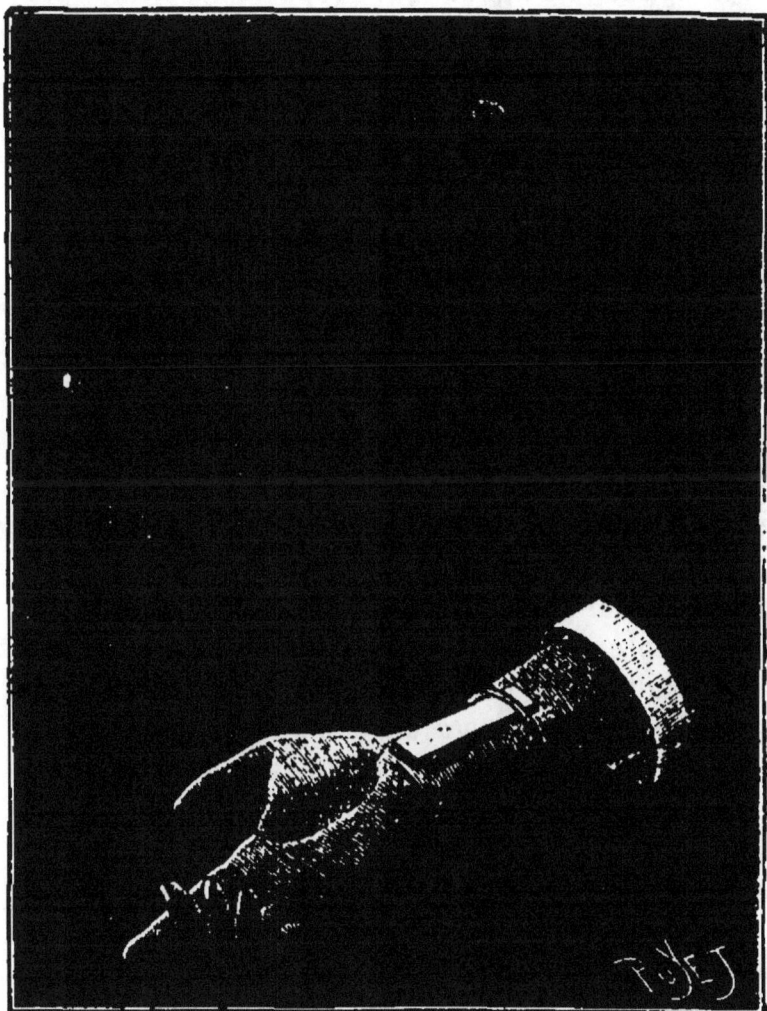

Fig. 10. — Sphygmographe à miroir.

papier sur l'artère à étudier. Avec le petit appareil
que représente la figure 1 et qui est entièrement métallique, il est facile de rendre les mouvements de

l'artère sensibles à l'oreille d'une ou plusieurs personnes. Il suffit pour cela de souder ou d'attacher
un fil de cuivre au godet qui supporte la spirale, puis
de relier ce fil à l'un des pôles d'un élément Leclan-
ché; l'autre pôle de cet élément est réuni par un
deuxième fil à une petite tige de laiton fixée par un
bracelet sur le bras du patient, dans une position
déterminée, de façon à ce que, à chaque oscillation,
la tige qui porte le petit drapeau vienne buter contre
elle. En intercalant un téléphone dans le circuit ainsi
formé, on entend un coup sec dans l'instrument à
chaque pulsation.

**Systèmes d'enveloppes pour papiers d'affai-
res et échantillons.** — Parmi tous les systèmes faciles et rapides de fermeture pour papiers d'affaires
et échantillons destinés aux envois postaux, voici
deux modèles particuliers qui présentent quelque intérêt. Le premier (fig. 1, n° 1), consiste en une simple
carte d'adresse en carton fort, traversée au milieu de
chacun de ses côtés par un câble en caoutchouc (lequel est fixé derrière cette carte au moyen de cire à
cacheter ou dont les deux bouts sont simplement liés
par un nœud.) La figure 11, n° 2 montre la façon de
l'adapter au paquet. Le n° 3 représente un papier
d'emballage en forme de losange. Sur le milieu de
ce papier est collé un fort carton traversé à ses quatre coins par un seul élastique. Quand les papiers à
expédier ont été emballés dans cette enveloppe, un
deuxième carré de carton ou adresse est placé sur
la jonction des quatre coins de papier de cette enveloppe, et les deux boucles de caoutchouc sont re-
pliées sur le tout qu'elles maintiennent solidement.

A ces deux derniers points de vue, il est une méthode qui nous semble devoir mériter la faveur de beaucoup de commerçants : on peut se servir avec avantage d'une simple boucle de caoutchouc qui se trouve

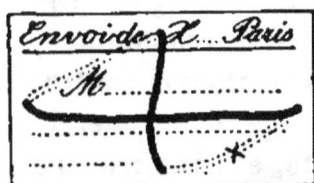

Fig. 1
Carte d'adresse.

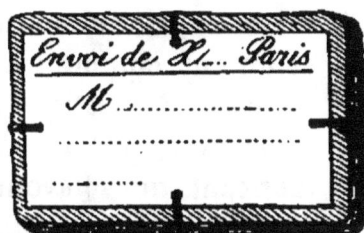

Fig. 2
Paquet ficelé avec cette carte d'adresse.

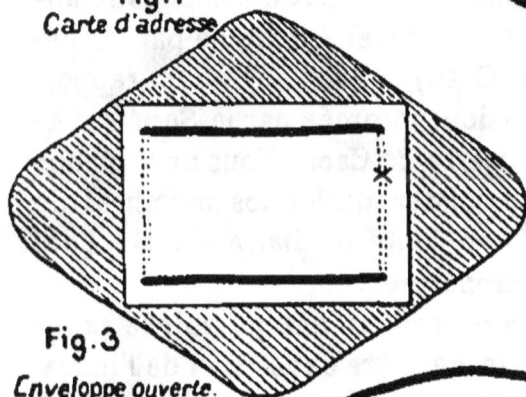

Fig. 3
Enveloppe ouverte.

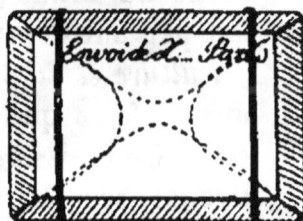

Fig. 4
Enveloppe fermée.

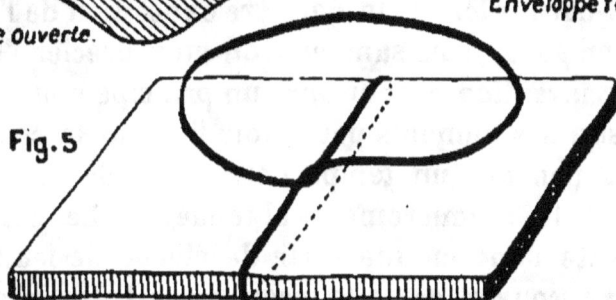

Fig. 5

Fig. 11. — Systèmes d'enveloppes pour échantillons postaux.

dans le commerce sous plusieurs modèles. Il suffit de passer cette boucle, en la croisant, tout autour et dans les deux sens du paquet d'échantillons. La figure 5 montre la disposition donnée à cette boucle. (M. Bergeret, à Nancy.)

MATIÈRES ALIMENTAIRES

Le capuchon-cuisine. — On nous a signalé récemment comme très pratique et très économique, l'appareil domestique que nous représentons ci-contre. Nous avons été en demander un spécimen chez le fabricant, nous l'avons expérimenté, et nous croyons que les éloges qui nous en avaient été faits sont absolument justifiés. Cet appareil, imaginé par M. Lecornu du Taillis (de Caen), a été l'objet d'un rapport fait par une Commission nommée par la *Société d'Agriculture et du Commerce* de Caen. Nous ne saurions mieux faire que de laisser parler les membres de cette Commission par l'intermédiaire de M. Paul Drouet, secrétaire rapporteur.

Déjà beaucoup de personnes ont pu voir le capuchon-cuisine lors de la dernière exposition de l'industrie en 1883, mais sans pouvoir en apprécier l'utilité. Cette invention a pour base un principe connu : « la cuisson des aliments peut avoir lieu par la conservation, pendant un temps déterminé, de la chaleur suffisante premièrement obtenue. » Le capuchon consiste donc en une sorte de cloche de feutre très épais recouvert de toile cirée, qui est destinée à recouvrir la marmite, soupière, terrine ou timbale quelconque qui contient les aliments que l'on veut faire cuire ou tenir chauds; on place cette marmite sur une double brique réfractaire chauffée qui repose sur un épais tapis de feutre, le capuchon étant placé par-dessus le tout : l'appareil est complet.

Le but est d'économiser le combustible pendant
la durée de la cuisson des aliments, d'économiser le
temps et la surveillance indispensables avec toute

Fig. 12. — Capuchon-cuisine de M. Lecornu.

autre méthode, et de maintenir chauds à toute heure
de nuit ou de jour des aliments solides ou liquides
sans danger de détérioration par excès de chaleur ni
de dessiccation.

Déjà la marmite suédoise ou norvégienne avait atteint ce dernier but, mais à un prix plus élevé, parce qu'elle était d'une fabrication plus compliquée et qu'elle exigeait une timbale spéciale, tandis que le capuchon-cuisine peut s'adapter sur toute espèce de marmite; l'appareil suédois n'a pas non plus le mérite de pouvoir cuire les aliments; mais à présent, l'innovation du double disque de brique réfractaire chauffé, appliqué au capuchon, permet de faire cuire à fond les aliments convenablement préparés préalablement.

Afin de bien nous faire comprendre le fonctionnement de cet appareil, l'inventeur, M. Lecornu du Taillis, avait fait préparer, chez M. le directeur de l'École normale, les éléments nécessaires pour produire un potage gras consommé. A dix heures et demie exactement, une marmite de fer émaillé qui était sur un fourneau ordinaire, ayant atteint le point d'ébullition, c'est-à-dire cent degrés, fut placée devant nous sur une table isolée, où se trouvaient les disques de brique réfractaire; puis le capuchon fut appliqué sur le tout, et il fut convenu que, six heures après, on procéderait, en notre présence, à l'examen et à l'appréciation du contenu.

A l'heure dite, le capuchon fut enlevé, et, à l'aide d'un thermomètre spécial dont M. Berjot s'était précautionné, nous avons constaté d'abord que la chaleur du liquide s'élevait encore à 81°, ce qui ne faisait qu'une déperdition maxima de 19 degrés en six heures, et, si nous tenons compte de quelques délais pendant les constatations et du double examen qui fut fait, on peut admettre qu'en procédant régulièrement, le refroidissement ne descendrait pas au delà de 15°;

d'un autre côté, en prenant des précautions spéciales,
c'est-à-dire en surchauffant un peu le gros disque de
brique réfractaire et en faisant usage d'un double capuchon ou même d'une couverture de laine légèrement chauffée aussi, on pourrait encore maintenir
une grande somme de chaleur, c'est-à-dire environ 90°.

Après avoir constaté le degré de chaleur, un potage au pain fut trempé immédiatement; le pain fut
saturé en un instant, et le parfum et la qualité de ce
potage ne laissaient rien à désirer; ensuite, la viande
fut retirée et reconnue complètement cuite, les légumes aussi. L'expérience a donc été parfaitement con-
cluante en faveur de l'appareil de M. Lecornu du Taillis,
et M. le directeur de l'École normale nous a affirmé
« que toute espèce de ragoût, volaille, gibier, viande
au jus, haricots, légumes de toute nature, riz au lait,
etc., pouvaient cuire de la même manière ; que déjà
on s'était servi chez lui plus de soixante fois de cet
appareil, et toujours avec un égal succès de cuisson
et de qualité. »

M. l'économe de l'École normale fait aussi usage du
capuchon pour son usage particulier, et il n'en est
pas moins satisfait.

Pour les besoins accessoires de la cuisine, tels que
pour maintenir chauds des aliments liquides ou solides, le résultat est assuré pendant douze ou quinze
heures et même davantage ; en plus de sa simplicité
qui n'exige aucun entretien, le capuchon a le mérite
de n'exiger aucune dépense ni aucun soin quelconque
pour son fonctionnement, après que l'installation
première est faite.

Ainsi, avec un appareil de dix francs, la femme de

l'artisan ou de l'ouvrier de la campagne peut préparer à moilié, pendant la soirée, les aliments nécessaires pour le lendemain à ses enfants et à son mari,
puis se rendre à sa journée en ville ou à la ferme,
avec la certitude que, pendant son absence, son mari
et sa famille auront leur subsistance aussi bonne et
aussi chaude que si elle eût passé sa journée à cui-
siner et sans qu'il y ait besoin de réchauffer. Combien
n'y a-t-il pas de personnes dans une situation analogue?

Tels sont les avantages que paraît offrir le *capuchon-cuisine*, appareil bien simple, bien modeste, et
peu coûteux ; ils sont dignes d'être signalés.

Marmite antiseptique. — La *Marmite antiseptique* est une application du procédé Pasteur pour la
stérilisation des liquides : elle a pour but de conserver
sans altération, pendant un temps indéterminé, le
bouillon, le lait, et toute substance quelconque susceptible de pouvoir être chauffée. L'invention en est
due à M. Schribaux, le directeur de la station d'essais de semences de l'Institut agronomique, bien
connu de tous ceux qui s'occupent de sciences agrico-
les.

M. Schribaux a tourné les difficultés qui rendent
impraticable pour la ménagère l'emploi des ballons
Pasteur en appliquant à la marmite ordinaire l'idée
qui les a créés : il oblige l'air à se dépouiller de ses
germes avant d'entrer dans le récipient en lui faisant
parcourir comme dans les ballons Pasteur, un long
trajet. La forme sinueuse du col du ballon représenté figure 13, n° 1 lui paraissant la plus sûre, il a

muni le bord supérieur de la marmite d'un large
rebord creusé de gouttières circulaires dans lesquelles
s'emboîtent des gouttières correspondantes du couvercle. Mais la construction de cet appareil était difficile et coûteuse; le maniement en était peu commode.
On a donc tenté la forme d'un cône tronqué à large
base inférieure, avec couvercle de même figure em-
boîtant la marmite jusqu'à moitié de sa hauteur;
c'est l'application de la forme du ballon à col droit.
La réussite en a été parfaite : après trois semaines
de conservation, nous avons pu boire du bouillon

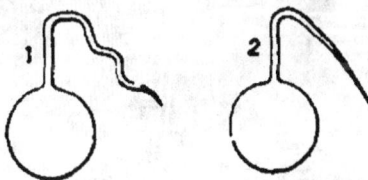

Fig. 13. — Ballons Pasteur pour préserver les liquides de la fermentation.

qu'on eût supposé du jour même. Il suffit, pour obtenir ce résultat, de porter à l'ébullition le récipient
fermé.

S'il s'agit de lait, on fait bouillir avant de placer le
couvercle; quand la pellicule est bien formée, on la
fend avec un couteau, et c'est alors seulement qu'on
doit couvrir; sans cette précaution, on s'expose à un
accident que l'on devine, le lait montant et se répandant à l'extérieur. Quand, au bout de quelques jours,
on ouvrira la marmite, on sera sans doute surpris de
trouver au lait un aspect différent de celui sous lequel il se présentait le premier jour, et l'on sera disposé à le croire tourné; il n'en est rien, seulement,

la crème est montée, formant à la surface une couche qu'on n'est guère habitué à voir sur le lait qu'on emploie dans le ménage, attendu qu'il est d'ordinaire aigri avant qu'elle ait pu se former. Ajoutons que

Fig. 14. — Marmite antiseptique de M. Schribaux. Dernier modèle.

c'est là un excellent moyen de reconnaître si le lait qu'on achète est réellement riche en crème. Au moment de s'en servir, il suffira, pour rétablir le mélange tel qu'il existait primitivement, de chauffer le liquide ; l'émulsion s'y fera de nouveau et reconstituera le lait tel qu'on l'a introduit dans le récipient.

C'est aux ménagères que s'adresse l'invention :
peut-être même, en certains cas, est-elle appelée à
remplacer, dans l'industrie des conserves, l'incom-
mode procédé Appert ; mais, ce qu'il nous faut surtout
noter, c'est le parti qu'en doit tirer l'hygiène. Bouillon et lait sont, en effet, des milieux extrêmement
propices au développement des germes : on sait que
les *bouillons de veau, de poulet*, etc., sont employés
constamment dans les laboratoires pour les cultures
microbiennes: il est donc du plus haut intérêt pour
la santé publique de pouvoir éliminer tous ces germes, d'empêcher leur ensemencement dans les liquides alimentaires ; la légère ébullition à laquelle on
les soumet d'ordinaire au moment de les servir sur
nos tables n'est qu'un palliatif incertain. En ce qui
concerne le lait, il suffira, pour indiquer l'importance
de la question à son égard, de rappeler que l'effrayante
mortalité qui sévit sur les enfants élevés au biberon
est due presque toujours à une entérite inflammatoire,
entérite dont la cause première est l'altération de l'aliment : l'emploi de la marmite antiseptique pour
conserver la provision de *lait offre un moyen facile*
d'écarter dans une large mesure la cause du mal.
(M. *Blanchard.*)

Écailleuse pour ouvrir les huîtres. — Voici
un petit instrument destiné à ouvrir les huîtres au
fur et à mesure de la consommation, sans briser
les coquilles, sans répandre le liquide si estimé et
sans avoir à développer un grand effort. D'une construction aussi simple que possible, d'un prix insignifiant, l'*écailleuse* (tel est le nom que lui donne l'inven-

teur), est facilement à la portée de tout le monde.
L'appareil consiste en une sorte de tire-bouchon d'une
seule pièce, très robuste en acier nickelé ; à son extrémité il présente une sorte d'hélice à pas et à diamètre rapidement grandissants. Pour l'usage, on
saisit l'huître de la main gauche ; on la tient horizontalement, la grande coquille en dessous devant recueillir le liquide. De la main droite on prend l'*écailleuse*
et l'on insinue entre les deux coquilles, à la charnière,
l'extrémité triangulaire de l'instrument ; une légère

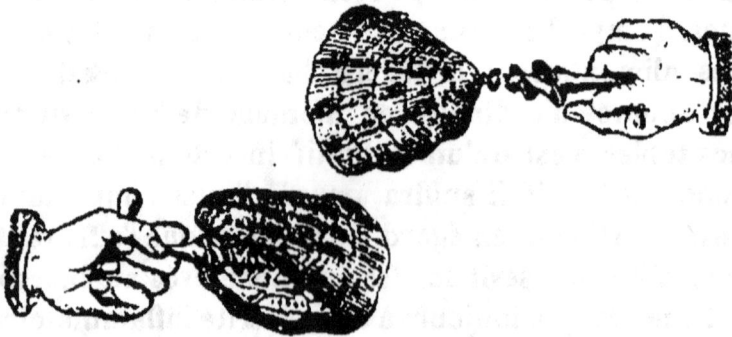

Fig. 15. — L'écailleuse.

pression suffit pour cela et désormais en imprimant
à l'*écailleuse* un mouvement de tire-bouchon, on voit
l'hélice pénétrer spontanément dans la fente et l'huître
s'ouvrir d'elle-même sans aucune secousse qui puisse
renverser l'eau. Je joins à cette note un croquis montrant l'ensemble de l'instrument. (Communiqué par
M. *Abel Buguet*.)

— — —

Culture de l'igname de Chine. — L'arrachage
des rhizomes de l'*igname* a lieu vers le mois de novembre, ou plus tard si l'on veut, car ils supportent

dans la terre jusqu'à 15 degrés de froid. Cet arrachage est assez difficile ; à cause de leur longueur, il faut défoncer le terrain de 0ᵐ,80 à 1 mètre pour les avoir entiers. La chair est blanche, légère, farineuse et sans goût particulier, elle cuit facilement. On peut s'en servir absolument comme des pommes de terre. soit cuits à l'eau, frits, autour d'un ragoût, etc.

Moyen de reconnaître la chicorée dans le café. — Le procédé suivant, très facile a mettre en pratique, permet de reconnaître la falsification du café par la chicorée torréfiée et moulue. On ajoute, à la poudre soupçonnée, environ dix fois son poids d'eau aiguisée d'acide chlorhydrique ; on agite le melange, puis on laisse reposer. La poudre de café surnage, et le liquide prend une teinte d'un jaune paille. La poudre de chicorée, au contraire, se dépose presque entièrement au fond du vase et le liquide prend alors une teinte brune. Au point de vue de la nocuité de la chicorée, on peut dire qu'elle est lourde, difficile à digérer et surtout dépourvue du délicieux arome du café.

Recherches dans les vins des matières colorantes de la houille, le phanofuchsine. — La recherche des colorants de la houille dans les vins a été l'objet d'un grand nombre de travaux dus à d'éminents chimistes tels que MM. A. Gautier, Ch. Girard, Bellier, Cazeneuve, Pabst, etc., etc., et qui ont eu pour résultat l'institution de méthodes précises de caractérisation à l'usage des chimistes analystes. Il est inutile d'établir l'importance de cette recherche, l'emploi des colorants artificiels par les falsificateurs n'étant un mystère pour personne, surtout après les procès retentissants dans ces dernières années. Aussi a-t-on préconisé un certain nombre de procédés faciles, à l'usage de tous, pour déceler la coloration artificielle des vins: la majorité de ces procédés reposant sur l'emploi d'un alcali et d'un dissolvant ne peuvent mettre en évidence que la fuchsine et les colorants peu attaquables par les alcalis : ainsi le sulfofuchsine et le rouge de Bordeaux, etc., qui sont détruits par les solutions alcalines, même faibles, ne peuvent être caractérisés par ces procédés.

M. Mathieu, professeur de physique au lycée de Constantine, et M. Morfaux, pharmacien dans cette ville, viennent de faire connaître (1) un nouveau procédé réalisé à l'aide d'un petit nécessaire portant le nom caractéristique de *Phénofuchsine*.

Ce procédé comprend les deux opérations suivantes : 1° teinture à froid de soie mordancée, par la liqueur à essayer ; 2° traitement de la soie teinte par un réactif qui vise seulement la matière colorante naturelle du vin, sans agir sur les colorants artificiels. La soie employée est de la soie pure, exempte de toute charge et passée dans un bain formé d'acide azotique du commerce, étendu de dix fois son volume d'eau, bain qui favorise la fixation des colorants sur la fibre soyeuse. Les fibres sont réunies en forme de petites houppes (fig. 16, n° 1) par des bracelets de caoutchouc ; les extrémités des brins étant libres, la soie se teint par simple immersion très rapidement et très également, sans agitation.

---

(1) *Caractérisation des fuchsines*, L. Mathieu et J. Morfaux. 1889. Paris, Challamel, éditeur.

Le réactif de virage se compose d'une solution

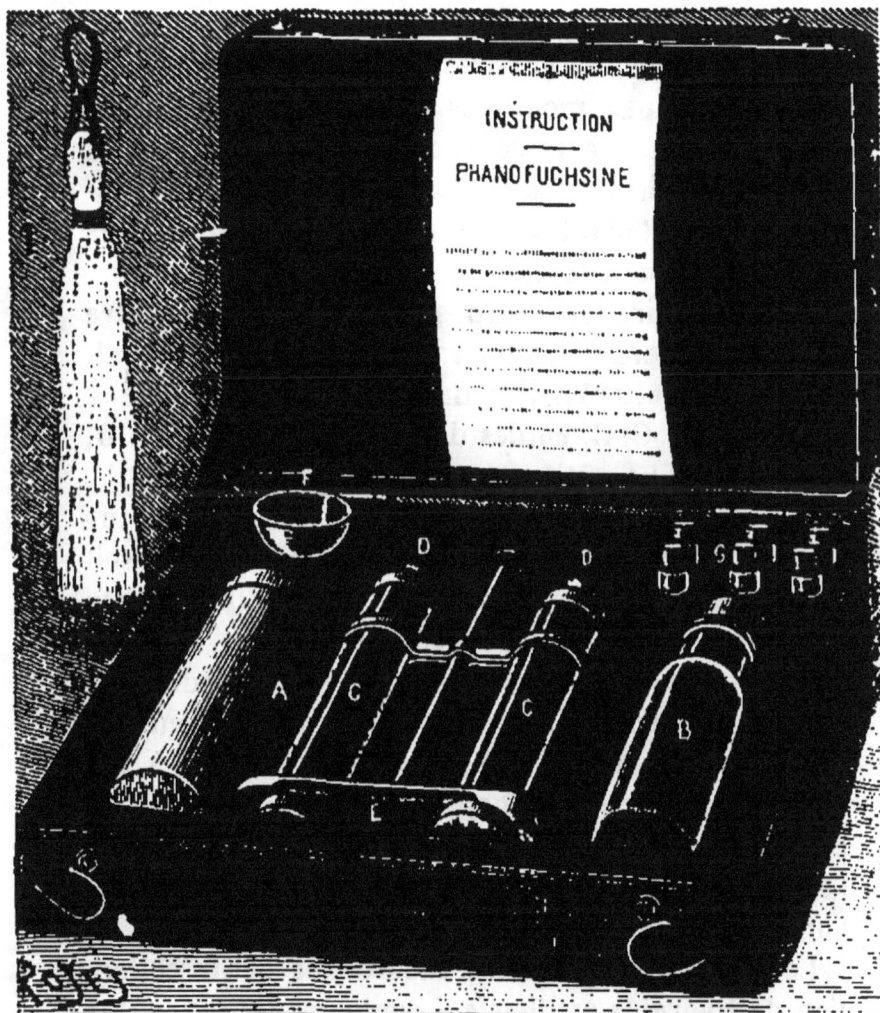

Fig. 16. — Recherches des matières colorantes de la houille dans les
vins. — 1. Houppe de soie. — 2. Le phanofuchsine dans sa trousse.
— A. Étui de 14 houppes de soie. — Flacon de réactif. — C,C. Tubes
à essais. — D,D. Capsules à bouton. — E, support métallique. —
F. Entonnoir de verre. — G. Colorants artificiels.

d'acétate neutre de plomb, acidulée par de l'acide
acétique; ce réactif s'emploie en solution très éten-

due dans laquelle on introduit la houppe teinte ; la soie colorée par les vins naturels passe en général au vert bouteille avec des variations dépendant de l'âge et du cépage, tandis que les colorants de la houille, la cochenille et l'orseille, donnent des nuances qui ne sont pas modifiées. L'addition convenable d'acide acétique à la solution d'acétate de plomb a une extrême importance pour la sensibilité du réactif, l'acide retenant les colorants sur la fibre, les alcalis les faisant tomber.

Le nécessaire se compose donc de vingt-quatre houppes préparées et renfermées dans un étui métallique A (fig. 16, nº 2), d'un flacon de réactif B, de deux tubes fermés C, C, coiffés d'une capsule à bouton D, et portés sur un petit support métallique E.

Pour faire un essai, on remplit de vin l'un des tubes, soit en versant directement avec la bouteille, soit à l'aide d'un petit entonnoir de verre F (fig. 2). On fixe une houppe au crochet de la capsule D et on l'immerge cinq minutes dans le vin ; pendant ce temps, on prépare la solution de virage en remplissant d'eau le second tube et y versant huit à dix gouttes du réactif ; la houppe sortie du tube à vin est pressée entre les doigts pour en faire sortir l'excès de liqueur, puis plongée dans le réactif où l'on observe ses variations de teinte.

Le nécessaire comprend encore une petite collection de colorants artificiels G contenus dans de petits tubes en verre et qui permettent à l'expérimentateur de faire des essais comparatifs sur des vins qu'il peut falsifier. L'ensemble est renfermé dans un écrin avec une instruction détaillée. Ce procédé s'applique non seulement aux vins, mais aux vinaigres, bières, ci-

dres, poirés, sirops, liqueurs, gelées de fruits, etc.
Quant à ses avantages, ils ont été très bien indiqués
par les auteurs :

« L'appareil nous a paru répondre d'une manière
satisfaisante au but que nous nous étions proposé

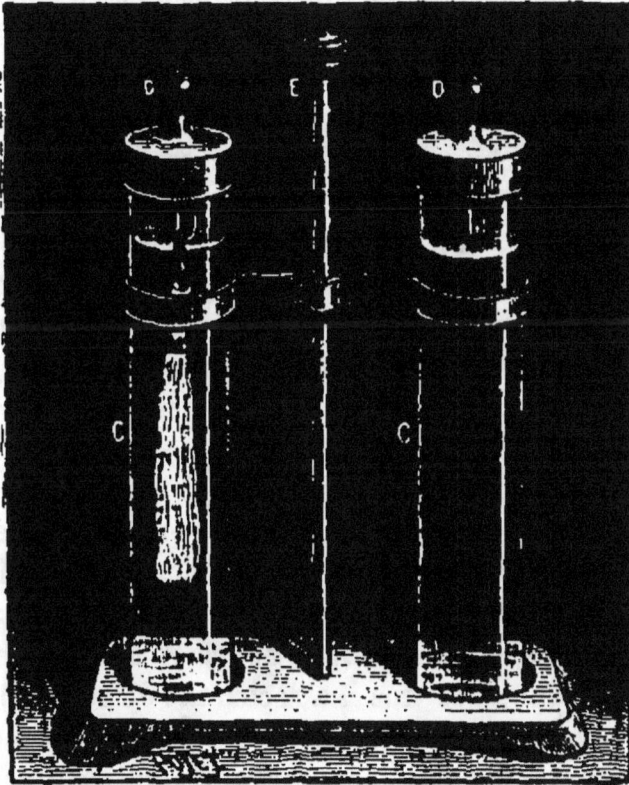

Fig. 17.— Support, tubes et houppe en expérience pour l'essai d'un vin.

d'atteindre, aussi bien par sa simplicité que par sa
précision. Le caractère d'authenticité ou d'artificialité
se détermine sans hésitation, puisqu'il dépend de
l'observation de deux teintes, le vert et le rouge, qui
sont complémentaires et n'admettent aucune nuance
intermédiaire : la détermination de la teinte ne peut

donc offrir de confusion, même pour l'œil le moins exercé. La précision, d'après les exemples que nous avons cités, dépasse tout ce que l'on peut demander à un essai de ce genre et suffit pour assurer la tranquillité du commerçant et du consommateur.

« Nous croyons même que ce procédé sera employé par les chimistes pour l'essai préliminaire des échantillons de vins, car il leur permettra immédiatement de faire un classement des échantillons.

« La recherche est fort simple puisqu'elle ne nécessite que l'immersion d'une floche de soie dans deux tubes, l'un de vin, l'autre de réactif; aucun apprentissage, ni aucune connaissance spéciale ne sont nécessaires, ce qui le met à la portée de tous. De plus, elle ne demande que quelques minutes et on peut exécuter plusieurs essais en même temps. »

Nouveau procédé pour trouver les couleurs d'aniline dans les vins. — Les nouvelles couleurs d'aniline, telles que le rouge de Bordeaux, le ponceau, la tropéoline et la boccelline, ont remplacé la fuchsine pour la fraude des vins. La recherche de ces couleurs est assez difficile, et jusqu'ici le meilleur procédé à employer a été celui de M. Armand Gautier, qui consiste à précipiter la matière colorante par l'acétate de mercure et une solution de potasse et à reprendre par l'éther. Si l'éther reste coloré, c'est qu'il y a une couleur d'aniline dans le vin.

Ce procédé est d'un emploi extrêmement délicat, même pour un chimiste de profession; en effet, le moindre excès de l'un des deux réactifs produit des colorations auxiliaires de nature à masquer celle que l'on cherche. Au laboratoire de Lyon, on avait essayé de remplacer la potasse par la magnésie. Grâce à l'emploi de ce procédé, les employés du laboratoire de Lyon en étaient arrivés à trouver de l'aniline partout, même là où il n'y en avait pas.

On peut opérer autrement : on forme une poudre en pulvérisant, dans un mortier en porcelaine, 20 grammes d'acétate de mercure *sec* avec 10 grammes d'oxyde de zinc calciné ; le tout est conservé dans un flacon *jaune* bouché par un bouchon de caoutchouc. Si le mélange est bien fait, la poudre est blanche comme de la craie pilée ; si elle était jaune, c'est que l'acétate n'aurait pas été sec, elle ne vaudrait rien. On prend un tube à essai dans lequel on verse 10 centimètres cubes du vin à essayer, on ajoute environ 1 décigramme de poudre et on fait bouillir pendant environ une minute ; on laisse reposer et refroidir. Le liquide doit être transparent, incolore comme de l'eau. S'il n'en était pas ainsi, ce qui a lieu avec des vins très colorés, comme ceux de Sicile ou de Portugal, on filtre. Si le liquide passe rose, on peut être sûr que l'on se trouve en présence d'une couleur d'aniline ; l'addition d'acide acétique avive la couleur. Toutes les couleurs d'aniline, sauf le brun d'aniline, sont décelées par cette opération. Aucune couleur de nature végétale n'échappe à l'action décolorante de la poudre. (M. *Debrun*, à Neufchâteau.)

Procédé pour vieillir les liqueurs. — Parmi les procédés recommandés pour hâter la vieillesse, aucun ne réussit mieux qu'une application judicieuse de la chaleur. Si le liquide est contenu dans des vases bien fermés, avec aussi peu d'air que possible et qu'on le porte à la température de 24° à 25° centig., on observera une notable accélération dans l'acte de vieillir ; mais si la chaleur est poussée à 60° ou 70° et maintenue pendant dix ou douze heures, le liquide sera tellement changé qu'au bout d'une ou deux semaines de repos il pourra parfaitement passer pour vieux. Le même procédé peut être appliqué non seulement aux vins et aux liqueurs, mais aussi aux parfums, essences, eau de Cologne, etc., avec la seule précaution d'empêcher l'évaporation des essences. (*Le Brasseur.*)

Formule d'un vin de raisins secs. — M. Palangié, dans l'*Union pharmaceutique*, donne la recette suivante pour obtenir un bon vin de raisins secs. On prend : raisin de Corinthe, 25 kilogrammes ; sucre, 4 kilogrammes ; raisin frais, 1 kilogramme. On traite le raisin de Corinthe par de l'eau chaude à trois reprises différentes afin de l'épuiser de tous les principes solubles ; on porte le résidu à la presse. Les liqueurs réunies sont versées dans un fût. D'autre part, on fait dissoudre le sucre dans une quantité suffisante d'eau, on ajoute 25 grammes d'acide tartrique et l'on porte à l'ébullition pendant quelques minutes pour intervertir le sucre. Cette liqueur est mélangée à la précédente, on ajoute assez d'eau pour compléter 1 hectolitre, enfin on additionne le tout du raisin frais préalablement écrasé. Le raisin frais, qui n'est pas absolument indispensable, a pourtant le grand avantage de fournir les éléments de la levure ellipti-

que, et de donner à la fermentation une direction
particulière. Le fût doit être maintenu à une température de 25° environ ; quarante-huit heures après
le début de la fermentation, il faut renouveler l'air
du fût, soit en soutirant du liquide par la cannelle et
le reversant par la bonde, soit en insufflant de l'air
dans le liquide au moyen d'un tube. Cette opération
est renouvelée chaque jour jusqu'à ce que la fermentation ait cessé, car, si on la néglige, celle-ci marche
et se fait très lentement, le ferment périssant faute
d'oxygène. Cette opération a aussi pour effet de brûler ou détruire les matières albuminiformes qui s'opposent à la clarification du vin. On laisse enfin reposer un mois, après quoi l'on soutire et l'on peut
mettre en bouteilles. Cette formule, exécutée avec
soin, donne un vin très potable, agréable même,
ayant 8° d'alcool. M. Palangié préfère le raisin de
Corinthe à celui de Samos, qui donne un vin à goût
musqué peu agréable : 4 kilogrammes de raisin de Corinthe produisent 1 litre d'alcool absolu; 1.800 grammes de sucre donnent la même quantité d'alcool; on
peut se baser sur ces chiffres pour obtenir un vin
plus ou moins alcoolique.

**Manière de reconnaître les matières colo-
rantes dans le beurre.** — On agite une certaine
quantité de beurre dans de l'alcool; après deux ou
trois minutes de repos on décante l'alcool et on le
fait évaporer au-dessus d'une lampe à esprit-de-vin :
le beurre ne cède rien à l'alcool, s'il est pur. S'il est
coloré avec du rocou, il se forme au fond du vase un
résidu rouge brun, qui devient bleu par l'addition

d'acide sulfurique. Le cocurma donne un résidu rose foncé, qui devient simplement brun avec une addition d'acide chlorhydrique et brun intense avec une addition de potasse et de soude. Le safran donne un précipité orangé avec un mélange de sous-acétate de plomb. La carotte devient verte avec l'alcali. Les dérivés des nitrés ou amidés se reconnaissent à leurs réactions usuelles.

Cuisson du gibier. — Voici un tableau qui est plein d'intérêt. Il s'agit du temps pendant lequel doivent cuire les différentes espèces de gibier :

Le faisan, trois quarts d'heure ; le lièvre, une heure et demie ; le perdreau rouge, une demi-heure ; le perdreau gris, vingt-cinq minutes ; la bécasse, une demi-heure ; la bécassine, vingt minutes ; la caille, vingt minutes ; la grive, vingt minutes : l'ortolan et le bec-figue, vingt minutes ; le merle de Corse, vingt minutes ; la gélinotte, une demi-heure ; le râle de genêt, une demi-heure ; la mauviette, vingt minutes ; le pluvier doré, vingt minutes ; la sarcelle, une demi-heure ; le coq de bruyère, une heure un quart ; l'oie sauvage, une heure ; l'outarde, une heure.

La durée de cuisson doit être prolongée quand les pièces sont de grande dimension.

Les arbres fruitiers d'appartement. — On cultive de l'autre côté de la Manche les arbres fruitiers en potiches, en vases de Chine et même en simples pots de terre ; les arbres, non seulement viennent à merveille, mais encore donnent de jolis et

excellents fruits. On a des pêchers, des abricotiers,
des cerisiers de salon de 50 centimètres, dont les
fruits viennent se cueillir à la hauteur des lèvres.
L'arbre est dans une jardinière; on sent le parfum
de ses fleurs, et deux mois après, on cueille les fruits
savoureux. M. Th. Rivers, qui est le principal promo-
teur de ce genre de culture, croit que ces arbres sont
destinés à occuper la première place dans nos des-
serts. L'arbre est si petit, bien que chargé de fruits,
qu'on pourra placer près de chaque convive un pêcher, un abricotier, à peine haut de 25 à 30 centimètres et portant une moyenne de trois à cinq fruits.
Servir le fruit sur l'arbre constitue évidemment une
idée séduisante qui serait très appréciée chez nous.
Et puis les amateurs verront chaque jour se développer le fruit sous leurs yeux, et ce genre de culture
ne sera pas sans amuser les désœuvrés. Il suffit, pour
obtenir ces arbres fruitiers nains, de planter en pot
un jeune arbre fruitier, en le débarrassant de ses
grosses racines; c'est par le chevelu que se fait la
nourriture et, dans un pot même réduit, il y a assez
de terre pour fournir au développement du petit
arbre. M. Ingram a obtenu jusqu'à six grappes de
raisin sur des vignes cultivées en pot et âgées à peine
de dix-huit mois. La nouvelle culture se définit en
trois mots : vite, bien et facile.

Recette d'un bon vinaigre aromatisé. — Placer dans une cruche vernissée en dedans, une poignée d'estragon, une poignée de sureau, une poignée
de pimprenelle, une branche de thym, deux aulx, un
gros oignon, un peu de souci de vigne, un citron sec

avec clous de girofle, et quelques capucines. Jeter quatre litres de vin sur toutes ces feuilles séchées. Laisser infuser deux mois au soleil, la cruche étant bien bouchée. Ajouter du vinaigre au bout de quelques jours si le niveau a baissé. Après deux mois, on filtre.

———

Un fruitier économique. — M. Forney, horticulteur de premier mérite, a indiqué un procédé aussi simple que commode et peu coûteux pour la conservation des fruits, quand on n'a pas à sa disposition un fruitier qui remplisse toutes les conditions désirables. Ce procédé consiste simplement à poser les fruits sur des planches dans une pièce saine et à les recouvrir de feuilles de carton mince. M. Forney a gardé ainsi des fruits, pommes et poires, pendant longtemps en bon état, alors que la conservation de fruits analogues dans un fruitier ordinaire ne lui avait pas donné de résultats entièrement satisfaisants. Un avantage de ce mode de procéder, c'est la facilité qu'il donne pour visiter les fruits sans les déranger, par suite pour exercer une surveillance efficace.

———

Conservation des pommes. — Pour conserver les pommes tout l'hiver, et même une partie de l'été, il faut choisir d'abord les fruits qui sont parfaitement sains, les porter dans une chambre, et les déposer sur des claies d'osier s'il est possible, en ayant soin qu'ils ne se touchent pas. Aussitôt après, fermer parfaitement les portes et fenêtres, et allumer du feu avec du bois de sarment, de manière à obtenir beau-

coup de fumée, et que cette fumée remplisse la
pièce. Pendant quatre ou cinq jours, renouveler cet
enfumage. Prendre ensuite les fruits un à un et les
mettre dans une caisse avec de la menue paille de
froment, toujours en ayant soin qu'ils ne se touchent
pas. Faire une couche sur la première, et ainsi de
suite jusqu'à ce que la caisse soit pleine et recouverte
d'un lit de même paille. Il ne reste plus qu'à fermer.

Moyens de reconnaître la bonne farine. —
Pour reconnaître si la farine est en bon état au sortir
de la meule, si le son est mince, large, bien épuré et
s'il doit se bluter facilement, il faut s'assurer à mesure que la farine sort de la meule, en la prenant légèrement entre l'index et le pouce, si elle est toujours unie, si elle n'est point huileuse, si elle n'offre
point de parties en grumeaux. Puis encore en la
prenant à petites poignées et la tenant sur la paume
de la main, il est bon de refermer subitement cette
dernière pour constater que la plus grande partie
s'échappe entre les doigts. Certains meuniers se plai-
sent à dire que la farine brute qui prend corps en la
serrant dans les mains est dans un bon état; c'est
une grave erreur, car la farine brute qui se rattache
quand on la presse subitement dans la main est évidemment une farine mal moulue et d'une manière
fort irrégulière. Si elle est facile à se réunir en grumeaux, c'est que la meule a une marche trop altérée
ou trop alimentée de blé, ou bien que la farine est
mal moulue. Donc pour obtenir une farine en bon
état, bien propre au sortir des meules, il faut, comme
nous l'avons déjà dit, avoir un appareil à mouture

bien établi, bien conditionné, bien réglé et bien équilibré, des meules de qualité supérieure, et enfin n'employer que du blé sec et propre.

———

Eau de noix. — On prend une centaine de noix vertes pilées, 31 grammes de clous de girofle, 62 grammes de cannelle. On laisse infuser dans 20 litres d'eau-de-vie pendant un mois ; on tire au clair et on ajoute 10 litres de sirop ordinaire.

———

Le lavage des fraises. — Il arrive fréquemment que les fraises sont couvertes de sable, surtout les espèces à gros fruits, que l'on ne paille généralement pas, à l'instar des fraises des *Quatre-Saisons*. Or, personne n'ignore que les fraises perdent une grande partie de leur parfum lorsqu'on les lave. Voici cependant un excellent moyen d'éviter cet inconvénient. Il consiste tout simplement à mettre, dans une mousseline mouillée, les fraises ensablées et à les faire sauter à plusieurs reprises ; le sable ou la terre restent attachés à la mousseline, et les fraises ne perdent rien de leur qualité.

LA FERME ET LA CAMPAGNE

Cueilleuse Dubois. — Les amateurs de jardin
et les horticulteurs apprécieront ce nouvel instrument
qui permet de supprimer des bourgeons et de cueillir
des fruits ou des fleurs se trouvant hors de portée de
la main. Comme sa longueur est de 1 mètre, on peut,
en étendant la main, atteindre une fleur jusqu'à
2 mètres de distance et plus. On conçoit que cela
est précieux dans bien des cas, pour les botanistes
en voyage qui veulent saisir une plante dans un pré-
cipice, pour les personnes qui n'aiment pas à marcher sur les plates-bandes, pour les propriétaires
qui ont à cueillir des raisins, des pommes, des poires
sur des treilles élevées, etc., etc. La cueilleuse après
avoir coupé la fleur et le fruit les maintiennent saisis
et suspendus dans le sécateur, sans qu'ils puissent
tomber. Elle se manœuvre d'une seule main.

La cueilleuse construite par M. Dubois se présente
ous deux formes différentes : l'une est un bambou
rotin portant à son extrémité inférieure une sorte de
gaine ou de douille mobile en cuivre qui, lorsqu'elle
est fixée, protège la cisaille coupante. La seconde
forme est une canne en bambou, robuste et solide,
ferrée à sa partie inférieure, ce qui en fait une véritable *canne de jardin*.

L'instrument renfermé dans cette canne qui est
creuse, est en tous points semblable à celui de la cueilleuse proprement dite, que montre notre figure 19 au
moment où l'on s'en sert pour saisir une grappe de
raisin.

La cisaille ou sécateur placé à l'extrémité de l'instrument est représentée figure 18, dans sa position

Fig. 18. — Mécanisme de la *Cueil-*
leuse. — B¹B². Lames coupantes.
B³. Surépaisseur métallique.

Fig. 19. — La *Cueilleuse* saisissant une grappe de raisin.

ouverte. Les lames coupantes B¹ et B² s'ouvrent sous
l'action de la tige qui traverse de part en part le

manche creux; et que l'on anime d'un mouvement de
va-et-vient, à l'aide du doigt introduit dans l'anneau

Fig. 20. — Emploi de l'instrument pour cueillir une fleur inaccessible
— Exemple d'un nénuphar saisi par le sécateur dans une pièce d'eau.

inférieur. Cette tige, soulevée par le doigt, glisse
dans une rainure, écarte les lames métalliques $b\,b$,
par l'intermédiaire de la fourchette f et par suite les

lames coupantes B¹ B²; en abaissant cette tige avec le doigt par un mouvement énergique, les lames coupantes se renferment, et l'objet, tige de fleur ou de fruit, se trouve saisi par la surépaisseur B³ qui la serre et la maintient à l'extrémité du bâton.

Le mécanisme fonctionne avec ressort, dans la *canne cueilleuse* et avec ou sans ressort dans le *bâton de jardin* suivant les cas ou le besoin des personnes. L'avantage résultant de l'emploi du bois creux ou bambou se traduit par une grande légèreté du système. Si l'on se servait d'un tube métallique pour la confection du bâton, le poids du tube serait tel que la main exercerait son principal effort pour le porter et ne se trouverait plus assez libre pour faire fonctionner le doigtier avec l'énergie voulue; de plus le tube métallique se bossèle et se tord facilement à cette longueur et la tige intérieure ne fonctionnerait plus.

Notre figure 20 montre le mode d'emploi de la cueilleuse. Une dame saisit un nénuphar inaccessible au milieu d'une pièce d'eau, et quand elle aura recueilli la plante aquatique, elle pourra faire provision de roses sans se piquer les doigts, et les choisir au centre même des corbeilles, sans endommager les massifs.

Manière d'obtenir des paons muets. — Je ne crois pas qu'il soit possible, à moins de leur faire subir une opération, de rendre les paons aphones. Mais je peux indiquer le moyen d'obtenir par la suite, des paons ne poussant pas le moindre cri. Il s'agit tout simplement de faire couver leurs œufs par des ca-

nards muets. Déjà, à la seconde génération, les indi-
vidus obtenus ne peuvent pousser qu'à grand'peine
un petit cri à peine perceptible et qui n'a rien de dé-
sagréable, mais à la troisième, ils sont complètement
aphones. Je livre ce fait étonnant à l'attention des
ornithologistes. (M. *Henri Lefèvre*, à Marseille.)

————————

**Moyen de garantir les récoltes contre les
lapins.** — M. le marquis de Bimard a fait connaître
à la Société nationale d'agriculture de France une
recette pour préserver les récoltes contre les lapins.
Elle est d'une extrême simplicité. Il suffit d'enduire
une ficelle de colle de poisson et d'entourer le terrain
à défendre avec cette ficelle tendue à 12 ou 15 centimètres au-dessus du sol, au moyen de piquets fichés
en terre. M. de Bimard a appliqué successivement ce
moyen de protection, et toujours avec le même succès, aux carrés de son potager et à une jeune vigne,
qui était auparavant ravagés par les lapins; ces rongeurs n'ont plus reparu, comme si la ficelle enduite
de colle de poisson était pour eux une barrière infran-
chissable. D'après M. de Bimard, l'effet du trempage
de la ficelle dans la colle de poisson a assez de durée
pour préserver la récolte pendante, et il suffit de
renouveler le trempage une fois chaque année. Toujours d'après le même auteur, la colle de poisson peut
être remplacée par la glu.

————————

**Moyen d'empêcher les réservoirs d'éclater
sous la pression de la glace.** — Pour empêcher

un réservoir d'éclater par la pression de la glace, il suffit de placer au milieu du réservoir un tuyau en zinc fermé en haut par une soupape à ressort, et ayant dans le bas quelques trous pour le passage de l'eau ; la capacité de cette cloche doit être environ de 1/20 de celle du réservoir. Il faut, après chaque dégel complet, retirer la cloche pour la vider. (M. *Mutzig*, à Bois-Colombes.)

Engrais pour les rosiers. — Mettez de la suie dans un vieux sac, jetez ce sac dans un baquet d'eau pendant quelques jours. Quand l'eau aura pris la couleur du vin de Porto (et ce sera du vrai vin pour les rosiers), vous donnerez un léger labour aux rosiers, vous ménagerez une cuvette autour de chaque pied, et vous y verserez à volonté l'eau de suie en question : ne craignez pas d'en mettre trop, jusqu'à ce que le sol ne l'absorbe plus. En procédant de cette manière au départ de la végétation, les feuilles des rosiers deviendront d'un beau vert foncé, les pousses seront fortes et donneront de belles fleurs. (*Lyon horticole.*)

Pour avoir des fleurs en hiver. — Il est parfaitement possible d'obtenir chez soi des fleurs en hiver, sans recourir aux serres chauffées des horticulteurs. Voici comment il faut opérer : on coupe obliquement, à la longueur de deux pieds environ, un certain nombre de branches de la plante dont on veut avoir des fleurs, et on les met dans un vase placé dans une chambre chauffée, à l'endroit le plus éclairé.

Ce vase est rempli d'eau, et on renouvelle celle-ci toutes les semaines, en employant de l'eau un peu tiède; en le faisant, on arrose en même temps les branches qui doivent toujours rester dans leur position primitive. La floraison se produira généralement au bout de trois ou quatre semaines, si on prend bien les précautions indiquées; elle sera d'autant plus rapide que l'atmosphère sera plus chaude et plus saturée d'humidité.

Bouture de la vigne américaine. — Chaque année je fais des pépinières de plants américains; certains de ces plants sont difficiles au bouturage, Voici le moyen le plus pratique pour obtenir le plus de réussite. J'emploie la composition suivante : 2 kilogrammes de sulfate de fer : 1 kilogramme de cendres les plus riches en potasse. Faire dissoudre le tout dans 60 litres d'eau. On enlève l'écorce de la bouture sur une longueur de 10 à 15 centimètres, de manière à mettre à nu la partie de la bouture qui doit être enterrée. On laisse la bouture dans la composition ci-dessus pendant deux jours en ayant soin de ne laisser plonger dans le liquide que la partie mise à nu. Mettre les boutures en pépinière et arroser avec cette composition qui ne doit servir que pour 300 plants au plus. J'ai employé ce procédé maintes fois, les résultats ont été excellents. (M. *Francis Cabrol*, à Narbonne.)

Moyen d'arrêter la pourriture sèche du bois.
— On fait une dissolution très *concentrée* de potasse

et de soude dans l'eau et on applique cette solution bouillante, avec un pinceau, sur les parties qui commencent à être atteintes. Douze heures après, on fait dissoudre de l'oxyde, soit de fer, soit de plomb, dans de l'acide pyroligneux et on imbibe fortement de cette seconde solution les parties déjà imprégnées de cette lessive caustique. On obtient aussi de très bons résultats en lavant les bois avec une dissolution pyroligneuse de plomb, et en y passant, dix à douze heures plus tard, une solution bouillante de 750 grammes d'alun dans 4 litres d'eau. Ces moyens pourraient être employés tout aussi bien primitivement que lorsque déjà s'est manifesté un commencement de pourriture sèche. (*Echo forestier.*)

Emploi économique du seigle cuit pour la nourriture des chevaux. — La relation, aussi bien en seigle qu'en foin et avoine, n'est pas uniforme, car elle doit nécessairement varier selon les exigences des services auxquels les animaux sont employés. Mais trois litres de seigle cru, qui en donnent neuf après cuisson, remplacent cinq kilogrammes et demi de foin.

Le procédé pour faire cuire le seigle consiste à mettre le grain dans une chaudière d'une capacité suffisante pour qu'on puisse y ajouter deux fois et demie son volume d'eau.

L'opération a lieu d'une manière plus facile et plus économique à la vapeur. Les expériences qu'on a faites sur l'usage du seigle, paraissent démontrer que ce grain est le seul que l'on puisse substituer économiquement au foin et à l'avoine dans la nourriture des chevaux, et qu'il doit être cuit, parce que, ne contenant presque pas de matières fibreuses (l'avoine en renferme 25 pour 100) la masse a besoin d'être augmentée et les cellules de la fécule bien crevées pour que la digestion soit bonne et qu'il n'y ait pas de perte dans la consommation.

La laine de bois dans les poulaillers. — Les poules appelées à passer l'hiver dans un local bien clos et relativement chaud se portent mieux et pondent beaucoup plus tôt que celles qui sont exposées au froid, mais la paille dont on jonche généralement les poulaillers ne tarde pas à se réduire en fumier envahi par la vermine. La petite publication allemande *Hausfrauen Zeitung* recommande, au lieu de paille, l'emploi de la laine de bois, du bois raboté en fins copeaux, qui sert à peu près partout aujourd'hui pour les emballages. Une couche de 7 à 8 centimètres d'épaisseur sur le sol du poulailler tient plus chaud qu'un lit de paille ; son odeur aromatique chasse la vermine, elle se corrompt plus lentement, et le fumier presque inodore qu'on en obtient convient parfaitement aux sols argileux et compacts.

Le nettoyage des fûts. — 1° Le nettoyage des fûts est une opération très importante et qui préoccupe au plus haut point dans l'industrie des vins et liqueurs. Nous allons faire connaître plusieurs procédés de nettoyage.

Le bisulfite de chaux liquide, d'une densité correspondant à 11 ou à 12° Baumé, est couramment em-

ployé pour le lavage, la purification du matériel,
ainsi que pour le nettoyage des fûts. Voici, dans ce
dernier cas, comment il est employé : mélanger 1 partie de bisulfite avec 3 parties d'eau froide et rincer le
fût avec ce liquide, lequel peut servir à nouveau jusqu'à épuisement complet. Le bisulfite doit toujours
être conservé dans des récipients en bois, ou en grès,
ou en verre. Les fûts qui viennent d'être rincés au
bisulfite peuvent être, sans aucun inconvénient, remplis de vin, de bière ou de cidre. Les fûts destinés à
être remisés devront, après un dernier lavage à l'eau
fraîche, subir un rinçage au bisulfite de chaux non
étendu d'eau. (M. *Monpillard*, à Paris.)

2° Pour détruire la moisissure qui infecte profondément les bois de futailles, le goût d'évent, l'o-
deur de lie putréfiée, etc., il faut verser par l'ouverture de la bonde du tonneau les quantités suivantes pour un tonneau de 1200 litres : sel de cuisine,
200 grammes; peroxyde de manganèse en poudre,
200 grammes; acide sulfurique concentré, 200 grammes; 6 litres d'eau bouillante. Une fois ce mélange
fait, et qui produit du chlore, on assujettit la bonde,
on agite un peu le fût, puis on le laisse en repos
pendant trois ou quatre heures. On ouvre alors la
bonde et l'on rince à grande eau, à plusieurs reprises,
jusqu'à ce qu'elle ressorte bien claire et sans odeur.
Si le fût est ou plus petit ou plus grand, on diminue
ou on augmente proportionnellement la quantité des
matières employées.

3° La recette donnée plus haut sur le rinçage
des futailles n'est pas sans inconvénient, paraît-il,

par suite de l'emploi d'agents chimiques très énergi-
ques. Le goût de chlore pénètre profondément dans
les pores du bois, et ces rinçages à grande eau
ne peuvent le faire disparaître complètement. Les
fûts ainsi traités ne présentent pas d'odeur sensible
après le nettoyage, mais si on s'en sert pour loger de
l'eau-de-vie, cette dernière prend un très mauvais
goût au bout de quelque temps. Il a obtenu, au contraire, de très bons résultats par le procédé suivant :
on verse un peu d'eau froide dans le fût, on introduit
une chaîne en fer par la bonde, et on agite vivement
en tout sens pour enlever la couche de moisissure
lui recouvre le bois, puis on vide le fût, on verse une
infusion bouillante de farine de moutarde et on agite
de nouveau pour recommencer encore trois ou quatre
fois, jusqu'à complet refroidissement. On rince alors
avec une eau de chaux, puis à l'eau chaude et à l'eau
froide; 100 grammes de farine suffisent grandement
pour un fût d'un hectolitre. (Communiqué par
M. *J. Driancourt*, à Saint-Denis.)

4° A propos de la recette précédente, M. F. Gra-
nier, à Paris, a fait remarquer que la farine de
moutarde possède bien, en effet, à un très haut
degré, la propriété désinfectante qu'on lui attribue.
L'action désodorante de la graine de cette cruci-
fère, et de quelques autres, est due à l'essence de
moutarde (sulfocyanure d'allyle), qui ne préexiste
pas dans la graine, mais prend naissance, seulement,
en présence de l'eau froide ou à peine tiède, l'eau
bouillante empêchant la production de cette même
huile essentielle ou la détruisant si elle existe. C'est
ce qui explique ce fait, peu connu du public, qu'un

sinapisme fait à l'eau bouillante est complètement inactif, l'action sinapisante de la farine du *Brassica nigra* étant due au même principe que celui qui agit comme désodorant. De ce qui précède, il ressort qu'après un barbotage semi-liquide de farine de moutarde, fait à froid, et duquel on enduirait totalement les parois intérieures d'un fût qu'on voudrait désinfecter, abandonnant ensuite ce fût, ainsi enduit, plusieurs heures à l'action de cette substance, la mauvaise odeur dont on voudrait le débarrasser serait bien plus entièrement neutralisée que si on faisait cette même opération à chaud.

On peut aussi employer l'acide sulfureux et les sulfites d'après le journal *le Brasseur*. Pour enlever ce qu'on appelle généralement les odeurs putrides et les goûts de fût, beaucoup de brasseurs emploient l'acide sufureux ou les sulfites, qu'ils utilisent également comme antiseptiques pour opérer la stérilisation et la désinfection des tonneaux ayant contenu des bières malades. Les uns se servent de mèches soufrées qu'ils brûlent dans le tonneau après en avoir au préalable humecté les parois au moyen d'un peu d'eau. L'acide sulfureux, produit par la combustion du soufre, se dissout dans cette eau et attaque les végétations parasites avec lesquelles il se trouve en contact. D'autres se contentent de verser une certaine quantité de solution de bisulfite de chaux dans les fûts, qui sont ensuite roulés dans tous les sens, afin de permettre au liquide d'en mouiller toutes les parties. L'acide sulfureux et les sulfites possèdent un pouvoir antiseptique très énergique, mais l'effet de ces agents ne s'exerce guère qu'à la surface des dépôts suspects, et si les premières couches d'organismes sont sûre-

ment tuées par le contact, on ne possède pas a même
certitude pour les parties sous-jacentes plus ou moin
protégées contre son action. Comme ni l'acide sulfu
reux ni les sulfites ne peuvent dissoudre les substances qui composent les crasses des tonneaux, il reste
toujours un certain doute sur leur efficacité au point
de vue de la stérilisation de ces dépôts, qui ont souvent une épaisseur sensible. En fait, on constate souvent que la désinfection est loin d'être pratiquement
suffisante ; la récidive du filage et de la putridité, dans
beaucoup de tonneaux ainsi traités, le prouve sura-
bondamment. Au point de vue de la destruction de
substances sapides et odorantes, leur efficacité n'est
guère plus sûre. L'odeur forte de l'acide sulfureux
masque bien les défauts que l'on cherche à détruire,
et par son application on arrive rapidement à un résultat très bon en apparence. L'odeur forte de l'acide
sulfureux couvre et domine l'odeur primitive, mais
celle-ci n'est nullement détruite, et lorsque, au bout
de quelque temps, le composé sulfureux s'est oxydé
par l'action de l'air et est devenu de l'acide sulfurique,
le parfum primitif, moisi ou putride, reparaît. A ce
point de vue, l'emploi des mèches soufrées et des sulfites est dangereux, parce qu'il endort les brasseurs
dans une fausse sécurité. Combien de fûts défectueux,
paraissant irréprochables après un traitement au bisulfite, n'en ont pas moins fourni des bières infectes
au bout de quelques semaines de conservation ? L'action prolongée de la vapeur finit le plus souvent par
faire disparaître les odeurs putrides et de moisi.
Lorsque l'infection est très profonde et que ce moyen
ne réussit pas, il faut user d'un autre procédé, l'emploi du chlore à l'état gazeux, qui possède l'avantage

de pénétrer profondément dans les pores du bois, et d'y opérer en même temps la destruction des produits odorants et des organismes parasites.

———————

Aliments pour les chevaux. — On a soutenu, avec raison selon nous, que l'avoine écrasée et le foin haché sont plus nutritifs pour les chevaux, en général, que les mêmes matières non divisées. La Compagnie des omnibus de Londres, qui a 6000 chevaux, a fait sur ce sujet une expérience très instructive. Elle a divisé ses chevaux en deux catégories : ceux de la première recevaient, comme ration journalière, 8 kilogrammes d'avoine broyée et 3 kilogrammes trois quarts de foin haché, plus 1 kilogramme un huitième de paille. Ceux de la seconde recevaient 9 kilogrammes et demi d'avoine intacte et 6 kilogrammes et demi de foin non haché. Soit 13 kilogrammes de nourriture pour les premiers et 16 pour les seconds. Or, les chevaux de la première catégorie ont fait un aussi bon service que ceux de la seconde et ne le cèdent en rien sous le rapport de l'embonpoint et de la vigueur. La nourriture, au moyen de l'avoine broyée et du foin haché, a produit une économie de 1 500 francs par jour et de 581 000 francs par an. Nous n'avions pas besoin de connaître cette expérience pour affirmer que les aliments divisés de toute nature sont plus nutritifs que les aliments intacts. Le fait s'explique de lui-même quand il s'agit d'animaux âgés, dont l'appareil dentaire est plus ou moins usé ou ébréché. Ceux-là ont besoin que le concasseur et le hache-paille fassent la besogne que leur bouche n'est plus capable d'opérer entièrement.

DESTRUCTION DES ANIMAUX NUISIBLES

Les émulsions de pétrole employées comme insecticides. — M. Riley, de Washington, préconise l'emploi des émulsions de pétrole, comme insecticides. On peut, pour préparer ces émulsions, se servir des phosphates, lactophosphates et hypophosphites de chaux ; mais pour le fermier et l'horticulteur, les substances les plus faciles à employer sont le savon et le lait, 20 parties de savon, 10 parties d'eau, 30 parties de kérosène et 1 partie de térébenthine du sapin, donneront, délayées avec de l'eau, une émulsion assez persistante. — Le lait donne encore de meilleurs résultats. A 2 parties de kérosène raffinée, on ajoute 1 partie de lait sur, et on bat pour former un beurre, qui se conservera indéfiniment en vase clos, et qu'on pourra, pour l'usage, additionner d'eau autant qu'on voudra. — La chaleur favorise la formation de ces émulsions. Le mélange, dilué, est ensuite projeté à l'état d'extrême division, sur les insectes que l'on veut faire périr.

Manière de se débarrasser des moustiques. — Un procédé fort simple et fort radical pour se débarrasser et se préserver de la piqûre des moustiques consiste à placer dans la chambre où l'on désire s'en préserver, une *lanterne allumée* dont les vitres auront été préalablement enduites de miel ou de glu aussi diaphanes que possible : les insectes attirés par la lumière viendront s'y coller et mourir sur la paroi *miellée* du vitrage. (Communiqué par M. *E. Blondeau*, à Avignon.)

Destruction des chenilles. — Le *Bulletin de la Société d'agriculture de Fontainebleau* donne une excellente recette pour détruire les chenilles : un nuage de pétrole d'une excessive ténuité est projeté directement, par le bec qui surmonte le pulvérisateur, sur les agglomérations de chenilles et sur les nids où elles se rassemblent, et à l'instant elles sont frappées de mort en s'appliquant, sans tomber à terre, sur le support même, nids, feuilles ou branches, où elles étaient réunies. A peine un léger brouillard les a-t-il enveloppées qu'après un court moment de torsions sur elles-mêmes, elles restent tout à coup immobiles pour ne plus donner signe de vie ; elles se fixent et se sèchent sur le point où elles sont frappés de mort. On pourrait craindre qu'un certain nombre de chenilles, garanties du jet direct par leur position sous les feuilles ou autres objets, n'échappassent à la mort. Les faits ont démontré le contraire. En effet, dans les expériences faites, on a remarqué des chenilles évidemment protégées pas leur position de l'atteinte directe, s'agiter convulsivement et chercher à s'éloigner, mais au bout de très peu de temps elles se fixaient et mouraient sur place comme les autres, sans avoir gagné du terrain. Il n'a pas été remarqué qu'une seule de ces dernières soit parvenue à se sauver. Il semble donc démontré que toute chenille enveloppée dans l'atmosphère du brouillard de pétrole périra infailliblement.

Autre recette. — L'industrie a mis aujourd'hui à notre disposition un certain nombre d'agents toxiques, mortels pour les chenilles, et inoffensifs pour les plantes, étant suffisamment dilués d'eau ; ce sont : le pétrole, la benzine, le savon blanc ou noir (mais préférablement ce dernier), l'essence de térébenthine. Voici deux formules que l'on peut employer ; elles sont d'une préparation facile et d'une efficacité reconnue : eau, 100 litres ; savon noir, 2 kilogrammes ; pétrole ou benzine, 1 litre. Le savon est dissous à froid dans 15 à 20 litres d'eau ; on ajoute le pétrole ou la benzine en agitant fortement le liquide pour faciliter l'incorporation, puis on verse le complément d'eau nécessaire. La deuxième formule sera employée lorsque l'on aura laissé prendre aux chenilles un développement complet, si, par exemple, on a été empêché d'écheniller le 1er mai. Ce liquide agit avec plus de vigueur : eau, 100 litres ; savon noir, 2 kilogrammes ; jus de tabac à 13° Baumé, 1 litre ; essence de térébenthine ou pétrole, 500 grammes. Procéder pour la préparation comme pour le mélange précédent. (*Le Progrès agricole.*)

Destruction des insectes dans les serres par la vaporisation du jus de tabac. — Les plus redoutables ennemis des plantes cultivées en serre sont les insectes, qui y pullulent en quantité considérable, car ils sont à l'abri des principales chances de destruction qui s'opposent, en plein air, à leur prodigieuse multiplication. On a remarqué que la plupart d'entre eux s'y développent beaucoup plus rapidement lorsque la ventilation est insuffisante ou

que la température est trop élevée. Depuis que la
culture des orchidées a pris une sérieuse extension,
de grands progrès ont été faits dans ce sens. On ne
voit plus que chez les horticulteurs routiniers ces
vieilles serres basses, à peine ventilées dans le haut
par quelques carreaux entr'ouverts, où règne une
humidité stagnante, dans un air confiné. Mais on a
beau multiplier les ouvertures pour créer ainsi une
constante circulation d'air et veiller à ce que la température ne s'élève pas au delà du degré reconnu
nécessaire, on ne peut entièrement débarrasser les
plantes de leurs hôtes dangereux. Les pucerons, les
thrips, les cloportes, les coccus, les acarus, les arai-
gnées rouges, les poux laineux, sont les plus com-
muns et les plus dangereux de la tribu. Les uns gri-
gnotent les racines si délicates des orchidées, les
autres piquent les feuilles et les font périr, soit en
absorbant la sève au fur et à mesure de sa production, soit en les salissant de leurs déjections, qui
forment bientôt à leur surface une couche noire vis-
queuse et en déterminent ainsi la mort ou l'atrophie.
Ceux de ces animaux qui vivent dans le sol factice
où végètent les plantes sont presque impossibles
à atteindre. Cependant l'eau chaude à 50° les fait
presque tous périr. On a reconnu par des expériences directes qu'à cette température elle ne fait
aucun tort aux parties les plus délicates des végétaux, et qu'on pourrait même arroser des plantes
à l'eau bouillante sans nuire en aucune façon à leur
santé. Ces expériences, que nous avons répétées
nous-même, ont été publiées autrefois par la *Revue
horticole*. On peut aussi détruire ces animaux par
des arrosages au jus de tabac dilué ; mais nous ne

l'avons pas essayé. Il n'y a guère que les cloportes, les limaces, certaines variétés de thrips inoffensifs, et les vers de terre, qui élisent domicile dans le substratum des plantes. Mais, quel que soit le dommage qu'ils puissent causer, il n'est pas à comparer à celui qui résulte de l'invasion des autres insectes sur les parties aériennes des végétaux. C'est surtout de ceux-là que les jardiniers se sont occupés de tout temps, et ils en ont activement poursuivi la destruction, tout en se livrant, par des procédés variés et peu efficaces, à la chasse et à la capture directe des cloportes et des limaces. Nous ne connaissons pas d'exemple de l'emploi des poudres insecticides dans les serres. Elles doivent être écartées par des raisons toutes physiques; elles saliraient les végétaux soumis à leur action. Il ne reste donc à étudier que l'emploi des liquides et celui des gaz ou vapeurs. L'usage des insecticides liquides est déjà très ancien dans les serres, c'est aussi le seul admissible pour les plantes de plein air. Beaucoup de produits de natures très diverses ont été essayés avec plus ou moins de succès. Nous pourrions en citer d'excellents, et qui loin de nuire aux plantes ne font qu'activer leur végétation, mais ce serait sortir des bornes de notre étude. Disons seulement que l'emploi des liquides ne peut donner qu'une solution très incomplète. Il est presque toujours impossible d'immerger complètement la plante dans l'insecticide, ce qui d'ailleurs demanderait un temps énorme. On est réduit à projeter le liquide sur les végétaux au moyen d'une seringue. C'est comme si on mitraillait un bois au hasard pour détruire l'ennemi qui y serait cantonné. Nombre d'insectes ne sont pas mouillés par l'insecticide; ils échappent à la destruction et leur multiplication est si rapide qu'au bout de quelques jours à peine il faut recommencer les aspersions. De tout temps les jardiniers, reconnaissant l'inefficacité de ce mode d'action, se sont préoccupés d'assainir leurs serres par des fumigations ou des vaporisations. Scientifiquement, le problème serait complètement résolu par l'emploi de l'éther. Cette substance se vaporise rapidement à la température ordinaire, et par l'expérience des entomologistes on sait qu'elle asphyxie tous les insectes, même les plus résistants. Elle ne fait d'ailleurs subir aux plantes aucune détérioration, même à l'état liquide. Mais l'emploi de l'éther est impossible dans les serres, tant à raison de son prix élevé que parce qu'il formerait avec l'air un composé détonant et risquerait ainsi de donner lieu aux plus terribles accidents. Il pourrait aussi déterminer l'asphyxie chez ceux qui voudraient pénétrer dans une serre saturée de ses vapeurs. On a essayé de se servir de fumée de tabac, mais le remède était peut-être pire que le mal. Sans parler de l'infection prolongée que le tabac répandait dans les serres, les fleurs et les plantes délicates souffraient toutes plus ou moins de l'action des huiles empyreumatiques que renferme sa fumée. Les parties tendres des adiantum, des fougères, etc., etc., ne pouvaient y résister.

Les choses en étaient là, lorsque, il y a cinq ou six ans, M. Boizard, jardinier de Mme de Rothschild, eut l'idée ingénieuse d'utiliser les jus de tabac, résidus de la fabrication des manufactures, qui jusqu'alors n'avaient que des emplois très limités. Il les fit évaporer dans ses serres, et obtint ainsi un résultat

excellent qu'il fit connaître avec un rare désintéresse-
ment à tous ses collègues en horticulture. Presque
tous répétèrent ses expériences, et il fut reconnu que
le procédé était parfait, qu'il détruisait par une seule
opération la plupart des insectes vivant sur les feuilles
et que les survivants ne résistaient pas à une série
de fumigations régulières. C'était là, il faut le dire,
un grand service rendu à l'horticulture, et, en dehors
de cette application spéciale, le procédé Boizard peut
en avoir d'autres qui n'échapperont pas aux lecteurs
et que nous signalons à leurs recherches.

La nicotine contenue dans le jus de tabac doit, en
effet, avoir une action destructive sur les microbes
et sur tous les insectes. Ainsi nous estimons qu'une
seule fumigation bien exécutée suffirait pour détruire
les larves des mites contenus dans les tissus, et en
assurer ainsi la conservation. Des fumigations pério-
diques donneraient aussi sans doute, dans les mu-
sées, le moyen de conserver indéfiniment sans
détérioration les insectes et les animaux empaillés.
Il y a là toute une série de recherches à entreprendre,
aujourd'hui surtout qu'on peut admettre que désin-
fectant et insecticide sont des mots presque syno-
nymes. Il est singulier que la nicotine contenue dans
les jus de tabac soit pour les animaux un poison très
subtil et qu'elle n'ait sur les plantes aucune action
nuisible : au contraire, elles paraissent se trouver très
bien de lotions faites sur les feuilles avec une dilution à 1/10 ou à 1/15 ; ces lotions sont dès à présent
employées avec succès par des horticulteurs dis-
tingués. Nous allons maintenant faire connaître la
dose de tabac et les divers procédés à employer pour
la fumigation. Les manufactures livrent des jus plus

ou moins concentrés. Il y a avantage à les demander au plus grand degré de concentration possible, car les prix de transport sont ainsi moins élevés et chacun peut étendre le jus de tabac pour le ramener au degré de concentration qu'il préfère. Les jus qui m'ont été livrés par la manufacture de Bordeaux marquaient 12°,5 à l'aréomètre de Baumé, soit 1,09 au densimètre. Ils coûtent 60 centimes pris à Bordeaux. On les étend généralement de la moitié de leur volume, mais cette addition, utile si on emploie l'ébullition directe, est moins nécessaire quand on a recours aux procédés perfectionnés qui seront décrits plus loin. On admet généralement, d'après les premières expériences de M. Boizard, qu'un litre de jus de 12°,5 Baumé suffit pour détruire les insectes contenus dans une serre de 60 mètres cubes. Si la fumigation est souvent répétée, cette quantité peut même, suivant lui, être réduite à moitié. Il nous reste à passer en revue les divers procédés employés pour vaporiser le jus de tabac et à faire connaître celui que nous jugeons préférable.

M. Boizard faisait simplement bouillir le jus dans une casserole, sur un fourneau portatif placé dans la serre. Lorsque, après une ébullition prolongée, le liquide devenait trop épais, il ajoutait de l'eau et continuait l'opération. Ce procédé réussit parfaitement, mais il présente plusieurs inconvénients. Le premier est d'exiger un temps assez long pendant lequel un garçon jardinier doit se tenir constamment dans la serre, ce qui est extrêmement pénible et quelquefois insupportable. Le second est peutêtre encore plus grave. Une faible partie de la chaleur développée par la combustion du char

bon de bois est utilisée pour l'évaporation. Le reste
produit dans la serre un échauffement qui peut être
dangereux. De plus, l'acide carbonique et surtout
l'oxyde de carbone qui se dégagent nuisent certainement plus aux plantes que la vapeur elle-même. Il
est donc probable que ce procédé sera peu à peu
abandonné par les horticulteurs. On a ensuite in-
venté plusieurs appareils qui permettent de vaporiser
le jus de tabac en dehors de la serre, où les vapeurs
produites sont introduites par le moyen d'un tuyau.
Ce procédé n'a aucun des inconvénients que nous
avons signalés plus haut; seulement les appareils
sont assez coûteux, l'opération est encore trop longue; de plus il y a toujours un résidu, et par conséquent l'utilisation du jus de tabac n'est pas complète.
On a aussi proposé de verser le jus sur des plaques
de tôle chauffée, sur du coke incandescent, etc., etc.
Ces procédés sont réalisables, mais celui que nous
employons depuis quelque temps dans notre serre
nous paraît à la fois le meilleur et le plus simple de
tous. Il n'exige aucun appareil spécial; il permet
d'obtenir aussi vite ou aussi lentement qu'on le
désire l'évaporation du jus de tabac sans aucun résidu, et sans que la présence du jardinier soit nécessaire. L'opération une fois commencée s'achève automatiquement. Nous nous servons d'une masse de
fonte, véritable réservoir de chaleur, que nous por-
tons dans un fourneau quelconque à une température
voisine du rouge sombre (700°). La forme la plus
avantageuse à lui donner nous a paru être celle d'un
pain de sucre ou d'un obus avec un anneau à sa
partie supérieure, mais cette forme importe peu.
Nous transportons cette masse dans la serre et nous

la plaçons dans une casserole en fer, puis, au moyen
d'un bidon de fer blanc percé d'un trou, nous faisons
couler sur la fonte un filet de jus de tabac qui s'évapore au fur et à mesure, et très rapidement. Si l'opération est bien conduite, le jus est presque entièrement vaporisé au contact de la fonte, et rien ou
presque rien n'arrive dans la casserole, ce qui d'ailleurs n'aurait aucun inconvénient. Il ne se produit
ainsi ni poussière, et oxyde de carbone, ni chaleur
en excès, puisque, quand l'opération est bien conduite, le bloc de fonte donne tout ce qu'il contient
de chaleur et reste à une température voisine de 100°;
il se refroidit alors très lentement. L'opération est
rapide, et aussitôt que le bidon a été convenablement
disposé on peut s'éloigner avec la certitude que rien
n'interrompra la vaporisation commencée. En tenant
compte de la capacité calorifique de la fonte, on voit
qu'il faut environ 11 kilogrammes de fonte portée
au rouge sombre pour vaporiser un litre de liquide.
Au moyen des fumigations, on détruit complètement
les pucerons, les acarus, les thrips, les coccus, etc...
Les poux laineux souffrent, mais semblent n'être détruits qu'à la longue. On s'en débarrasse facilement
au moyen d'un pinceau imbibé d'éther ou mieux
de collodion ; ils sont instantanément foudroyés.
Les limaces se cachent et échappent ainsi à l'opération. Depuis que nous la répétons, nous ne trouvons
plus de cloportes dans la serre; il est à présumer
qu'ils s'enfuient devant la vapeur du tabac, car elle
ne peut guère les faire périr dans leurs retraites. Ce
n'est pas seulement à l'état de gaz que la vapeur du
tabac produit son effet. Elle se dépose à l'état de
buée fine sur toutes les parties des plantes. C'est

pour cela qu'il peut y avoir intérêt à étendre le jus
de tabac d'un peu d'eau, afin que la vapeur produite
soit plus abondante. Nous terminerons en faisant
remarquer que la fonte pourrait être avantageusement utilisée comme réservoir de chaleur. Ainsi la
masse dont nous nous servons pèse 22 kilogrammes
et peut être facilement maniée; elle est facile à
chauffer au rouge cerise, et dans cet état elle em-
magasine assez de chaleur pour chauffer l'eau d'une
baignoire ordinaire. (M. *E. Roman*, à Périgueux.)

Contre le ver blanc. — M. Croizette-Desnoyers,
inspecteur adjoint des forêts, à Fontainebleau, a expérimenté en grand et avec succès, depuis plusieurs
années, la recette suivante : Les énormes pépinières
nécessaires pour le repeuplement de la forêt étaient
dévastées par le ver blanc. Après beaucoup d'essais,
ou trop coûteux, ou infructueux, ou nuisibles aux
plantes, il a reconnu que la benzine des usines à gaz
n'offrait aucun de ces inconvénients et détruisait
complètement le ver. Ce ver s'établit par couches
horizontales; suivant la température, ces couches
s'enfoncent plus ou moins dans la terre. Il faut donc,
avant tout, reconnaître à quelle profondeur est la
couche; puis, avec le pal employé contre le phyl-
loxera, on injecte la benzine un peu au-dessous de la
couche: au bout de quelques heures, tout est mort.
Si, dans quelques places, on s'aperçoit qu'il en reste,
on y fait de nouvelles injections. La benzine n'attaque pas les racines, même les plus délicates des
plantes.

PHARMACIE

Emploi de la graine de lin contre les corps introduits dans l'œil. — Les accidents qui résultent de l'introduction d'un fétu dans l'œil peuvent être très graves; il faut pouvoir y remédier aussitôt. Pour cela, on écarte du globe de l'œil la paupière inférieure et on laisse tomber, dans la cavité ainsi obtenue, une graine de lin. On ferme l'œil. La graine se colle d'abord au globe ; bientôt elle se recouvre d'un mucilage épais qui lui permet de glisser aisément en tout sens, enfin, au bout d'un temps plus ou moins long, elle sort toute gluante par le coin interne.

A-t-elle agi en nettoyant l'œil? Son mucilage a-t-il simplement contribué à dégager le fétu? Ce qui est certain, c'est que la douleur a disparu presque aussitôt après l'introduction de la graine. Celle-ci agit tout de suite à la manière des pierres d'hirondelle en soulevant la paupière ; elle a sur les pierres l'avantage de faciliter tout glissement. Le remède est donc parfait et facile à trouver. (M. *Laffuge*, à Carcassonne.)

L'acide chromique contre la transpiration. — En Allemagne, la direction de santé du ministère de la guerre a recommandé, il y a peu de temps, l'emploi de l'acide chromique, comme un remède peu coûteux, sûr et sans danger, propre à prévenir la transpiration exagérée des pieds. On badigeonne la peau des pieds avec une solution d'acide chromique

Nouvelles recettes. 5

à 5 ou 10 p. 100, et l'opération n'a pas besoin d'être renouvelée avant deux ou trois semaines, parfois même avant sept ou huit semaines. Avant de prendre cet arrêté, l'administration avait essayé le remède, avec les meilleurs résultats, sur 18 000 soldats.

Contre-poison du vert-de-gris. — Le moyen de combattre les effets délétères du vert-de-gris consiste à faire prendre au malade, dès les premiers soupçons, une assez grande quantité de verres d'eau, dans chacun desquels on aura fait dissoudre un blanc d'œuf. Pour que la dissolution soit complète, chaque blanc d'œuf devra être battu dans une seule assiette. C'est un contre-poison très efficace : il décompose en effet le vert-de-gris et les autres sels de cuivre, de manière à les laisser à un état qui n'est plus dangereux.

Sur le traitement du mal de mer. — M. Skinner explique l'origine du mal de mer par la paralysie réflexe des fonctions motrices du sympathique, engendrée par l'excitation des nerfs des organes abdominaux et des organes des sens. Il a constaté par des expériences sur des animaux et par le traitement direct des malades que l'emploi simultané de l'atropine et de la strychnine, ainsi que de la caféine, donnait de bons résultats. Voici les formules auxquelles il a recours :

1°   Sulfate d'atropine........ 0^{gr},04
         Sulfate de strychnine.... 0 ,04
         Eau de menthe.......... 40

A employer en injections sous-cutanées.

2°   Caféine................... 4 gr.
        Salicylate de soude...... 3
        Eau distillée............ 10
    (La solution se fait à une chaleur douce),

En injections sous-cutanées.

Dans la plupart des cas, l'administration de 1 gramme de solution supprime les vomissements, fait disparaître les nausées, les maux de tête et les étourdissements et procure un sommeil bienfaisant d'une demi-heure à trois quarts d'heure. Des pilules préparées avec les deux alcaloïdes, prises dès l'apparition des premiers symptômes, empêchent le développement du mal de mer.

Cérat à la vaseline. — On fait un mélange de vaseline blanche, 500 grammes; huile d'amandes douces, 50 grammes; cire blanche, 50 grammes; on fait fondre ce mélange à une douce chaleur; on incorpore à l'aide du pilon, dans un mortier chauffé au préalable, et par addition successive, 50 grammes d'eau de rose. Pour le cold-cream, on remplace la cire par du blanc de baleine et on parfume *ad libitum*. Le cérat qu'on obtient ainsi est très onctueux, très homogène, d'une blancheur immaculée; puis la vaseline, qui est un bon excipient de la plupart des pommades, n'est pas déplacée dans le cérat.

Baume contre les rhumatismes. — On prend 30 grammes de savon animal, 125 grammes d'alcool,

15 grammes de camphre, 30 grammes d'éther acétique. On place toutes ces substances dans un matras
à long col bouché par une vessie mouillée dans laquelle on a ménagé un petit trou pour la sortie de
l'air. Ce matras est placé dans le bain-marie, à une
chaleur douce. Quand les substances sont fondues,
on filtre à travers un papier le mélange encore tiède,
et on le met dans des flacons bien bouchés. Ce baume
est ensuite étendu par frictions sur les parties malades.

Solution contre les taches de rousseur.

Chlorhydrate d'ammoniaque......	4 grammes.	
Acide chlorhydrique médicinal ..	5	—
Glycérine.......................	30	—
Lait virginal...................	50	—

Faire dissoudre. Matin et soir on touche avec un
pinceau imbibé de cette solution les taches de rous-
seur rebelles.

Biscuits antiscorbutiques. — Ces biscuits contiennent un mélange de certaines substances végétales, qui non seulement sont nourrissantes et agréa-
bles au goût, mais qui possèdent en outre des propriétés antiscorbutiques, pouvant prévenir le scorbut
chez les marins; ils sont composés d'un mélange de
matières végétales contenant de la potasse, avec de
la farine de blé ordinaire. La composition chimique
de la pomme de terre la rend, dans cette préparation, beaucoup préférable à tout autre végétal. Cependant les végétaux contenant de la potasse peuvent

être employés seuls ou mélangés avec de la pomme
de terre. On prend donc la pomme de terre ou toute
autre substance végétale à l'état cru et on la réduit,
à l'aide de la râpe, en une espèce de poudre qui, mélangée intimement avec un poids égal de farine de
blé, donne une pâte dont on fait des biscuits que l'on
met au four selon la manière ordinaire. L'humidité
contenue dans les végétaux suffirait pour la combinaison des substances avec la farine, mais on peut
ajouter une petite quantité d'eau ou de lait si on le
juge convenable. (*Chronique industrielle.*)

Guérison des varices. — Le professeur Volto-
lini a indiqué récemment un procédé qui permet de
détruire les varices en peu de temps. On humecte la
varice avec de l'eau et l'on enfonce à sa base deux
pointes en platine qui communiquent aux deux pôles
d'une batterie de 5 éléments de pile environ. On laisse
agir le courant 5 à 10 minutes en déplaçant les pointes de platine. Huit à quinze jours après l'opération,
la varice semble avoir disparu, mais l'emploi de
l'électricité pour le traitement des varices n'est pas
un moyen curatif. « On produit un caillot dans la
veine variqueuse, mais un caillot non permanent, que
la circulation reprend insensiblement dans une durée
de trois à six mois. Pour produire une guérison du-
rable, il fallait donc trouver le moyen de produire un
caillot qui persiste avec le temps et qui rende à jamais la veine imperméable. L'honneur de cette découverte revient à Pravaz père, de Lyon, qui a injecté
dans la veine variqueuse quelques gouttes d'une
solution de perchlorure de fer neutre à 30° Baumé. »

Destruction des verrues. — Dans le journal *Archiv für Pharmacie*, M. Vidal propose un moyen facile de destruction des verrues, principalement aux mains. Ce procédé consiste à étendre une couche de savon noir sur une bande de flanelle, que l'on applique sur la verrue au moyen d'une forte ligature, et qu'on laisse en place jour et nuit. Après un petit nombre d'applications, la verrue est assez ramollie pour pouvoir être enlevée par raclage.

Remède contre les brûlures. — On met une forte poignée de feuilles de lierre dans un litre d'eau; on les fait cuire doucement dans un vase non métallique, jusqu'à ce que les queues se détachent d'elles-mêmes en les prenant pour soulever les feuilles. A ce moment, l'eau sera réduite de moitié, si l'opération a été bien conduite. On ajoute une cuillerée à bouche de bonne eau-de-vie. On met continuellement, sur la brûlure, des compresses de ces feuilles et de l'eau dans laquelle elles ont bouilli. Toute douleur disparaît et la cicatrisation est prompte, sans laisser de traces. (M. *Jarre*, à Ornans.)

On peut encore employer la recette suivante : On prend : saindoux de porc, 100 grammes; camphre pulvérisé, 30 grammes ; essence de myrte, 30 grammes. On fait fondre au bain-marie le saindoux et le camphre; puis en retirant loin du feu, on verse goutte à goutte l'essence de myrte, jusqu'à ce qu'elle forme une pommade très liante. On applique, avec un pinceau, cette pommade sur la plaie, et on la recouvre d'une feuille de papier *Joseph* non collé,

que l'on change matin et soir. (M. E. Rouquier, à
Grasse.)

Autre recette. — On met de la chaux vive dans de
l'eau, on l'agite fortement jusqu'à ce qu'elle soit déli-
tée ; puis, lorsqu'elle est clarifiée par le repos, on
prend 500 grammes de cette eau, dans laquelle on
ajoute peu à peu quatre jaunes d'œufs délayés dans
60 grammes de térébenthine. On panse les plaies
avec ce mélange étendu sur de la charpie deux ou
trois fois par jour, et si elle adhère les premières fois,
on a soin de l'enlever au moyen de l'eau tiède pour
ne point déchirer la pellicule qui se forme, ce qui
empêcherait la cicatrisation de se produire.

**Pommade pour faire repousser le poil des
chevaux blessés.** — Voici une pommade dont on
se sert de temps immémorial dans ma famille, et
dont, pour ma part, j'ai toujours obtenu les meilleurs
effets, spécialement pour les chevaux couronnés.
Elle fait bien repousser le poil, à condition toutefois
que le cuir ne soit pas trop profondément entamé.

Axonge......................	140 grammes.
Essence de romarin.......	25 —
Extrait de Saturne........	15 —
Camphre....................	20 —
Noir de fumée.............	pour colorer.

Laver la plaie après l'accident et l'enduire copieu-
sement de pommade. Une fois le traitement commencé, *ne plus laver la plaie* ni mettre le cheval à
l'eau. (M. R. C.., à Paris.)

On emploie aussi ordinairement de l'huile d'olive ;

mais on peut se servir avec avantage de la composition suivante : glycérine, 100 parties ; tanin, 1 partie.
(M. *le Dr Javanel*, à Bucharest.)

———

Le Schampoing est un mot anglais qui désigne
l'acte de frictionner et de savonner le cuir chevelu.
C'est une pratique d'importation américaine. Les
coiffeurs emploient plusieurs liquides pour nettoyer
la tête ; ce sont de l'eau ammoniacale, des solutions
de sous-carbonate de soude, des solutions alcooliques de savon, etc. Chaque parfumeur a sa formule,
mais la base est toujours une substance alcaline susceptible de saponifier la matière grasse du cuir chevelu. Ces véritables *lessivages* de la tête sont nuisibles et il est à remarquer que ce sont précisément
les pays où ces pratiques sont inconnues qui vendent
des cheveux aux gens plus civilisés. (M. le *Dr H. M.*)

———

Préparation du Schampoing. — On prépare le
schampoing de la façon suivante : eau chaude 10 litres, sous-carbonate de soude 490 grammes, savon
noir 500 grammes. Faire dissoudre en remuant,
laisser reposer, décanter après un jour de repos ;
aromatiser à volonté avec eau de lavande, essence
de mille fleurs, eau de Cologne, de Portugal, au
choix. (M. *Guérin*, pharmacien à Paris.)

Eau dentifrice.

Alcool à 80 ou 90 degrés...	5 litres.
Essence d'anis superfine...	25 grammes.
— de menthe	25 —
— de cannelle	10 —
— de girofle	5 —
Teinture de tolu	20 —
— de benjoin	20 —
Cochenille pilée...........	25 —
Crème de tartre	25 —

Laisser macérer pendant douze jours et filtrer.
(M⁰ᵉ *H. B.*, à Saint-Sauveur.)

BLANCHISSAGE, BLANCHIMENT, NETTOYAGE

Apprêt spécial pour vêtements. — M. Moricourt désigne sous le nom impropre de *métallisation* un procédé qui consiste à donner aux vêtements (en laine principalement) un apprêt particulier pour les soustraire aux attaques des mites. Les étoffes (flanelle, drap, etc.) sont immergées, pendant une heure, dans un bain en ébullition, composé de : Eau, 1000 litres : sulfate de cuivre, 4 kilogrammes ; acide sulfurique, 1 kilogramme. A la suite du bain, le tissu est calandré et séché. L'apprêt persiste après plusieurs lavages.

Restauration des vieux tableaux. — Les altérations des tableaux à l'huile proviennent de plusieurs causes : 1° le tableau est enfumé ; 2° les toiles sont encroutées ou bosselées en certaines parties. Nous allons indiquer, d'après le *Dictionnaire de la vie pratique à la ville et à la campagne*, de Belèze, les principaux remèdes à apporter dans chacun de ces cas. Quand un tableau est devenu sombre et enfumé, il faut le dévernir. Il s'agit alors de distinguer si le vernis employé a été un vernis à l'essence, ou si le tableau a été verni au blanc d'œuf pur. Si le vernis est un vernis à l'essence, on peut dévernir à sec, ou à l'eau-de-vie. Pour dévernir à sec, on pose le tableau à plat sur une table, puis on met de la colo-

phane en poudre sur un des coins du tableau, et
l'on frotte avec les doigts d'abord une des parties les
moins importantes, en gagnant peu à peu et de proche en proche, jusqu'à ce que le vernis soit enlevé.
On retire alors la poussière très doucement à l'aide
d'un plumeau, en ayant soin de la promener lentement sur le tableau. Si on dévernit à l'eau-de-vie, il
suffit de prendre un linge propre imbibé d'eau-de-
vie, et d'humecter légèrement une partie de la toile
sans frotter. Quelques instants après, on lave avec
une éponge et de l'eau fraîche et pure. On continue
la même opération sur toute la surface du tableau ;
on essuie avec un linge fin et sec, et on laisse sécher
avant de passer le nouveau vernis. On peut également employer une solution de sel de tartre, d'abord
faible, puis de plus en plus concentrée, une solution
de borax, une eau de chaux pure. La potasse, le
savon peuvent être utilisés, mais avec réserve. On
obtient aussi une bonne eau à nettoyer en mélangeant du sel ordinaire à une eau de savon, ou en
mélangeant 2 parties d'alcool rectifié avec 1 partie
de térébenthine ou d'huile d'aspic. Les tableaux non
vernis se nettoient avec de l'eau-de-vie, du vinaigre,
ou de la farine délayée dans une eau de chaux. Pour
les tableaux vernis au blanc d'œuf, il faut avoir recours à l'huile de lin. On frotte la toile avec cette
huile, et on la laisse imbiber pendant 2 heures environ. On passe alors une couche d'esprit qui enlève
l'huile et le blanc d'œuf. Pour les tableaux recouverts d'un enduit gras, on opère de la même façon,
mais de préférence en été, et on laisse la couche
d'huile pendant une quinzaine de jours, en ayant
soin de la renouveler de temps à autre. Dans le cas

où les tableaux offrent des bosses creuses et ren-
trantes, il faut en repasser à l'envers avec un fer
modérément chaud les parties endommagées. On
pratique ensuite une légère incision dans la toile,
puis on colle sur le revers un peu de charpie appuyée
sur un fragment de vieille toile, et par-dessus on
retouche le tableau avec un ton semblable à celui
qui existait. Si les toiles sont crevassées et trouées
en de nombreux endroits, elles doivent être *rentoi-
lées.*

On peut aussi employer le procédé qui consiste à
étendre sur l'ancien vernis une couche de baume de
copahu, puis à suspendre le tableau à 1 mètre environ au-dessus d'un bassin aussi large que l'exigent
les proportions du tableau, et rempli d'alcool froid.
Le tableau reste ainsi un temps variable, mais qui
ne dépasse pas vingt-quatre heures. Les émanations
de l'alcool ont fait fondre la substance étalée sur le
tableau, et le baume s'unit à l'ancien vernis qu'il
dissout. A la fin de cette opération, le tableau semble être recouvert d'un nouveau vernis.

Nettoyage des mouvements d'horlogerie. —
La composition suivante nettoie parfaitement les
roues de laiton, sans attaquer les tiges et pignons en
acier des mouvements d'horlogerie. Elle pourra rendre service à beaucoup d'amateurs.

Eau..........................	80 gr.
Acide oxalique.................	3 —
Alcool ordinaire..............	20 —
Ammoniaque liquide...........	10 —
Savon noir...................	15 —

On laisse tremper les objets environ un quart d'heure ; après leur avoir donné un coup de brosse, on les lave et on les laisse sécher dans de la sciure, ou bien on les trempe dans l'alcool, puis on les sèche avec un linge fin. (M. *Margeais*, à Paris.)

Moyen d'enlever la rouille sur les objets délicats en fer. — Voici un moyen pratique d'enlever la rouille sur les objets délicats en fer ou acier ; ce moyen très simple convient surtout aux personnes qui font usage d'instruments de précision que la moiteur des mains peut facilement souiller. Il consiste à se servir, au lieu de papier ou toile émeri qui raient les objets, d'une gomme à effacer le crayon ou l'encre ; cette dernière étant plus dure est préférable. (M. *Dupont*, à Saint-Pol-lès-Dunkerque.)

Moyen de donner à l'ivoire l'éclat de l'argent. — Pour donner aux objets en ivoire un bel éclat argenté, trempez-les, aussitôt qu'ils sont complètement terminés, dans une dissolution faible de nitrate d'argent jusqu'à ce qu'ils aient pris une couleur jaune sombre ; plongez-les ensuite dans de l'eau pure et exposez-les à l'action directe de la lumière solaire. Au bout de trois heures l'ivoire paraîtra complètement noir, mais aussitôt qu'on l'aura frotté avec une peau douce, il prendra un bel éclat argentin.

Nettoyage des cuirs jaunes. — Le meilleur moyen de nettoyer les cuirs jaunes sans les durcir consiste à faire un mélange de 9 parties d'eau-de-vie ou alcool et de 1 partie de glycérine, à laver avec une brosse à ongles les cuirs tachés ou courroies, avec ce mélange, puis à saupoudrer les cuirs avec de la terre de Sommière, laisser sécher et essuyer avec un linge fin. (M. *E. Pavèze*, à Chambéry.)

Manière de blanchir la paille. — On commence par étendre la paille dans un endroit soigneusement fermé, au milieu duquel on allume du soufre. Vingt-quatre heures suffisent pour la bien blanchir; mais, pour la rendre souple sans la tacher, on la met pendant trois ou quatre heures dans de grosses toiles mouillées.

Fixage des peintures murales à la colle. — Deux cas peuvent se présenter quand il s'agit de protéger par un enduit ou vernis et de fixer des peintures murales exécutées à la colle : 1° l'encollage est assez fort, c'est-à-dire qu'il n'est pas trop chargé de blanc d'Espagne : alors on vernit avec du vernis cristal surfin si l'ensemble de la peinture est clair ou bien du vernis Flatting très brillant et durcissant très vite si les tons sont foncés ; 2° si l'on a des doutes sur la force de l'encollage par suite d'un excès de blanc d'Espagne et d'une insuffisance de colle, il faut encoller légèrement avec une colle très propre et très transparente, puis on vernit comme il est dit ci-dessus. En résumé, d'un bon vernis dépend la conservation de la peinture, mais un bon vernis est chose assez rare. Les vernis anglais, marque Lewis-Berger, dont le dépôt est chez M. Lefebvre, à Corbeil, sont les plus estimés. (M. J. *Fuguiron*, à Corbeil.)

Procédé pour enlever du bois les vieilles peintures sèches et vernies. — On met dans un litre d'eau 31 grammes d'acide sulfurique; on fait fondre dans l'eau 125 grammes de potasse rouge en pierre ; quand le tout est mélangé, on le passe à chaud avec une brosse un peu rude : il n'est aucune peinture qui résiste à ce liniment, et le bois n'en est nullement altéré.

Pâte pour blanchir les mains. — On fait cuire des pommes de terre blanches et très farineuses ; on les pèle, on les écrase bien et on les délaye avec un peu de lait ; la pâte d'amandes n'est pas meilleure.

Astiquage militaire. — **Cirage des bottes.** — **Faire reluire les basanes.** — **Faire briller les boutons de cuivre.** — Pendant mon congé, étant artilleur à la Fère, et suivant le peloton de brigadier pour lequel il fallait être irréprochable d'*astiquage*, j'ai essayé de tous les cirages; seul le cirage Marcerou m'a donné de bons résultats pour cette raison probablement qu'il contient beaucoup de cire. Comme trucs, il y avait la fameuse gousse d'ail dont on frotte les basanes avant de les enduire de cirage. Le plus souvent l'on se contentait, tout en cirant, de passer fréquemment et vivement la brosse à reluire sur la chevelure ; ce qui tout en séchant un peu cette brosse, développait de la chaleur. Dans tous les cas, moins il y a de cirage, plus vite les cuirs reluisent. En résumé, tout ceci aidant, ce qui m'a réussi le mieux encore c'est ce qu'on appelle vulgairement l'*huile de bras*. — Pour astiquer les boutons de cuivre, rien de mieux qu'un mélange de tripoli, terre pourrie, blanc d'Espagne dans l'alcool, le tout accompagné d'une brosse bien sèche et bien fournie. (M. *Thiéry*, pharmacien-chimiste à Etréaupont.)

Autre recette. — Le meilleur moyen pour faire reluire la base est d'employer une brosse à reluire légèrement humectée de pétrole. Il faut que la brosse soit à peine imprégnée de pétrole et, au besoin la frotter sur du bois avant de s'en servir. De cette façon la basane reluira immédiatement même étant humide. (Un *ex-conditionnel du 26° d'artillerie*.)

Autre recette. — Pour la visière et la jugulaire du képi, le cirage Nubian étendu en très petite quantité, est supérieur à tous les vernis employés. — Pour les boutons, on ne saurait trop recommander le tripoli *blanc* délayé dans un peu d'eau ou d'alcool. Le fusain en poudre très fine sera employé lorsqu'un dépôt noir se formera entre les canons des boutons, ce qui arrive fréquemment. Le phosphate de chaux neutre avec un peu d'eau-de-vie commune convient également. — Passons aux éperons. N'employez pas d'éperons nickelés pour les manœuvres. Ils sont très beaux les premiers jours, mais les coups nombreux qu'ils reçoivent les rendent d'un entretien difficile. — Quant aux terribles basanes, elles demandent un choix plus éclairé. Mais, quelle que soit la matière employée, il ne faut pas oublier qu'il faut y ajouter une quantité considérable d'huile de bras, graisse de coude ou produit similaire. Pour faire reluire les basanes même mouillées, on peut encore mettre un peu de pétrole sur la brosse. — Le cirage Marcerou, marque TM, est excellent et conserve bien le cuir, mais étant très onctueux il salit l'étoffe, lorsque le pantalon est plié. Il a l'avantage de cirer des basanes humides. Le cirage Durel est aussi très bon, il est préférable par les temps secs. Il est plus rapide que le Marcerou, mais exige une grande sécheresse du cuir. Le cirage en bouteille employé par les bourreliers est aussi très bon, mais il est coûteux. Dans les cas pressants, on peut mettre sur la brosse à reluire un peu de pétrole, mais ce liquide détériore le cuir, et ne donne, en somme, qu'un brillant momentané. Quelques artilleurs fabriquent eux-mêmes des brosses à crins très longs qu'ils prennent sur la queue des chevaux au moment de la coupe. Ces brosses sont les meilleures. Les brosses douces sont presque indispensables pour les basanes. — Les poignées de sabre se font à la pommade magique, une fois par semaine et au tripoli les autres jours. Si l'on ne veut pas mettre de cirage sur un pantalon neuf, on peut le frotter avec une gousse d'ail; mais cette odeur vous suit partout. (Un *ancien engagé conditionnel; un artilleur du 25e*; M. L. A. M., à Cherbourg; M. P. Bosi, à Luy, etc.)

APPAREILS ET RECETTES DE BUREAU

Procédé pour dessiner sur la toile à calquer.
-- La toile étant tendue sur le dessin à copier, on
frotte légèrement l'un contre l'autre au-dessus de
cette toile deux morceaux de pierre ponce et lorsqu'on juge qu'il y a suffisamment de poussière on
prend un linge quelconque, on en fait un tampon
dont on se sert pour étendre la poussière et en frotter
la toile en agissant par circonférences et non de
gauche à droite ou de haut en bas, ce qui tendrait à
friper la toile. La pierre ponce n'a pas, comme la
craie ou le son, l'inconvénient de laisser de traces,
par conséquent ne salit pas les vêtements. On peut
alors dessiner sur la toile. Les traits à l'encre de
Chine n'ont pas de solution de continuité.

Encrier spécial pour l'encre de Chine. — L'Institut de Vienne travaille depuis plusieurs années, à
une œuvre considérable ; il s'agit de l'exécution d'une
carte au 1/75 000 de la monarchie austro-hongroise.
Les feuilles de cette carte sont reproduites par les
procédés de l'héliogravure, d'après des minutes au
1/60 000 dessinées à la plume par les officiers attachés
à l'Institut.

Chaque minute exige environ un an pour son
complet achèvement ; afin d'éviter que la teinte de
l'encre ne varie d'un bout à l'autre du travail, l'Institut emploie des encriers de forme spéciale dans les-

quels l'encre une fois faite se conserve longtemps sans altération.

L'encrier dont il s'agit, représenté ci-dessous en vraie grandeur, consiste en un petit vase de verre

Fig. 21. — Encrier pour l'encre de Chine en usage à l'Institut militaire géographique de Vienne.

soufflé muni d'une tubulure latérale, et dont le goulot est fermé par une membrane de caoutchouc ficelée sur une gorge.

L'encrier étant rempli il suffit de presser sur la membrane du caoutchouc pour faire monter l'encre dans le petit entonnoir, où l'on peut alors tremper la

plume. Lorsqu'on cesse de presser sur la membrane
l'encre redescend ; on voit qu'ainsi elle ne peut se
dessécher ni être salie par la poussière.

Chaque encrier est contenu dans une boîte ronde
en buis, garnie intérieurement de coton, avec une
échancrure pour laisser passer le tube à entonnoir.

Équerre à tracer les parallèles. — Cet appareil (fig. 22), imaginé par M. Élie Reuille, permet de
tracer les parallèles et les rayons dans tous les écartements et dans toutes les formes. Il se compose de
deux parties distinctes, la règle et l'équerre. La règle
supporte une tige filetée et un écrou B. Cette tige est
maintenue à ses extrémités par deux supports
comme C, fixés à la règle et élevés de manière que
le molletage de l'écrou B touche presque la règle.
Sur l'équerre est fixé un taquet A. La règle et
l'équerre étant réunies (fig. 22), si l'on fait glisser la
règle contre l'équerre, la distance qui existe entre le
taquet A et la portée fixe C déterminera un écartement, lorsque l'équerre reprendra sa position. Ces
deux mouvements alternatifs donnent les hachures
régulières. Les différents écartements s'obtiennent
en montant ou en descendant l'écrou sur la tige
filetée ; le pas de vis étant de 1 millimètre, on peut
donc prendre facilement toutes les distances.

La règle et l'équerre doivent toujours glisser l'une
contre l'autre et dans le même sens. Pour plus de
facilité, un caoutchouc réunit ces deux parties en
passant par le point C, par un des boutons du taquet A et par deux autres boutons placés sur la règle

et l'équerre. La main gauche peut faire fonctionner l'appareil, la droite reste libre pour tracer.

A cet effet, on place le doigt annulaire sur le bou-

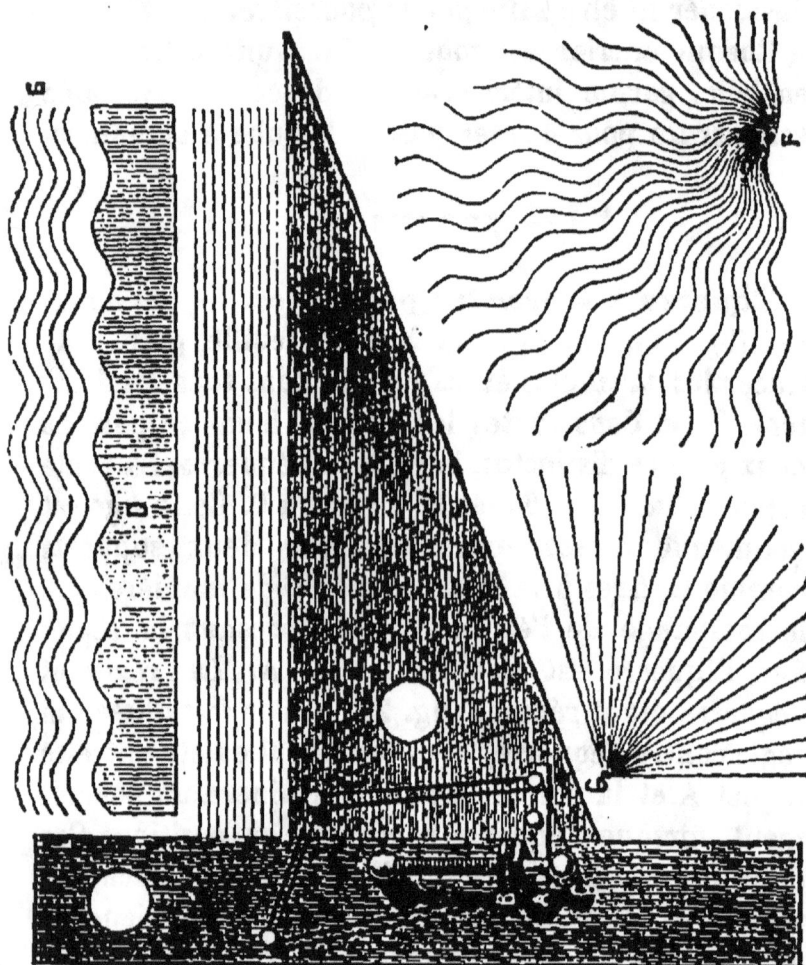

Fig. 22. — Équerre à tracer les parallèles et les rayons.

ton de la règle, l'index sur celui de l'équerre, et le pouce sur le bouton du taquet; avec ces deux derniers doigts on maintient l'équerre dans sa position, et avec l'annulaire on fait descendre la règle toujours contre l'équerre jusqu'à la butée de l'écrou

contre le taquet. On maintient à son tour la règle et
en soulevant les doigts de l'équerre, elle reprend sa
place ramenée par le caoutchouc et ainsi de suite.

Pour tracer les ondulations, on fixe sous l'équerre,
au moyen de pains à cacheter, une bande de papier
assez fort D, découpée suivant le dessin que l'on désire reproduire, et l'on suit avec le tire-ligne ou le
crayon les contours découpés; de cette façon, on
obtient des ondulations bien parallèles comme E.
Pour tracer les rayons droits ou ondulés, on fait un
trou à l'extrémité de la bande de papier D pour y
placer une épingle, l'appareil est obligé de tourner,
et les lignes droites ou ondulées convergent à ce point
de centre comme on le voit en F.

Ellipsographe. — L'ellipsographe, du même inventeur (fig. 23), est composé d'une règle ayant une
rainure longitudinale et de deux pivots-vis. Ces deux
pivots-vis coulissent le long de cette entaille et se
maintiennent une fois placés par le serrage de la vis.
A l'extrémité de la rainure est fixé un crayon ou tire-
ligne. Pour tracer une ellipse, on porte le crayon au
centre de son ellipse, et l'on conduit le pivot-vis
opposé au crayon au point le plus éloigné de l'ellipse;
ensuite on fixe le deuxième pivot-vis au point le plus
rapproché. Ces distances étant prises, on place une
équerre de façon que l'angle soit sur le centre et
que les deux côtés de l'équerre correspondent, l'un à
un point le plus éloigné, et l'autre à un point le plus
rapproché du centre; dans cette position, placer les
pivots-vis, l'un à l'angle de l'équerre, et l'autre
contre un de ses côtés, et faire pivoter l'ellipsographe

de façon à ce que les deux pivots-vis suivent bien les
deux côtés de l'équerre Exemple (fig. 23) : après

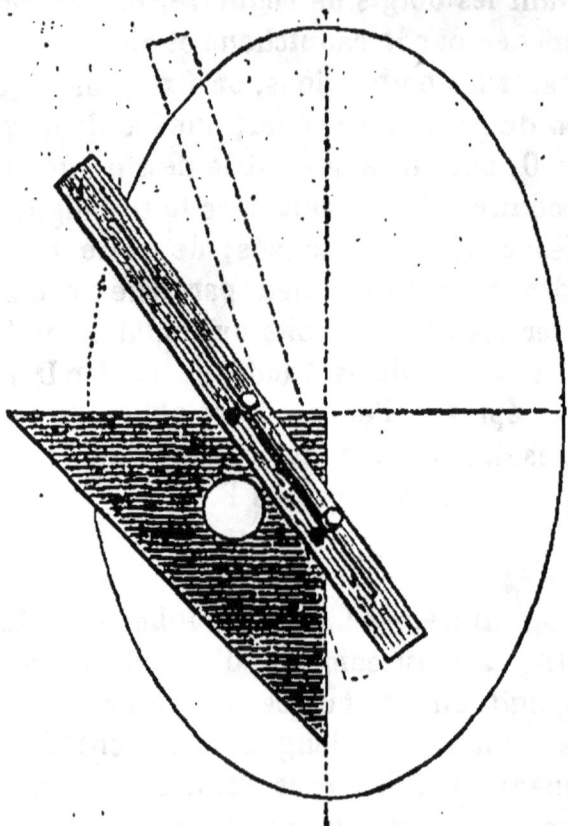

Fig. 23. — Ellipsographe.

quatre déplacements de l'équerre, l'ellipse se trouve
terminée avec une grande régularité.

Le centimètre conformateur. — On a donné
à la mesure de longueur, au mètre, bien des
formes diverses; on la construit avec des matières
de toutes sortes; les unes sont souples et s'enroulent,
les autres sont rigides et se replient par moitié, par

dixièmes, etc. On pouvait croire qu'on avait épuisé la
série des différentes variétés sous lesquelles il peut
être employé le plus commodément dans tous les cas.
Nous avons cependant remarqué dans une exposition
récente une nouvelle disposition imaginée par
M. Lhéon, qui nous paraît mériter de fixer l'attention.
Le centimètre conformateur, tel est le nom donné
par l'inventeur, est destiné à réunir, à résumer, pour
ainsi dire, les autres dispositions adoptées jusqu'à

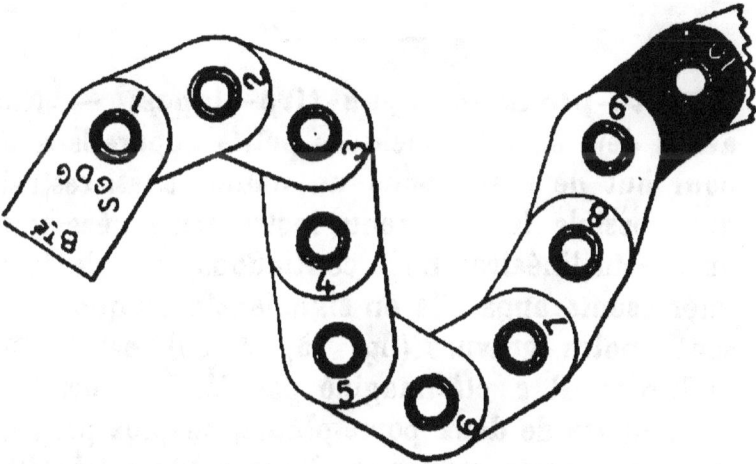

Fig. 24. — *Le centimètre conformateur. — Fraction de 10 centimètres.*

présent. Il est monté de telle manière qu'il se prête
à une foule de transformations. C'est le celluloïd qui
est employé pour sa fabrication, mais on pourrait
aussi bien le construire en métal, os, ivoire, corne, etc...
On voit sur notre gravure (fig. 3) que chaque centimètre est indépendant; il est réuni, à frottement
dur, au centimètre suivant au moyen d'un œillet en
cuivre, ce qui permet de leur faire prendre entre eux
un angle quelconque. L'ensemble du mètre peut par
conséquent être plié et replié sur lui-même et garder

la position qu'on désire ; il peut épouser toutes les
courbes, toutes les sinuosités des objets à mesurer,
ce qui offre le double avantage de pouvoir l'utiliser
comme gabarit pour reproduire ensuite ces courbes,
et de mesurer en même temps leur développement.
On peut également l'utiliser pour tracer des circonférences en plaçant une épingle dans un œillet et la
pointe d'un crayon dans un autre. Cet instrument
sera employé avec avantage par tous les corps de
métier.

Porte-plume-compas-tire-lignes. — Nous
avons déjà signalé quelques petits appareils ayant
pour but de réunir sous un volume aussi restreint
que possible les différents instruments nécessaires
au dessin linéaire ; nous continuons la série de ces
intéressants appareils en signalant celui que représente notre gravure (fig. 25) et qui est à effets
multiples. Il a été imaginé par M. J. Courtois. Il
se compose de deux porte-plume, le plus petit faisant aussi porte-crayon, et d'une petite articulation
en acier qui permet de les réunir ensemble. A cet
effet, elle porte à chacune de ses extrémités un petit
tube dans lequel peut coulisser à frottement dur
chaque porte-plume. Le plus grand des deux se termine par un étui dans lequel on trouve deux plumes
non fendues destinées à faire office de pointes sèches
à l'occasion. On voit facilement, à l'inspection de la
gravure, que l'instrument permet de tracer avec la
plus grande facilité deux traits parallèles éloignés ou
rapprochés à volonté et dont on peut varier l'épaisseur en employant des plumes de différentes gros-

seurs. En se servant de la grande branche comme
pivot, après y avoir adapté une des plumes non fen-

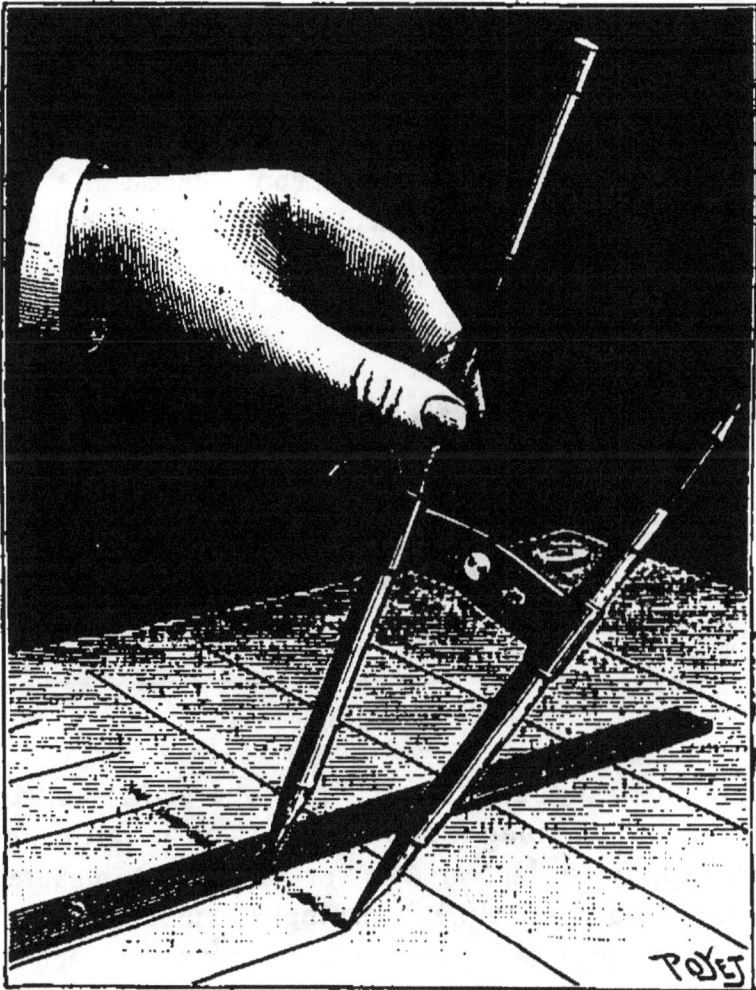

Fig. 25. — Porte-plume-compas-tire-lignes.

dues, et en faisant courir sur le papier l'autre branche
munie d'une plume ou d'un crayon, on obtient le
compas. On voit que les avantages de ce petit instrument sont nombreux et qu'il peut rendre service

dans bien des cas où on ne dispose pas d'une boîte
complète de dessinateur. Il sera, en outre, très utile
pour le tracé des états de comptabilité et des portées
de musique.

————

Mesureur universel. — L'appareil le *curvimètre*
a été perfectionné d'une façon intéressante par
M. Élie Reuille et nous croyons utile de signaler sa
forme nouvelle que représente notre figure 26. Le

Fig. 26. — Mesureur universel.

principe est toujours le même : une petite mollette
se déplace le long d'une vis lorsqu'on la fait rouler
en appuyant légèrement sur la ligne à mesurer.
Mais dans le curvimètre ordinaire, après cette opération faite, il faut prendre un mètre ou une échelle
donnée, puis répéter la même opération en sens
inverse pour connaître le chemin parcouru. Avec le
nouvel appareil, cette seconde opération devient
inutile; aussitôt qu'on est arrivé à l'extrémité de la
ligne à mesurer, on lit, sur une échelle placée en
dessous de la molette, le nombre d'unités parcou-

rues. L'échelle peut être en millimètres ou en tout autre unité de longueur; actuellement, les instruments faits par M. Reuille portent quatre échelles (France, Russie, Angleterre, Espagne) placées sur un même cylindre qu'il suffit de faire tourner d'un quart de tour, pour avoir sous la molette celle qu'on désire. Cet appareil se trouve, par suite de ce mode de construction, très propre à la conversion des mesures et lorsqu'on a évalué une distance anglaise, par exemple en yards, on a immédiatement sa valeur en mètres. On peut même d'une façon générale, en faisant abstraction des autres usages de l'instrument, considérer le cylindre comme une table de conversion permettant de transformer immédiatement une mesure française en mesure étrangère et réciproquement; ou une échelle donnée en une autre. Il serait facile d'avoir un grand nombre d'échelles avec un cylindre d'un diamètre plus gros, ou une série de petits cylindres pouvant se placer facilement dans l'appareil.

Nous n'avons pas besoin d'insister pour faire saisir les avantages que présente le nouvel appareil pour la lecture des cartes et des plans.

Un trisecteur. — Parmi les nombreux appareils qu'on peut imaginer pour diviser l'angle en trois parties égales, nous mentionnerons particulièrement le trisecteur suivant : Il est fondé sur ce petit problème de géométrie (fig. 27, n° 1) : O est un cercle, ABC une sécante dont la partie extérieure AB est égale au rayon. L'angle COD est triple de CAO. Il est facile de voir que les triangles ABO, BOC sont isocèles ; que l'angle

$C = B = 2a$ (extérieur au triangle ABO) et qu'enfin
$COD = C + A = 3a$. — Rien de plus facile que de réaliser un trisecteur remplissant ces conditions : trois réglettes égales AB, BO, CO (fig. 27, n° 2), une réglette X, où coulisse l'articulation O, une deuxième coulisse pour l'articulation C, le tout en bois ou en cuivre (comme je l'ai construit). Et l'on aura un excellent trisecteur, *très exact*, et qui pourra se replier sous forme d'une

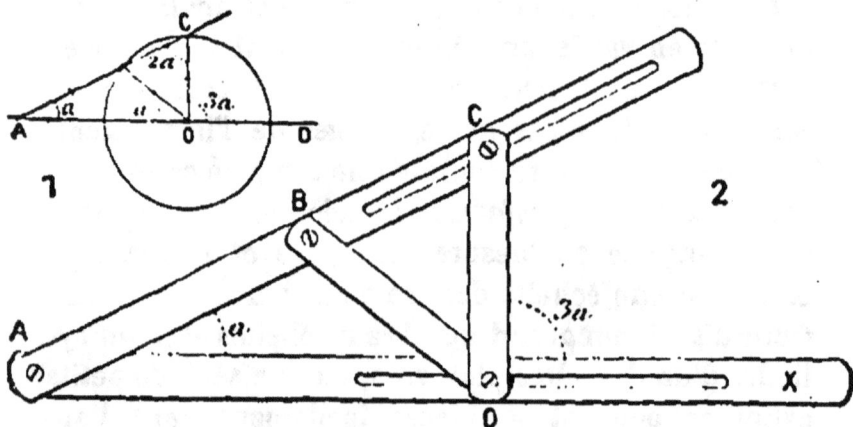

Fig. 27 . — Trisecteur.
N° 1. — Figure explicative. – N° 2. Vue de l'appareil.

réglette peu volumineuse (le mien a environ 15 centimètres de longueur totale). On pourra le fabriquer économiquement avec quatre bouts de règle plate et quatre vis à bois. (L. R..., professeur à Provins.)

———

Équerres à tracer les lignes parallèles. — Si l'on veut une équerre pour tracer les lignes parallèles, il suffit de prendre deux équerres : dans l'une, on plante deux épingles (dans l'épaisseur du bois) à un éloignement égal au petit côté de la deuxième

6.

équerre, augmenté de la largeur des hachures que l'on veut obtenir (fig. 28). On manœuvre très facilement le système, de la main gauche, en plaçant l'index sur l'équerre B et le médium sur l'équerre A :

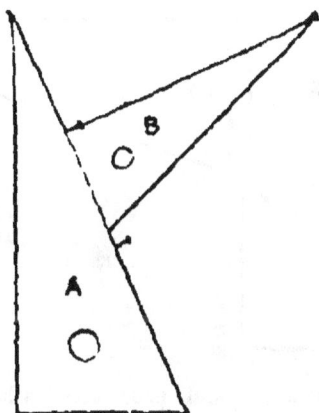

Fig. 28. — Équerre à tracer les parallèles.

on recule ou on avance à volonté. Cette simplification, quoique très ancienne, sera peut-être encore *nouvelle pour quelques-uns*; elle dispense d'entailler une équerre pour le service des hachures, qui n'ont pas grande importance. (M. *J. M. A. B.*)

———

Petit appareil pour faire les hachures. — Le procédé que j'indique par la figure ci-dessous permet de tracer des lignes parallèles. A est la règle, B l'équerre et *o* l'espace laissé libre entre les deux. Il est vrai qu'avec le procédé que j'indique il faut, à chaque fois, faire de nouvelles encoches de façon à varier la cote *o* de la quantité désirée. (M. *Hongniard*, à Saint-Nazaire.)

On peut compléter cette équerre par un petit talon
pour régler l'écartement des hachures. Cette équerre

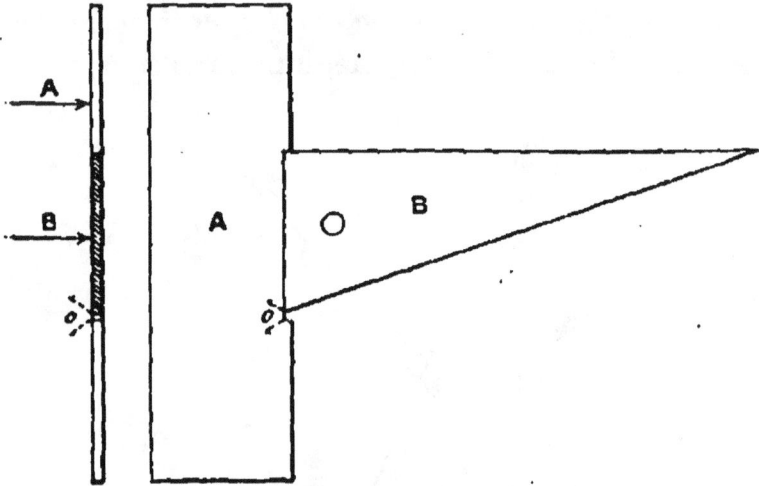

Fig. 29. — Appareil pour faire les hachures.

existe ainsi faite, depuis plus de vingt ans, à ma connaissance. Ci-contre un croquis (fig. 30), qu'il suffit

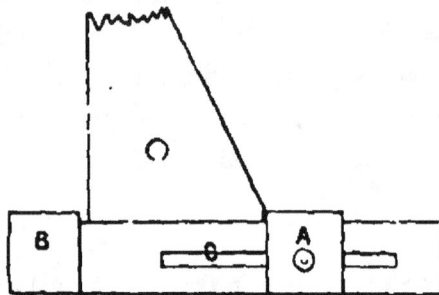

Fig. 30. — Schéma explicatif.

de considérer pour en comprendre l'emploi. A est
une vis de pression, permettant au taquet de courir
et de se fixer à un endroit quelconque de la coulisse C et de régler l'écartement des hachures ; B est

un buttoir fixe. (**M. H. Morin**, fournisseur d'instruments à l'usage des ingénieurs; *Boursault*, à Paris.)

Préservation des dessins. — On a toujours
cherché un *moyen* simple et surtout efficace pour
garantir les dessins contre les détériorations qu'ils
subissent, afin de prolonger *leur durée ou d'assurer
leur conservation*. Diverses recettes ont été propo-
sées, qui atteignent plus ou moins — surtout moins
— ce but, et plusieurs sont employées depuis de longues années dans certains ateliers, malgré leur insuffisance relative. En voici une, dont on dit grand bien,
qui serait applicable aux dessins au crayon *comme
aux dessins industriels*. Recouvrir le dessin d'une
couche de collodion à 2 p. 100 de stéarine. On étend
le dessin sur une plaque de verre ou sur une planche,
et l'on fait l'application du collodion de la même manière que pour la préparation des plaques destinées
à la photographie. Après dix à vingt minutes, le
dessin est sec et tout à fait blanc, d'aspect mat. La
protection est telle qu'on peut le laver à grande eau,
sans craindre de le détériorer le moins du monde.
Nous engageons le lecteur à essayer de ce procédé;
seulement, lorsqu'il s'agira de feuilles destinées à
être maniées, et non de dessins fixés à demeure,
nous croyons qu'il serait préférable de substituer la
paraffine à la stéarine dans le mélange, en vue d'obtenir une plus grande souplesse et d'éviter les cas-
sures. L'usage de la paraffine dans divers vernis
pour dessins nous a donné les meilleurs résultats au
point de vue de la flexibilité; c'est donc par expé-

rience que nous engageons les intéressés à lui donner la préférence. (*Moniteur industriel.*)

Moyen de rendre le papier imperméable. — Le *Lithographer and Printer* donne la formule suivante pour rendre le *papier imperméable :* toute espèce de papier peut être rendu imperméable en le plongeant dans une solution de colle forte additionnée d'un peu d'acite acétique. Ajoutez pour chaque litre de cette solution 30 grammes de bichromate de potasse. Faites passer le papier à travers cette solution, puis faites sécher dans la lumière, jamais dans l'obscurité.

Nouvelle méthode pour copier les dessins. — On pose le papier sur lequel on veut reproduire un dessin, sur le modèle original et on enduit le papier de benzine, à l'aide d'un tampon de coton. Ce dernier fait passer la benzine dans les pores du papier, ce qui rend la transparence bien plus nette qu'avec la meilleure huile et le papier à décalquer le plus fin. Toutes les finesses du dessin se voient; rien n'est alors plus facile que de tracer toutes les lignes du dessin. Par ce moyen le papier n'est ni plissé, ni cassé; il reste lisse et uni. Le crayon, l'encre de Chine, les couleurs à l'eau, ont également prise sur ce papier ainsi enduit de benzine, qui peut alors servir à exécuter des dessins au crayon, des lavis et des aquarelles, sans que les teintes ne coulent et ne se fondent ensemble. Le tracé au crayon, les lavis ou peintures avec des couleurs à l'eau, ont sur ce papier une bien plus grande durée que sur tout autre papier à décal-

que ; les traits au crayon sont même très difficiles à
faire disparaître avec la gomme élastique. Lorsque
l'on veut copier de grands dessins, on n'enduit le
papier de benzine que peu à peu, au fur et à mesure
que l'on avance dans son travail. Le dessin terminé,
la benzine se volatilise rapidement; le papier rede-
vient blanc et opaque, comme avant, sans que l'on
puisse y remarquer la moindre trace de benzine.
(*Deutsches Baumgewerbs-Blatt.*)

Encre d'or. — Pour faire une belle encre d'or, on
prend parties égales d'iodure de potassium et d'acétate de plomb; on les met dans un filtre et on verse
dessus vingt fois plus d'eau distilée chaude. Quand
le liquide filtré se refroidit, l'iodure de plomb se sépare en lames d'or que l'on recueille lorsqu'il n'y a
plus trace de chaleur. On les lave ensuite sur un filtre,
et, pour en faire de l'encre d'or, on les mélange intimement avec un peu de mucilage. Il faut toujours
bien remuer ou secouer le mélange avant de s'en
servir. (*Chemist and Druggist.*)

Encre pour parchemin. — Pour obtenir une bonne
encre pour parchemin, laissez macérer pendant quarante-huit heures : noix de galle (noire) broyée,
100 grammes; eau, 200 grammes. Prenez ensuite :
couperose verte, 10 grammes; gomme arabique,
5 grammes. On ajoute ces deux substances à la dissolution et on fait chauffer le tout jusqu'à ébullition;
on retire le vase du feu et on décante après avoir laissé
la composition refroidir pendant quelques heures. Il

faut mettre l'encre dans des flacons bien bouchés et
ne point l'exposer à l'humidité. On en met une quantité suffisante dans une petite tasse et on fait chauffer
avant de s'en servir. Quand on a écrit un document
quelconque, il faut, dans tous les cas, laisser bien
sécher l'écriture. (M. *J. Rousseau*, à Constantinople.)

Encre de Chine surfine. — On fait de la bonne
encre de Chine en broyant du noir de fumée avec de
la belle colle forte longtemps bouillie dans l'eau ; on
y mêle un peu de camphre ou de musc, et l'on façonne cette pâte dans de petits moules, puis on la
fait sécher sur la cendre.

Encre pour les lettres mortuaires. — La meilleure se prépare ainsi. On dissout 60 grammes de
borax dans un litre d'eau chaude, et l'on ajoute à la
solution trois fois son poids de résine. Quand cette
mixture est bien liquide, on y mêle du noir de fumée
en quantité suffisante, en ayant le soin d'agiter constamment. Si le produit obtenu n'a pas assez de brillant, on ajoute de la résine.

**Nouveau mode de reproduction lithographi-
que.** — Voici un procédé qui permet de reproduire
sur une pierre ou sur zinc les impressions anciennes
ou récentes sans aucune difficulté : on prépare une
solution très claire de gélatine dont on verse une couche mince sur une pierre lithographique ou sur un
zinc et on laisse sécher. On fait dissoudre, d'autre part,

de l'alun dans l'eau jusqu'à saturation. On mouille dans cette solution d'alun le verso de la feuille imprimée que l'on veut reproduire, de sorte que l'alun pénètre toute l'épaisseur du papier sans traverser l'encre d'imprimerie qui forme le dessin ou les lettres du recto. On applique le recto sur la pierre ou sur le zinc, que l'on passe aussitôt à la presse. Par l'effet de cette pression, l'alun, dont le papier est imprégné, rend la gélatine insoluble à l'eau chaude partout où elle touche les parties non imprimées du papier, tandis que tous les endroits de la gélatine qui n'ont été touchés que par l'encre du dessin ou des lettres ont été préservés de l'alun. Ces endroits restent donc solubles à l'eau chaude. On enlève la feuille de papier qui doit rester intacte et l'on verse de l'eau chaude sur la couche de gélatine. Cette eau dissout la gélatine aux seuls endroits qui étaient recouverts par l'encre du papier, c'est-à-dire qui n'ont pas été insolubilisés par l'alun. Aux autres endroits, qui correspondent aux blancs du papier, la gélatine insolubilisée reste intacte. On laisse sécher la surface ainsi préparée. Quand elle est sèche, on l'encre, et le noir ne reste adhérent qu'aux endroits qui ne sont plus recouverts de gélatine et qui maintenant reproduisent les lettres ou le dessin en négatif. Il ne reste plus qu'à préparer la pierre ou le zinc pour le tirage par les procédés ordinaires de la lithographie. Le même travail peut se faire pour le recto et le verso du papier. (*L'Imprimerie.*)

Autographie musicale. — M. Le Boulch nous communique le procédé d'autographie employé dans

ses ateliers, à Versailles. Ce procédé consiste à écrire
la musique, chant, piano, etc., avec des caractères
typographiques, ainsi que titres, dessins, écritures,
faits à la plume sur papier ordinaire n'ayant reçu
aucune préparation au moyen d'une encre spéciale,
ayant pour résultat de transformer l'autographie en
un original pouvant servir indéfiniment au report sur
pierre lithographique ou autre support. La manipulation en est des plus simples : quand la feuille écrite
est sèche, il suffit de noircir une plaque d'encre
grasse, d'y étendre la feuille, de passer à la presse,
de retirer cette feuille qui ne présente plus alors qu'une
surface noire où toute trace de trait a disparu, laisser
sécher, tremper la feuille noire dans de l'eau. Alors
commence le développement : l'eau pénétrant le papier fait dissoudre l'encre spéciale qui est délébile,
de telle façon que l'on voit apparaître le dessin en
blanc sur fond noir, car la partie du papier n'ayant
pas reçu l'encre délébile, conserve l'encre grasse ; laisser sécher. Pour avoir un report sur pierre ou autre
support, on étend sur la pierre une matière sensible
à la lumière, or aisse sécher la pierre, on pose dessus la feuille originale négative, on retire la feuille,
on encre la pierre, on la développe, on l'acidule au
moyen ordinaire ; la lumière ayant traversé les blancs
a dessiné en noir sur la pierre, les blancs de la feuille,
et l'on a un beau report, prêt à subir le tirage d'autant de milliers d'exemplaires que l'on désirera. Il
est facile de voir, par ce procédé, que la feuille négative originale n'a subi aucune altération et est prête
à fournir un nombre indéfini de reports, sans jamais
se détériorer ou s'effacer comme le fait la planche
d'étain. M. Le Boulch applique ce même procédé à

toutes planches de métal ou pierres gravées. Pour les reports inaltérables, on encre simplement le relief de la gravure, ce qui donne un dessin, lettre, etc. (blanc sur fond noir); on laisse sécher, on fait le transport sur pierre de la même manière que ci-dessus.

Moyen de rendre le papier transparent pour calquer les dessins. — Le Bureau hydrographique autrichien donne le moyen suivant pour rendre le papier transparent : la feuille étant appliquée sur le dessin à calquer, on la frotte légèrement avec du coton imbibé de benzine parfaitement pure. La benzine est absorbée, et le papier rendu transparent peut recevoir le trait au crayon ou bien à la plume et même le lavis, sans que les lignes ou les teintes s'élargissent et sans que la feuille se rétrécisse ou se soulève. Lorsque les dessins sont grands, on peut appliquer la benzine à plusieurs reprises. Le calque achevé, la benzine s'évapore sans laisser de trace, le papier séché reprend son opacité primitive et ne conserve pas la moindre odeur. La grande pureté de la benzine est de toute nécessité.

Enlèvement des taches d'encre sur les dessins. — Pour enlever les taches d'encre sur les dessins, il suffit de faire un mélange à parties égales d'acide citrique et d'acide oxalique en poudre. On saupoudre sur la tache un peu de poudre; puis, avec un petit morceau de bois, manche de plume ou allumette, on mouille légèrement la poudre. Aussitôt que la tache d'encre a disparu, on sèche la place avec un papier buvard. Si la tache est sur de la toile, on met dessus une pincée de la poudre, puis juste assez d'eau pour l'humecter sans la dissoudre entièrement; on peut recommencer l'opération si besoin est. Cette méthode ne s'applique qu'à l'encre au tannate de fer.

———

Encre nouvelle pour étiquettes sur plaques de zinc. — M. L.-W. Moser a trouvé la composition d'une excellente encre et qui se conserve parfaitement, pour étiquettes sur plaques minces de zinc. Elle est formée d'une partie de sulfate de cuivre et d'une partie de chlorure de calcium. Les deux substances sont dissoutes dans trente-six fois leur volume d'eau pure. L'encre obtenue de cette façon est d'un bleu clair verdâtre, mais sur le zinc elle devient noir foncé. On trace l'écriture avec une plume d'oie ou une plume de fer. On fait sécher, pendant deux minutes, les petites plaques sur lesquels on a écrit: puis on les rince dans l'eau pure contenue dans un vase. On fait sécher de nouveau et on essuie finalement avec un linge trempé dans l'huile.

COLLES, CIMENTS, MASTICS ET PEINTURES

Peinture au liège. — Tel est le nom de la peinture qui a été employée pour peindre l'intérieur du navire *Marceau* et qui remplace avantageusement, paraît-il, la peinture au linoléum. Après la première couche on saupoudre avec de la sciure de liège; l'enduit présente alors l'aspect du crépissage à la tyrolienne. Puis, on passe une autre couche d'une peinture vernissée, blanche ou de couleur. La couche de liège absorbe complètement l'humidité. En été, la chaleur solaire est atténuée et les tôles surchauffées peuvent être touchées sans risque de se brûler les doigts. Ce procédé a déjà été essayé sur un navire russe où il a donné d'excellents résultats.

Peinture imperméable. — Sur les côtes d'Irlande existe un phare dont les murs étaient dégradés par l'humidité et qui, réparés suivant la méthode conseillée par un vieux peintre en bâtiments, sont devenus parfaitement imperméables. Voici le procédé : la base du phare fut enduite de deux couches de peinture à l'huile mêlée de sable fin et de mine de plomb.

Collage à la résine. — Pour obtenir une bonne colle à base de résine, on prend 135 kilogrammes de résine, on pulvérise et tamise à travers un crible en

fer dont la maille ait une longueur de 6 millimètres.
On verse dans une chaudière de 500 litres, 115 litres
d'eau que l'on porte à l'ébullition et dans laquelle on
jette 30 kilogrammes de sel de soude. On continue
l'ébullition jusqu'à dissolution complète, puis on
ajoute par portions la poudre de résine en agitant
continuellement : la température est maintenue
jusqu'à ce que la résine devienne soluble dans l'eau
tiède; pour s'en assurer, on prélève une cuillerée de
la mixture que l'on verse dans une tasse d'eau tiède,
s'il y a dissolution rapide et complète, l'opération
doit être considérée comme achevée. On laisse reposer quarante-huit heures et on décante le liquide
surnageant : la colle de résine est alors prête pour
l'emploi, mais il vaut mieux ne s'en servir que quatre
ou six semaines après sa préparation. La colle à la
résine est simplement une combinaison de la résine
avec la soude soluble dans l'eau qui permet sa répar-
tition égale dans toute la masse de la pâte : l'acide
sulfurique de l'alun enlève la soude et la résine pour
former du sulfate de soude et l'alumine et la résine
adhèrent aux fibres de la pâte, ce qui rend le papier
partiellement imperméable ou comme on l'appelle
« collé ». On ne doit jamais perdre de colle : si en la
préparant on la fait bouillir trop longtemps avec un
excès d'alcali, il est facile d'y remettre de la résine
et de renouveler la cuisson jusqu'à ce que la colle
soit réussie. Si, au bout d'une demi-heure de cuisson,
la colle n'était pas soluble dans l'eau tiède, il faudrait ajouter un peu de soude pour arriver à un
résultat. Le savon de résine doit avoir une couleur
crème claire et une consistance assez ferme pour ne
pas s'attacher aux mains : 1 kilogramme, 5 à 2 kilo-

grammes d'alun suffisent pour 450 kilogrammes de papier.

Mastic chinois pour réparation des porcelaines, faïences, etc. — On vend souvent, sur les marchés, des petits pots de mastic à coller. Le vendeur fait devant les yeux de l'acheteur des expériences qui réussissent très bien; on est satisfait de la réussite, on achète et on paye assez cher. Voici une préparation qui évitera ces petits frais et qui permettra d'avoir un bon mastic à sa disposition. On fait bouillir dans l'eau un morceau de verre blanc; quand il est bien chaud, trempez-le subitement dans de l'eau froide, opération qui a pour but de rendre le verre très friable; pilez-le, passez-le à travers un tamis très fin, mêlez-le avec du blanc d'œuf; broyez ce mélange sur un marbre de façon à le rendre aussi ferme que possible. Rejoignez avec ce ciment les morceaux d'un vase brisé; les parties rejointes ne se séparent jamais, même lorsqu'on vient à rompre de nouveau le vase raccommodé.

Cire à modeler. — On obtient une très bonne composition avec la formule suivante : cire d'abeille, 1 partie: saumon de plomb, 1 partie; résine de pin, 1 partie; huile d'olive, 9 grammes; carbonate de chaux, 9 grammes. Fondez ensemble les trois premiers ingrédients, puis ajoutez assez de chaux broyée au préalable avec un peu d'huile d'olive pour obtenir une bonne pâte. Si on le désire, on peut la colorer avec un peu de carmin ou d'ocre.

Mastic à la glycérine. — On obtient un bon mastic en pulvérisant de la litharge très finement, de façon à obtenir une poudre impalpable, puis en la desséchant complètement dans une étuve à haute température. On mélange alors à la poudre ainsi obtenue, de la glycérine, en quantité suffisante pour faire un mortier épais.

Imperméabilisation des murs en briques. — Le procédé Sylvestre, pour rendre les murs en briques imperméables à l'eau, consiste à les badigeonner alternativement avec une solution de 300 grammes de savon dans un litre d'eau et une solution de 200 grammes d'alun dans 4 litres d'eau. Les murs doivent être parfaitement secs et nettoyés; on applique d'abord, avec un pinceau plat, la première solution bouillante et, lorsque celle-ci est sèche, on applique la seconde à la température de 16 à 22 degrés. Au bout de vingt-quatre heures, ce double badigeonnage est sec, et l'on recommence l'opération autant de fois qu'il faut pour obtenir une imperméabilité complète, le nombre de couches dépendant de la pression que l'eau exerce contre le mur (*Wiener Gewerbezeitung.*)

Remplissage des trous dans le bois. — M. Frank Christin recommande, dans un journal américain (*Stones and Hardware*), le procédé suivant pour boucher les trous pratiqués dans le bois pour une cause quelconque. les trous des clous, par exemple. On mélange de la sciure de bois avec de la

colle forte, de manière à former une pâte qu'on met
dans les trous. Cette pâte, une fois sèche, présente
une extrême solidité. M. Christin emploie ce procédé
depuis trente ans, avec un succès constant, pour les
réparations des soufflets de forge. Quand on a plusieurs fois remplacé le cuir, les trous sont si rapprochés qu'on ne peut guère enfoncer de nouveaux clous
et, lors même qu'il est possible de clouer un nouveau
cuir, il est essentiel de remplir les anciens trous pour
être sûr de l'étanchéité du soufflet. Le mélange
indiqué ci-dessus peut être employé en toute con-
fiance.

VERNIS POUR BOIS, POUR MÉTAUX

Teinture noire chimique pour le bois. — Pour fabriquer la teinture appelée par les ébénistes *noir chimique*, destinée à teindre les bois en noir : 1° on laisse infuser, dans du vinaigre très fort (1 demi-litre environ), de la vieille ferraille, clous ou autres objets rouillés ; 2° dans un quart de litre d'eau chaude, on met environ 50 grammes d'extrait de bois de campêche, en ayant soin de laisser bien fondre. On étend alors, sur le bois bien propre, la solution n° 1, et sans lui donner le temps de sécher on passe la solution n° 2. Le bois prend alors une belle teinte noire ébène et qui n'attaque point les fibres. (M. *H. Chapelain*, à Billon.)

Autre recette. — Je vous communique une bonne teinture pour noircir le bois, employée avec beaucoup de succès chez nos ébénistes moscovites :

Pyrolignite de fer à 12°B.........	500	parties.
Bisulfite de soude à 35° B.......	50	—
Acide acétique à 6° B............	10.»	—
Extrait de campêche mis à 20 B..	200	—

Mélanger le tout et appliquer plusieurs couches. (M. *G. Kolb*, à Moscou.)

————

Émail pour métaux. — On obtient un bon émail pour le fer fondu, ou pour l'acier, sans risquer de le

7.

voir se fendiller aux changements de température, en mélangeant 125 parties de verre filé (flint) 20 parties de carbonate de soude, 12 parties d'acide borique fondus ensemble dans un creuset. On coule la masse sur une plaque métallique ou de pierre, puis, après refroidissement, on la pulvérise. Lorsqu'on veut émailler un objet de métal, on fait d'abord un mélange de la poudre obtenue ainsi avec du silicate de soude (verre soluble) à 50° B, et on l'étend sur l'objet que l'on place dans un moufle, et on chauffe jusqu'à fusion de la masse. Pour rendre l'émail opaque, on ajoute 8 p. 100 d'oxyde d'étain. (*Chemiker Zeitung.*)

Vernis résistant aux acides. — Pour enduire l'intérieur des cuves et des seaux destinés à renfermer des dissolutions de bichromate de potasse et d'acide, on peut employer le procédé suivant, qui nous est communiqué par M. Paul Leturque à Orléans. On fait un mélange :

Bitume de Judée.......	40	grammes.
Huile de lin..................	20	—
Essence de térébenthine.......	10	—

On fait dissoudre ce mélange sur un feu doux, en agitant doucement. On emploie cet enduit à chaud, en ayant soin de chauffer préalablement le vase à enduire. Il faut se méfier de l'ébullition qui fait monter le mélange comme du lait.

Vernis transparent pour instruments d'optique. — La *Praktische Physik* donne la recette sui-

vante pour préparer un vernis transparent pour
instruments d'optique, imprimés, tableaux à l'huile,
bois blanc, dur, etc. Faire dissoudre environ
65 grammes de gomme laque dans 1 litre d'eau-de-
vie rectifiée, ajouter 125 grammes de noir animal
bien calciné et préalablement chauffé, et faire bouillir le tout pendant quelques minutes. Si en filtrant
alors une petite partie du mélange sur du papier
buvard gris on ne le trouve pas suffisamment incolore, on ajoute une nouvelle dose de noir jusqu'à ce
qu'on arrive au résultat désiré. Ce n'est que lorsque
le mélange est d'une transparence parfaite que l'on
filtre d'abord sur un morceau de soie, puis sur du
papier Joseph.

Manière de polir l'acajou et le noyer. — On
dissout à une douce température de la cire d'abeilles
dans de l'essence de térébenthine rectifiée jusqu'à ce
que le mélange devienne visqueux, puis on frotte
longuement avec une flanelle ou un chiffon de laine.
On obtient aussi un beau poli en frottant d'abord
avec de l'huile de lin, puis avec un chiffon et un peu
de carron anglais en poudre extrêmement fine.

Préparation du brou de noix. — Pour préparer le brou de noix il y a deux procédés : l'un à
froid, et l'autre à chaud. Le premier consiste à recueillir l'enveloppe pulpeuse des noix lorsque le
fruit est bien mûr, à verser l'eau dessus et à laisser
macérer le tout pendant un an ou deux. Plus la
macération est prolongée, plus la couleur est foncée.

Par le second procédé, on obtient immédiatement une couleur de brou de noix tout aussi bonne et aussi foncée. Il suffit de faire sécher des enveloppes de noix très mûres et d'en faire bouillir 200 grammes par litre d'eau pendant deux heures. Dès que le liquide est refroidi, il est bon pour l'usage. Mise en bouteille, cette couleur se conserve pendant plusieurs années. Elle a, de plus, l'avantage de ne pas avoir besoin d'être additionnée de mordant pour être très adhérente au bois. Si les noix n'étaient pas bien mûres, cette couleur ne se conserverait pas. Dans le cas où la décoction, soit à froid, soit à chaud, serait trop foncée, l'on pourrait l'éclaircir en l'allongeant d'eau. (M. *Ch. Varaigne*, à Limoges.)

Autre recette. — On recueille l'enveloppe pulpeuse des noix lorsque le fruit est bien mûr, on verse de l'eau dessus et on laisse macérer le tout pendant un an ou deux. Plus la *macération* est prolongée, plus la couleur est foncée.

On peut obtenir immédiatement une couleur de brou de noix tout aussi bonne et aussi foncée. Il suffit de faire sécher les enveloppes de noix très mûres et d'en faire bouillir 200 grammes par litre d'eau pendant deux heures. Dès que le liquide est refroidi, il est bon pour l'usage. Mise en bouteille, cette couleur se conserve pendant plusieurs années. Elle a de plus l'avantage de ne pas avoir besoin d'être additionnée de mordant pour être très adhérente au bois. Si les noix n'étaient pas bien mûres, cette couleur ne se conserverait pas. Dans le cas où la décoction, soit à froid, soit à chaud, serait trop foncée, on pourrait l'éclaircir en l'allongeant d'eau.

MÉTAUX

Pour confectionner les roues à l'émeri ou au corindon, servant à tailler les dents en porcelaine, les dentistes n'emploient d'autre ciment que la gomme laque fondue et mélangée avec le corindon ou l'émeri en consistance pâteuse. Il faut chauffer l'émeri ou le corindon pour empêcher que la gomme laque ne durcisse au moment du mélange. On met celui-ci dans un moule de fer et on le presse. Ce moule, qu'il est bon de chauffer aussi avant l'opération, est percé d'un trou dans son centre. Le couvercle s'adapte parfaitement au moule dans lequel il rentre et il est muni lui-même d'une tige de la même dimension que le trou. De cette façon en pressant la substance, celle-ci se trouve aussi percée d'un trou. Quand ces roues se cassent, il faut, pour les raccommoder, chauffer légèrement les deux surfaces séparées et les unir ensemble. Une autre manière de les réparer consiste à mouiller ces surfaces avec de l'alcool et de les unir ensemble jusqu'à ce que celui-ci se soit évaporé. (M. *L. L.*, à Bordeaux.)

Manière de recuire l'acier fondu. — Deux moyens peuvent être employés pour recuire l'acier fondu. On peut d'abord faire chauffer doucement l'acier au charbon de bois jusqu'à ce qu'il soit rouge cerise; on le retire, et on le met vivement dans les cendres ou le poussier de charbon sec pour le laisser

refroidir. On peut également faire chauffer doucement l'acier à la forge jusqu'au rouge cerise, le mar-
teler jusqu'à ce qu'il soit bleu, et le plonger dans
l'eau.

Formation d'alliages. — D'après Hallock, lorsqu'on chauffe longtemps à 100° : 1 partie de cad-
mium, 1 partie d'étain, 2 parties de plomb et 4 parties de bismuth en fine limaille et bien mélangées,
on obtient l'alliage connu de Wood.

Si l'on place de l'étain sur un morceau de plomb
bien limé et si l'on chauffe de 190° à 200°, les deux
métaux fondent ensemble.

On peut donc former un alliage avec les matières
intégrantes constitutives, sans pression notable, en
les soumettant à l'action d'une température supérieure au point de fusion de l'alliage : elle peut en
même temps être bien inférieure à la température
de fusion du métal le plus fusible entrant dans sa
composition.

Peinture pour la protection du fer. — Voici,
à propos de la protection du fer contre la rouille,
une observation qui, pour venir de loin, n'en a pas
moins de prix. M. John Heald, constructeur en Cali-
fornie, remarqua, en procédant au déplacement d'un
gazomètre, que les vieilles tôles profondément ron-
gées avaient conservé intact l'emplacement des marques apposées au moment de leur expédition. Le
même fait, constaté plusieurs fois, lui inspira l'idée
d'essayer la térébenthine et la céruse pour donner

au fer une première couche protectrice. Il reconnut
qu'en employant de la céruse finement pulvérisée,
éclaircie avec de l'essence de térébenthine, il ne se
produit ensuite ni corrosion, ni écailles du métal aux
endroits recouverts de cette préparation.

La peinture ordinaire, mêlée à de l'huile de lin,
serait, d'après lui, trop épaisse pour remplir et
boucher les pores ou les défauts de la surface, tandis
que la térébenthine et la céruse, employées en liquide clair, pénètrent partout où il y a une fissure.
Dans ce dernier cas, l'enduit protecteur, en atteignant toutes les parties exposées au contact de l'air
ou de l'eau, les isolerait réellement, tandis que la
peinture forme une couverture apparente sans empêcher la corrosion de se développer en dessous.

Il est facile de s'assurer de l'exactitude de ces
réflexions, auxquelles on ne peut refuser une certaine vraisemblance.

Procédé de platinage du fer. — Pour recouvrir
économiquement de platine la surface du fer, il
convient de recourir à la méthode ci-après. Les objets
en fer sont tout d'abord enduits d'un mélange de
borate de plomb, d'oxyde de cuivre et d'essence de
térébenthine et exposés à une température voisine
de 300°. L'enduit, entrant en fusion, s'étend d'une
manière égale sur la surface du fer et en pénètre les
pores. Si l'on veut donner à l'objet une surface polie
comme l'émail, on applique sur cet enduit une seconde couche composée de borate de plomb, d'oxyde
de plomb et d'essence de lavande. Sur cette double
couverture, on dépose maintenant une couche mince

de platine en passant simplement à la surface, à
l'aide d'un pinceau, une solution de chlorure de platine sec, dans l'éther et les essences éthérées (les
petits objets peuvent être tout simplement trempés
dans la solution); puis on évapore le liquide à une
température qui ne dépasse pas 200°. Le platine est
mis en liberté à l'état de division extrême et reste
solidement attaché au métal. Si les objets n'ont reçu
que le premier enduit, le platine précipité présentera
une teinte mate ; ce mode d'opérer suffit parfaitement si l'on a simplement envie de préserver les
objets contre l'usure et la détérioration. Mais si l'on
veut obtenir en même temps des effets décoratifs, il
est bon d'appliquer les deux enduits. Ce procédé est
d'un emploi universel et son prix de revient ne dépasse pas le dixième de celui du nickelage.

Platinage des métaux par l'électricité. — On
prend une dissolution de platine métallique ou d'un
minerai de platine pur dans l'eau régale, ou encore
une solution de chlorure de platine. On la neutralise
exactement avec un alcali, puis on y ajoute une
solution étendue de phosphate de sodium ordinaire
e de phosphate d'ammonium ; on fait bouillir la liqueur pendant dix heures environ. La liqueur bout
à une température très voisine de 100°. Pendant l'é-
bullition, on y introduit un peu de chlorure de sodium, puis enfin une trace de borax. Pour un bain
qui, prêt à l'emploi, occupe un volume de 4 litres et
demi environ, il faut employer : Chlorure de platine,
28 grammes ; phosphate de sodium, 560 grammes ;
phosphate de sodium, 28 grammes ; borax, 9 à 10 gr.

Au moment où l'on introduit dans la liqueur bouillante le chlorure de sodium, il se produit une réaction chimique des différents constituants du bain les uns sur les autres. Cet agent provoque la formation d'un sel double; il se sépare un précipité brunâtre; par la suite, de l'ammoniaque se dégageant, la liqueur devient neutre. L'addition du borax a pour objet d'annuler l'effet de petites quantités de sel de fer. Le bain peut être employé soit à chaud, soit à la température ordinaire. Il faut faire usage d'un courant électrique énergique, et il est avantageux de maintenir le bain en mouvement durant la métallisation.

Dorure du laiton. — La dorure de petites pièces de laiton peut se faire « au bouchon ». Voici comment on opère : après avoir dégraissé l'objet, on prend de la crème de tartre raffinée, 4 parties; du sel marin pur et sec, 1 partie, et on réduit ce mélange en poudre très fine dans un mortier en porcelaine. On y ajoute quelques feuilles d'or et on broie parfaitement le tout. La pièce de laiton ayant été bien *dérochée* — c'est-à-dire plongée dans l'acide sulfurique (100 gr. pour un litre d'eau), puis rincée — et *doucie* au rouge d'Angleterre, on prend, avec l'extrémité du doigt ou d'un petit bouchon de liège humecté, un peu de la poudre ainsi préparée, et on frotte doucement, en tournant, jusqu'à ce que la surface soit recouverte d'or. Alors, on doucit avec le doigt enduit de crème de tartre pulvérisée et pure, et, mouillant plus abondamment, on achève de donner le poli à la surface. Au lieu de feuilles d'or, on peut préparer de l'or en poudre de la manière suivante : on dissout de l'or fin dans de l'eau régale, on trempe dans cette solution un chiffon de linge qu'on sèche et qu'on brûle. La cendre, qui est mélangée d'or finement divisé, est étendue sur le laiton à l'aide d'un bouchon trempé dans l'eau salée.

Soudure des grilles en fonte. — L'*English Mechanic* recommande la composition suivante pour souder les couronnements de grilles de clôture et les grilles de foyer dans les poêles métalliques. Prendre 6 parties en poids tant de soufre que de céruse et 1 partie en poids de borax, et mélanger de façon à avoir une masse homogène. Pour employer ce mélange, l'humecter avec de l'acide sulfurique concentré, en appliquer une couche mince sur les faces des morceaux de fonte à souder et bien presser ces faces l'une contre l'autre. En cinq jours, toute trace de la soudure a disparu, la fonte a l'aspect de pièces soudées à chaud : cette soudure résiste, dit-on, aux coups qu'on lui porte avec des marteaux de forgerons.

Argenture artificielle sur bois et métaux. — On fait fondre 24 grammes d'étain bien pur dans une cuillère de fer; on ajoute la même quantité de bismuth; on remue avec un fil de fer jusqu'à ce qu'il soit fondu; on retire le vase du feu, et on met encore 24 grammes de mercure, qu'on mêle bien exactement, et on jette ce mélange sur une pierre pour qu'il refroidisse. Lorsqu'on veut s'en servir, on en délaye dans des blancs d'œuf, du vermillon des doreurs ou de l'alcool, auxquels on ajoute un peu de gomme arabique; on l'applique ainsi préparé sur les bois et les métaux, qu'on polit ensuite.

Moyen de coller le verre au métal. — Pour coller le verre au métal, M. Krœtzer indique les diverses recettes suivantes :

1° Fondre ensemble : 160 grammes de colophane finement pulvérisée, 40 grammes de cire blanche, 80 grammes de rouge anglais. Ajouter à la masse liquéfiée 20 grammes d'essence de térébenthine; éloigner du feu et remuer constamment le tout avec une spatule de bois jusqu'à refroidissement. 2° Cimenter les parties chauffées avec de la bonne cire à cacheter, pas cassante surtout (on peut rendre ainsi la cire ordinaire en y ajoutant un peu de térébenthine). 3° Mêler, à poids égal, de la laque en tablettes et de la pierre ponce très finement pulvérisée; étendre à chaud; 4° mélanger 10 parties de poix résine à 1 partie de cire blanche; fixer le verre avec la masse ainsi formée.

Aluminiumage du fer et des autres métaux. — Pour recouvrir le fer et quelques autres métaux d'une couche d'aluminium pur, M. Brin place les pièces (préalablement décapées dans une dissolution de borax) dans une étuve d'émailleur qui peut recevoir des vapeurs métalliques. Cette étuve étant portée à 1000 ou 1500° C., on y fait arriver des vapeurs d'aluminium provenant du chauffage au bain de sable d'une certaine quantité de chlorure d'aluminium. Lorsque les vapeurs rencontrent les surfaces métal-

liques, elles se décomposent, et l'aluminium se
dépose sur les pièces métalliques. Les vapeurs qui
n'ont pas travaillé ou qui sont épuisées se rendent
dans un vase plein d'eau.

Bronzage du fer et de l'acier. — N. J. Hoch-
stetter a signalé à la *Société industrielle du Nord* un
procédé de bronzage des pièces en fer et en acier des
machines, employé dans les établissements de Kuhlmann. Il est très difficile, dans les usines de produits
chimiques, de conserver leur éclat aux pièces métalliques des machines, à cause des vapeurs acides qui
pénètrent dans les salles et finissent toujours, malgré
le graissage, à ternir les pièces métalliques. Aux
établissements Kuhlmann, on y a depuis longtemps
renoncé. On se contente de frotter les machines au
chiffon gras. Il se forme ainsi, à la longue, une sorte
de patine qui donne aux pièces une couleur brune,
bronzée, d'un effet très agréable à l'œil, et qui ne
nécessite pas d'autre entretien que le passage au
chiffon gras. Lorsqu'on veut arriver plus rapidement
à un bon bronzage, en partant, par exemple, d'une
machine neuve, on dispose dans la salle même de
la machine des vases renfermant de l'acide chlorhydrique fumant et d'autres renfermant de l'ammoniaque. Les vapeurs qui se dégagent ainsi viennent
agir sur le fer avec beaucoup plus de rapidité, et
après quelques jours les organes extérieurs de la
machine sont bronzés.

Nouveau procédé pour la trempe de l'acier. — On a signalé dernièrement un nouveau procédé pour la trempe de l'acier qui donne, paraît-il, d'excellents résultats. Certains alliages de plomb et d'étain, dont on connaît le point de fusion précis, sont particulièrement propres à communiquer aux objets en acier qu'on y plonge le degré voulu de dureté, sans offrir le danger de dépasser la température correspondante. Pour la dureté du verre, convenable pour instruments de chirurgie, 1,75 partie de plomb et 1 d'étain : pour la dureté spéciale requise pour couteaux, burins, 2 parties de plomb et 1 d'étain ; pour la dureté prononcée, convenable pour ciseaux, scalpels, etc., etc., 3,50 parties de plomb et 1 d'étain ; pour la dureté ordinaire, pour rabots, haches, etc., 4,60 parties de plomb et 1 d'étain ; pour la dureté inférieure, pour couteaux de table, gouges, 8,50 parties de plomb et 1 d'étain ; pour la dureté médiocre, pour petits ressorts, sabres, etc., 12 parties de plomb et 1 d'étain ; pour peu de dureté, pour scies fines, 35 parties de plomb et 1 d'étain ; pour objets mi-doux, tels que scies grossières et grands ressorts, 1 partie de plomb et 1 d'étain.

Coussinets et pièces de frottement. — Au lieu de bronze, on emploie, pour faire les coussinets et autres pièces de frottement, des pâtes moulées provenant de corps fibreux, tels que : pâte de papier, bois moulu ou effiloché, sciure de bois, asbeste, laine minérale, soie, coton, etc., etc., seuls ou en mélange et agglutinés par un moyen quelconque.

Décapage des métaux. — L'acide chlorhydrique employé au décapage du zinc produit une couche d'hydrocarbonate qu'il faut enlever avant de souder. De plus, l'emploi de cet acide offre plusieurs inconvénients : l'acide chlorhydrique dégage des vapeurs dangereuses pour les ouvriers qui les aspirent tous les jours; ces vapeurs rouillent le fer, l'acier, maculent le cuivre, brûlent les mains, brûlent les fibres des cordages d'échafaudage sans que la détérioration soit aucunement apparente. La *Papeterie* indique une nouvelle composition brevetée, due à M. Alfred Kunwald, qui doit remplacer l'acide chlorhydrique pour la soudure du cuivre, laiton, etc., fer-blanc, plomb et tous les objets nickelés, argentés, etc. Acide chlorhydrique, 4 kilogrammes; chlorure d'étain, 4 kilogrammes; chlorhydrate d'ammoniaque, 1 kilogramme; chlorure de zinc, 10 kilogrammes. Mettre le tout en dissolution dans 100 litres d'eau. L'acide chlorhydrique pourrait être remplacé par tout autre acide, par exemple sulfurique (3 kilogrammes) ou acétique (0 kilogrammes), le chlorhydrate d'ammoniaque par un poids égal de chlorure de sodium. Si la composition est exclusivement destinée au décapage du zinc, bien que la première formule puisse donner d'excellents résultats, il serait mieux de la composer ainsi : acide chlorhydrique, 4 kilogrammes ; chlorhydrate d'ammoniaque, 1 kilogramme; chlorure d'étain, 4 kilogrammes, pour 100 litres d'eau. Les inconvénients mentionnés ci-dessus sont supprimés par l'emploi de cette liqueur, qui porte le nom de son inventeur.

PHYSIQUE ET ÉLECTRICITÉ

La lunette pyrométrique de MM. Mesuré et Nouël. — La détermination exacte de la température des corps incandescents est un problème qui présente une importance pratique considérable dans un grand nombre d'industries fondées sur l'application des hautes températures ; c'est le cas dans la métallurgie, par exemple, dans les fours de fusion de l'acier, dans les fours de réchauffage des lingots, dans les hauts fourneaux, dans les verreries, les fabriques de porcelaine, etc.

Les réactions chimiques développées dans ces fours peuvent varier en effet avec la température, et c'est même souvent aussi le cas pour les propriétés physiques : une pièce en porcelaine cuite dans de bonnes conditions, à une température donnée, ne peut pas supporter sans danger une chaleur plus forte qui déterminerait des tressaillements dans la couverte, et à une température moindre, les réactions ne seraient pas complètes, l'émail serait insuffisamment fondu, etc. De même, dans les fours de fabrication de l'acier, le degré de température peut modifier complètement le sens de la réaction oxydante ou réductrice, et il paraît déterminer en tous cas une modification considérable dans la proportion du carbone combiné ou dissous ; les théories les plus récentes admettent, en effet, que cette proportion est réglée par une sorte de tension de disso-

ciation variable avec la température, etc. Il résulte
de là évidemment la nécessité absolue, pour le succès
des opérations, de définir les températures d'une
manière assez précise, indépendante de toutes causes
d'erreur, pour être en mesure de reproduire sûrement dans des conditions bien identiques la réaction
qu'on a en vue.

On y réussit bien par l'observation de la couleur
des objets incandescents ; on sait en effet qu'à mesure
que la température s'élève, la couleur passe du
rouge sombre au rouge vif, pour atteindre peu à
peu les nuances jaune, rouge, orange, jaune paille,
et arriver enfin au blanc plus ou moins éblouissant.
Il y a une gamme de couleurs bien connue de tous
dont Pouillet a donné dans son *échelle* la correspondance en degrés avec les indications thermométriques. Elle fournit l'indice caractéristique des variations de la température ; mais à ce point de vue la
simple observation directe devient insuffisante, car
il est impossible d'éviter complètement les erreurs
tenant à l'appréciation personnelle des observateurs. L'œil ne peut pas apprécier les nuances de
couleur d'une manière absolue, et il ne les juge
guère que par comparaison : le rouge sombre apparaîtra comme un rouge vif dans un milieu obscur ;
mais au contraire le rouge vif pourra paraître sombre dans un milieu fort éclairé. Il y a là, en un mot,
une cause d'erreur incontestable, montrant bien
la nécessité d'avoir recours à un instrument dont
les indications soient indifférentes au milieu extérieur.

Tel a été le point de départ des nombreux types
d'appareils qui ont pour but d'apprécier les hautes

températures par la mesure d'un phénomène bien
défini : les uns, comme les pyromètres, fondés sur
l'emploi d'une masse d'argile dont on mesure le
retrait, ou d'un courant d'eau circulant dans des
conditions bien déterminées, dont on mesure l'é-
chauffement, etc., ou même des photomètres basés
sur l'emploi de procédés optiques pour la mesure
des intensités lumineuses des corps incandescents.
La plupart de ces appareils n'ont malheureusement
pas donné des résultats tout à fait satisfaisants : le
réglage des pyromètres à eau est une opération des
plus délicates, et les photomètres proprement dits,
comme ceux de M. Crova ou de M. Trannin, constituent plutôt des appareils de laboratoire qui ne peuvent être transportés dans les ateliers.

La lunette pyrométrique fournit, au contraire, immédiatement, la solution du problème ; elle permet
d'apprécier la température par une simple visée
donnant la couleur exacte de la pièce incandescente.
Elle constitue un petit appareil portatif, simple et
précis, grâce auquel les observateurs peuvent définir
sans erreur la température qu'ils veulent atteindre,
et s'assurer ainsi qu'ils opèrent toujours dans des
conditions bien identiques. Il y a là une question des
plus importantes dans toutes les industries qui mettent en œuvre les hautes températures, et elle
explique ainsi le succès immédiat de l'appareil. La
lunette pyrométrique est due à deux ingénieurs de
l'usine Saint-Jacques de Montluçon, appartenant à
la compagnie des forges de Châtillon-Commentry
dont tout le monde connaît le grand laminoir à
blindages, et qui s'est fait une renommée spéciale dans le monde métallurgique, par l'intérêt

scientifique de ses travaux. Cette lunette est repro-
duite dans les figures 31 et 32 sous les deux aspects
successifs qu'elle a revêtus; le modèle n° 2, qui cons-

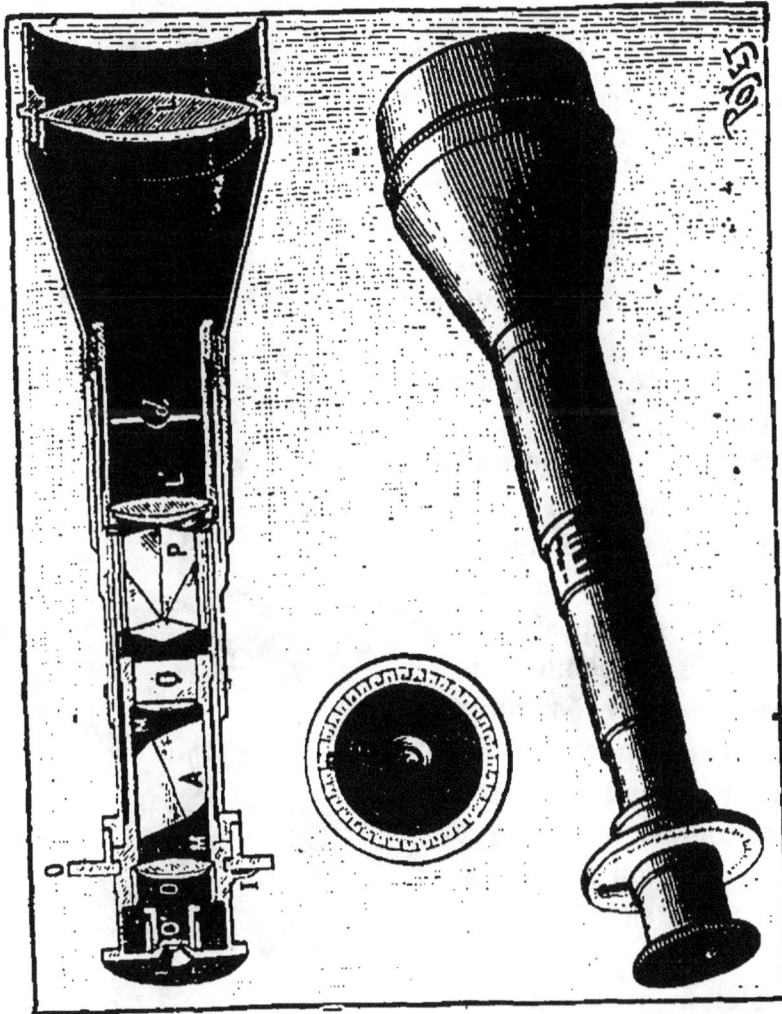

Fig. 31. — Lunette pyrométrique de MM. Mesuré et Nouël. — A. Analyseur
P. Polariseur. — Q. Quartz. — L Objectif. — O'. Oculaire.

titue le type le plus simple, n'a guère plus de 0ᵐ,10 à
0ᵐ,12 de longueur, et il est tout à fait portatif, mais
les deux types ne présentent d'ailleurs aucune différence essentielle.

L'appareil est fondé sur l'application des phénomènes de polarisation rotatoire ; il comprend deux prismes de Nicol, l'un analyseur A, l'autre polariseur P, dont les sections principales font un angle de 90°, entre lesquels est interposée une lame de quartz Q. On sait qu'à la sortie du premier prisme P, le rayon lumineux ordinaire est polarisé dans un plan défini par la section principale de ce polariseur, et il se trouve par suite complètement éteint en traversant le second prisme A, dont la section principale est perpendiculaire au premier. La lame de quartz interposée, qui est taillée perpendiculairement à l'axe, a pour effet, d'autre part, de faire tourner le plan de polarisation qui devient oblique sur la section principale de l'analyseur, et peut alors le traverser sans être complètement éteint. D'après la loi connue de Biot, l'angle de déviation est proportionnel à l'épaisseur de la lame de quartz, et à peu près inversement proportionnel au carré de la longueur d'onde.

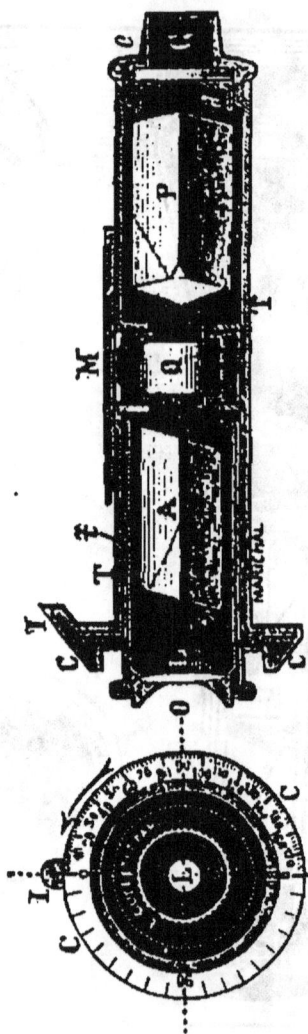

Fig. 32. — Nouveau modèle réduit de la lunette pyrométrique.

Comme la longueur d'onde varie avec la couleur qui dépend elle-même de la proportion respective des rayons simples de la lumière transmise dans le rayon ordinaire, on voit immédiatement que la déviation observée dépendra directement de la couleur du rayon ordinaire, et si on a un moyen de mesurer cette déviation, on pourra en conclure immédiatement la *température d'après la couleur du corps incandescent.* A cet effet, l'analyseur est rendu mobile, il est contenu dans une monture qui peut tourner sur elle-même dans l'intérieur de la lunette, de manière à amener la section principale à faire un angle quelconque avec le polariseur. Un index I fixé devant un cercle gradué mobile C (fig. 32) permet d'apprécier cette déviation, dont le zéro correspond à l'extinction complète, le quartz étant enlevé. Si on observe le corps incandescent en faisant tourner lentement l'analyseur, on perçoit la lumière sous une teinte déterminée, variable avec la température, et cette teinte disparaît pour un angle de rotation correspondant, et c'est donc cet angle qui peut servir à d finir la température observée. Généralement on s'attache à observer une teinte déterminée d'une distinction facile : on constate en effet que pour une rotation très faible de l'analyseur, la teinte perçue arrive presque immédiatement du vert au rouge en passant par une teinte spéciale, citron sale, qui ne se maintient qu'un instant, et qui, pour cette raison a reçu spécialement le nom de teinte de passage. C'est à cette teinte qu'on rapporte les angles mesurés. Outre ces éléments essentiels, la lunette comporte, comme le montre la coupe (fig. 31), une première lentille L ou un verre plein *d* (fig. 32) formant objectif

pour recueillir les rayons ordinaires et les diriger
sur le polariseur, et une seconde lentille O formant
oculaire recevant les rayons à la sortie de l'analyseur,
et mobile avec lui dans sa gaîne. Cette lunette a été
construite par les soins de M. Ducretet, d'après les
indications de MM. Nouël et Mesuré ; elle est en service depuis plus d'une année déjà dans la forge de
l'usine Saint-Jacques, l'emploi en est devenu fami-
lier à tous les contremaîtres et, en assurant ainsi
l'identité parfaite de toutes les opérations, elle entre
pour une large part dans la qualité remarquable des
produits obtenus à l'usine.

Allumeur-extincteur, système Browett. —
Le but du petit appareil représenté ci-dessous (fig. 33)
est d'opérer successivement par deux manœuvres
identiques (le tirage d'un cordon de sonnette ordinaire) l'allumage et l'extinction d'une lampe électrique à laquelle le système sert d'interrupteur. Il
remplit exactement le même rôle que le bouton-
commutateur de M. Anatole Gérard qui est répandu
depuis déjà quelques années.

Le bouton à tirage de M. Browett est purement
mécanique : il se compose essentiellement d'un levier
horizontal et portant à sa partie supérieure un prolongement triangulaire. Une lame verticale, sollicitée
par un ressort, vient, lorsqu'on exerce une traction
sur l'anneau et le cordon de ce tirage, exercer une
pression sur le levier, à droite ou à gauche de l'axe,
et le fait ainsi basculer dans un sens ou dans l'autre.

La pièce triangulaire a pour effet de guider la
lame verticale, et de faire exécuter au levier hori-

zontal les deux mouvements de bascule dont il est
susceptible. Dans une des positions, les extrémités
du levier viennent s'engager sous des lames fixées
sur des blocs en communication avec le circuit et
ferment électriquement ce circuit. En tirant une se-

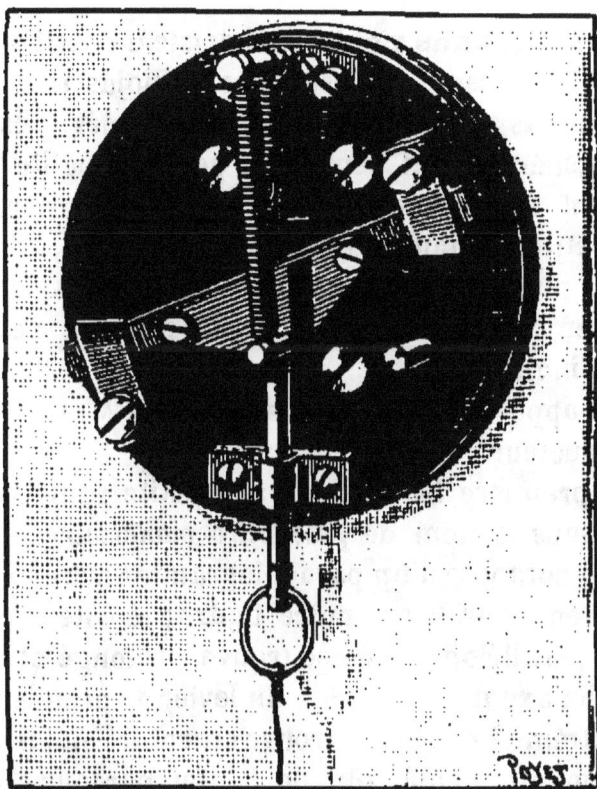

Fig. 33. — Allumeur-extincteur Browett.

conde fois, le levier bascule en sens inverse, rompt
le circuit fermé pendant la première manœuvre, et
ainsi de suite. Le ressort le plus long a pour effet
d'assurer la fixité de la position acquise par le levier
dans ses mouvements successifs d'oscillation. La
figure 1 représente l'appareil dans la position de

circuit *ouvert.* C'est un auxiliaire des plus commodes et qui, dans une petite installation d'éclairage domestique, peut rendre chaque jour de précieux services.

Balances sans poids. — Il existe un certain nombre de balances dans lesquelles les poids mobiles indépendants de l'appareil sont supprimés. Ces poids sont généralement remplacés par une petite masse glissant sur une règle divisée formant levier. Dans les petites balances que nous décrivons, il n'y a même plus de masse à déplacer. Le poids de l'objet à peser est directement indiqué par une petite aiguille indicatrice.

Ces appareils ingénieux sont dus à M. G. Restorf, constructeur.

La première balance est une petite romaine désignée sous le nom de *pèse-lettre manomètre* (fig. 34), elle se compose d'un parallélogramme articulé représenté en pointillé sur notre figure; le côté supérieur de ce parallélogramme se trouve prolongé et forme, par son axe de suspension un levier du premier genre à l'extrémité duquel se trouve un contre-poids convenablement calculé, afin de laisser parcourir à l'aiguille le chemin du cadran.

Dans le but d'éviter les résistances passives dues à une roue engrenant sur un pignon, ce qui ôterait de la sensibilité à l'appareil, l'aiguille ne se trouve pas placée au centre du cadran, mais excentrée comme cela est souvent le cas pour les manomètres de chaudières à vapeur.

Cette disposition permet de n'avoir, comme organe de transmission de mouvement, qu'un petit levier fixé sur l'axe de l'aiguille : ce petit levier étant

Fig. 34. — Balance manomètre sans poids.

muni d'un contre-poids excédant un péu le poids de l'aiguille, il en résulte que, reposant simplement sur la tige mobile, il suit les moindres oscillations de la tige mobile du parallélogramme qui supporte également le plateau sur lequel se posent les objets à peser. Ces objets peuvent, selon la force de l'appareil, aller de 60 grammes à 500 grammes. Notre

Fig. 35. — Petite balance de poche pour peser les lettres ou les produits photographiques.

figure 34 représente un petit colis postal posé sur le plateau de la balance.

La petite balance romaine de poche que nous figurons au-dessous du premier appareil (fig. 35) ne nécessite également aucun poids : elle a été construite plus spécialement pour peser en campagne les

produits nécessaires à la photographie, mais elle
peut être aussi bien employée pour peser les lettres :
elle se compose d'un levier du premier genre, à une
des extrémités duquel se trouve un petit plateau et, à
l'autre, un contre-poids équilibrant jusqu'à 100 gramm-
mes les produits à peser se trouvant dans le plateau.

Une fois les pesées terminées, le cadran, l'aiguille
et le contre-poids se replient et prennent presque
entièrement place dans le plateau, ce qui permet de
mettre tout l'appareil dans une sacoche photographique ou dans sa poche.

Sur ce principe de levier, se font également des
pèse-lettres de poche qui sont alors munis d'une
pince au lieu d'un plateau et qui pèsent de 20 grammes à 300 grammes selon la grandeur de l'appareil.
Les balances que nous signalons sont nickelées et
fort bien construites : il nous a semblé qu'elles
étaient de nature à être signalées comme propres à
prendre place dans le matériel du bureau.

**Procédé pour déterminer la densité d'un
corps.** — Dans un tube éprouvette de 10 millimètres
environ de diamètre et gradué en dixièmes de centimètre cube, j'introduis une certaine quantité de
liquide sans action sur le corps dont je cherche la
densité. Je note le volume occupé 5 cm³ 7, par
exemple, puis j'y laisse tomber un poids déterminé
du corps en question, soit 1ᵍʳ,5. Par suite de cette
addition, le volume du liquide va s'élever, dans le
tube, d'un volume égal à celui du corps. Je note ce
nouveau volume, 6 cm³ 6 ; celui du corps sera donc

$6,6 - 5,7 = 0,9$ et d'après la formule $D = \dfrac{P}{V}$, sa den-

sité sera $\dfrac{1.5}{0,9} = 1,6666$. Ce résultat est celui que j'ai

obtenu pour un sucre nouveau fusible vers 70° que j'ai retiré du *Tricholoma rutilans*, et dont je me réserve d'étudier les propriétés quand j'en aurai plus à ma disposition. Le *Tricholoma rutilans* est un très beau champignon Basidiosporé appartenant aux Hyménomycètes. Le même procédé s'applique également bien aux liquides, dont il suffit de peser une certaine quantité dans le tube et de diviser le poids par le volume indiqué par les divisions. (M. A. *Deffiénat*.)

Procédé pour déterminer la densité des corps poreux. — Un tube AB en verre un peu épais de 22 millimètres de diamètre environ est fermé par le bouchon B que traverse un tube capillaire recourbé CD. L'orifice D est situé vers le tiers supérieur de AB. On façonne le corps sur lequel on agit, un bois par exemple, sous forme de prisme octogone terminé supérieurement en pyramide à huit faces. Du mercure est versé dans l'appareil jusqu'à ce qu'il s'écoule par l'orifice D : on chasse les bulles d'air adhérentes aux parois en touchant celles-ci avec un fil de fer. L'opérateur place un doigt sur l'orifice D, puis, de la main droite munie d'une aiguille fine emmanchée dans un morceau de bois, il immerge le prisme jusqu'à ce qu'il soit recouvert de mercure. On laisse alors couler le métal dans un petit vase disposé convenablement au-dessous de D, et on enfonce graduellement le corps plongé tant que l'écoulement dure. Il n'y a plus qu'à peser le mercure, ce qui n'exige pas une balance de précision, car l'erreur qu'on peut faire avec une balance ordinaire correspond à un volume insignifiant de métal. Deux opérations successives donnent rarement le même poids pour le mercure écoulé ; il est bon d'en faire plusieurs et de prendre la moyenne des nombres obtenus. La température de mercure ayant de l'influence sur le résultat, il importe de la déterminer dans le tube AB, et de calculer la densité correspondante, d'où l'on déduit ensuite le volume du mercure déplacé. Le corps à immerger doit avoir un volume de 10 à 12 centimètres cubes : on le pèse aussi exactement que possible. En divisant ce poids par le volume du mercure, on obtient la densité cherchée. Il s'agit, bien entendu, dans ces déterminations, de la densité apparente, et non de celle qui se rapporte à la substance pulvérisée. (M. *Fleury*.)

Fig. 36.
Appareil à densité.

Densité d'un corps par le principe d'Archimède. — L'application du principe d'Archimède peut être facilement généralisée pour déterminer les densités des corps. Si le corps dont on veut déterminer la densité est plus léger que l'eau, on le réunit à un corps plus lourd capable de l'entraîner dans le liquide, une balle de plomb, par exemple. Au préalable, on a plongé la balle de plomb seule dans l'eau et on a rétabli l'équilibre au moyen de poids qui n'ont pas besoin d'être marqués. Lorsque l'on plonge ensuite les deux corps réunis, il est évident que le poids que l'on doit ajouter pour rétablir l'équilibre représente le poids p, d'un volume d'eau égal au volume du corps dont on cherche la densité. Le poids P du corps lui-même est obtenu par une pesée directe. Le procédé qui précède et qui consiste à employer un corps auxiliaire plus lourd que l'eau est général. On peut, par exemple, se servir toujours d'un récipient en plomb dans lequel on met le corps dont on cherche la densité. Lorsque ce corps est plus lourd que l'eau, l'ouverture du récipient est dirigée vers le haut; lorsque ce corps est plus léger que l'eau, le récipient est renversé. Si le corps dont on veut déterminer la densité est soluble dans l'eau, on peut employer, pour le faire plonger, un enduit capable de se mouler exactement sur lui, de la cire, par exemple.

Densité des liquides au moyen d'une balance ordinaire. — La méthode de la balance ordinaire peut être appliquée à l'évaluation des densités des corps liquides. Pour ce faire, on place un vase contenant une quantité quelconque du liquide dont on veut prendre la densité sur un des plateaux d'une balance ordinaire et on établit l'équilibre en plaçant une tare dans l'autre plateau. Puis on plonge dans le liquide du vase un corps solide, suspendu à l'aide d'un mince fil de platine, inattaquable par ce liquide (une boule ou un tube de verre contenant du mercure convient dans la plupart des cas), dont on a une fois pour toutes déterminé le volume V. L'équilibre est rompu ; on le rétablit avec des poids marqués. Ces poids représentent le poids p d'un volume du liquide égal à celui du corps immergé. La densité du liquide mis en mouvement est donc $\frac{p}{V}$.

Pour plus de simplicité, on s'arrange par tâtonnements, pour que le volume du tube de verre soit exactement de 1 centimètre cube. La densité est alors donnée par le chiffre des poids (en grammes) ajoutés pour rétablir l'équilibre après l'immersion du corps dans le liquide. (M. *J. Courbery*, chimiste expert, à Mostaganem.)

———

Vases de pile en pâte de bois. — Pour obtenir de bons vases en bois imperméables, il faut employer le procédé suivant : Au lieu de passer simplement une couche de vernis à l'intérieur et à l'extérieur des vases, après leur avoir donné la forme voulue et les avoir fait sécher, on les place dans une cuve où l'on fait le vide, puis on y fait arriver le liquide protecteur ; lorsque tous les vases sont bien recouverts par celui-ci, on donne accès à l'air qui, par sa pression, fait pénétrer complètement le vernis dans tous les pores de la pâte dont l'imperméabilité se trouve ainsi assurée d'une façon parfaite.

———

La pile cartouche. — M. *V. Dagnan*, à Paris, nous a adressé un petit modèle de pile fait avec une cartouche. Dans l'intérieur d'une douille de cartouche, on mélange de la sciure de bois avec de petits cristaux de sulfate de cuivre. On mouille légèrement la sciure, et on introduit une tige de zinc traversant un bouchon. La tige de zinc ne touche pas le fond. Le bouchon porte une ouverture pour permettre de faire couler de temps à autre quelques gouttes d'eau. On peut ainsi dans un espace très restreint faire une pile d'un certain nombre d'éléments. Il faut avoir soin de nettoyer souvent les petits zincs, à cause des dépôts de cuivre qui pourraient avoir lieu. Nous avons mesuré la force électromotrice d'un petit élément de ce genre et nous l'avons trouvée égale à 0,76 volt.

Les couleurs complémentaires, et les images doubles. — M. *Campredon*, à Fourchambault, nous a communiqué un moyen simple de mettre en évidence les couleurs complémentaires et les images doubles. Si l'on superpose un verre vert et un verre rouge et qu'on les regarde par transparence la nuit, à la clarté d'une seule bougie, dans une salle quelconque, les couleurs complémentaires (rouge et vert) se détruisent et il en résulte une teinte gris sale difficile à définir. Pour faire apparaître avec netteté la couleur des deux verres composant ce que l'on peut appeler le *miroir magique*, il suffit de se servir de l'appareil comme d'une glace et de regarder la bougie par réflexion. Lorsque la face verte est tournée vers l'œil de l'observateur, celui-ci aperçoit dans le miroir magique l'image de la flamme de la bougie, et à côté de celle-ci, une image en tous points semblable, mais colorée en vert. — S'il retourne alors le miroir et se sert de la face opposée rouge, il aperçoit une image naturelle et une image rouge.

Thermomètre avec contrôle du zéro. — Au mois de septembre 1889, M. le Dr Dujardin-Beaumetz a présenté à l'Académie de médecine de Paris un thermomètre médical que j'ai construit précisément dans le but d'annuler l'effet de la contraction du verre. Effectivement, après l'opération du chalumeau et du remplissage, le verre, et plus notamment la calotte du réservoir, subit en se refroidissant un travail lent de contraction qui, comprimant le mercure dans le réservoir, fait monter la colonne de plusieurs dixièmes au-dessus du niveau primitif; aussi doit-on laisser reposer l'instrument neuf, dix et souvent même onze mois avant de le graduer. Or, dans le système que j'ai construit récemment, le thermomètre peut sans inconvénient être gradué au bout de quinze jours. Ce système consiste en un réservoir formé de deux tubes concentriques AB soudés ensemble par en bas dans toute l'étendue de leur période circulaire; par en haut, le tube A formant la chemise du thermomètre reçoit le téton C qui sert de point d'appui au tube B afin d'éviter les vibrations dues à la secousse qu'on est obligé d'imprimer à l'instrument pour faire redescendre la colonne lorsqu'elle indique la température *maxima*.

Fig. 37. — Thermomètre avec contrôle du zéro.

Il résulte de cette disposition que le tube intérieur B subissant les mêmes changements que le tube extérieur A, il se rétrécit ou s'élargit dans les mêmes proportions, et l'un compense ainsi l'action méca-

nique de l'autre, laissant toujours entre eux la même
contenance de mercure. Ce système qui, d'ailleurs, a
été expérimenté dans les hôpitaux de Paris, a donné
des résultats très satisfaisants. (M. *Léon-Bloch.*)

Galvanoplastie sur verre ou sur porcelaine.
— Le *Moniteur de la céramique et de la verrerie* indique un procédé découvert par M. Hansen qui permet,
paraît-il, de recouvrir le verre ou la porcelaine de
dépôts métalliques, par voie galvanique. Pour recouvrir le verre ou la porcelaine d'une couche conductrice du courant électrique, on se sert, dans ce but,
d'une dissolution de chlorure d'or ou de platine dans
l'éther sulfurique, additionnée d'une certaine
quantité de soufre dissous dans une huile lourde. Le
mélange, après avoir été chauffé doucement, doit
avoir une consistance qui permette d'en passer une
couche avec un pinceau. On chauffe alors modérément dans un moufle la pièce recouverte de cette
couche jusqu'à la volatilisation complète du soufre
et du chlore. L'or ou le platine sont adhérents à la
surface, et on peut placer l'objet dans un bain gal-
vanoplastique ordinaire. Pour obtenir un dépôt de
cuivre, ce bain doit être composé de 2 parties de sulfate de cuivre pour 3 parties d'eau distillée. Pour
l'argenture, il faut 17 parties de nitrate d'argent et
13 parties de cyanure de potassium dissous dans
300 parties d'eau. Enfin, pour la dorure, on se sert
de 7 parties d'or, qui sont préalablement dissoutes
dans l'eau régale, puis précipitées au moyen de
l'ammoniaque. Le précipité encore humide est mis
dans une solution chaude de 9 parties de cyanure de

potassium et 90 parties d'eau. Un mélange de 10 parties de dissolution d'or avec une partie de dissolution d'argent donne de l'or vert, tandis que la même proportion d'or mélangée également avec une partie de dissolution de cuivre donne de l'or rouge.

Bains de laitonisage. — Quand on fait fonctionner, pendant quelque temps, avec une anode en zinc, un bain de cuivre rouge obtenu par la dissolution du carbonate de cuivre au moyen du cyanure de potassium, on observe : que le dépôt cuivrique qui se fait au pôle négatif de la pile (grâce à la quantité de zinc empruntée à l'anode par le cyanogène mis en liberté par le courant électrique), pâlit de plus en plus jusqu'à donner la couleur propre au laiton. Cette observation a conduit à chercher la composition de bains mixtes de cuivre et de zinc qui permissent d'obtenir d'emblée le laitonnisage. Ces bains sont formés d'un sel de zinc et d'un sel de cuivre additionnés d'autant de cyanure de potassium qu'il en faut pour dissoudre ces sels précipités à l'état de carbonates par du carbonate de soude en liqueur chaude, ou d'oxydes par l'ammoniaque. L'emploi du cyanure de potassium a pour effet non seulement de dissoudre ces carbonates, mais d'enlever aux bains toute sécrétion acide, résultant d'un lavage insuffisant, qui s'opposerait à l'adhérence intime du dépôt de laiton sur les objets qu'on se propose de recouvrir. (M. *Félicien Moïsan*, pharmacien à Paris.)

CHIMIE ET PROCÉDÉS CHIMIQUES
NETTOYAGE, ENLEVAGE DE TACHES, ETC.

L'art d'utiliser les restes. — A New-York, on a réussi à faire du gaz avec des immondices de la ville. Une livre d'ordures a été ramassée au hasard dans les rues : vieux chiffons, cuir, débris de poisson, de légumes, os, croûtes, coquilles d'œuf et bouts de cigare, tout cela mis dans une cornue a donné 615 décimètres cubes de gaz d'une lumière parfaite et qui a duré une demi-heure.

Un ingénieur allemand propose de rassembler les reliefs de toute sorte de nourriture, les pelures de pomme de terre et de fruits, les côtes de feuilles et de végétaux, croûtons de pain, en un mot tout ce qui contient la matière amylacée et saccharifiable sous une forme quelconque. Il fait passer le tout dans un broyeur qui en fait un mélange, une pâte sans nom, qui est reçue dans une chaudière hermétiquement close, puis étendue d'eau additionnée d'acide sulfurique. On chauffe doucement d'abord, puis à l'ébullition pendant cinq à six heures, en remuant le mélange au moyen d'un agitateur. On arrête alors l'opération. Après refroidissement, on décante et l'on filtre le liquide, lequel renferme tout l'amidon des détritus, à l'état saccharifié. Ce liquide constitue un moût sucré que l'on fait fermenter et que l'on distille pour en retirer l'alcool.

Les tissus étamés. — Voici un procédé, pour recouvrir les tissus de fil et de coton d'un dépôt d'étain flexible et brillant. On forme d'abord une pâte claire de poudre de zinc de commerce et de blancs d'œufs, que l'on étend sur le tissu au moyen d'une brosse ; après séchage cette pâte coagulée par un courant de vapeur surchauffée. Le tissu est ensuite plongé dans un bain de perchlorure d'étain. Ce métal se précipite sur le zinc à l'état finement divisé ; le tissu rincé et séché est passé dans des cylindres ou calandres qui donnent du brillant à la couche d'étain. On obtient de très beaux résultats en ménageant des blancs sur le tissu et en faisant ainsi des dessins métalliques qui peuvent être complètement substitués aux feuilles d'étain que l'on collait souvent sur les étoffes.

Platinage de la porcelaine. — M. Sénet a communiqué au *Bulletin de la Société internationale des électriciens* le procédé suivant, imaginé par lui, pour platiner la porcelaine. On applique une couche de bichlorure de platine (additionné d'un peu d'acide chlorhydrique pour le rendre légèrement liquide) ou de chloroplatinate d'ammoniaque, de préférence le premier, sur la porcelaine pouvant aller au feu, et on la soumet, dans un moufle, à une température de 1000 à 1200 degrés, pendant quinze à vingt minutes. La chaleur réduit le chlorure, et le platine fait corps avec la porcelaine. En répétant cette opération une ou deux fois, la porcelaine disparaît sous la couche de platine. Les capsules dont on fait usage dans les laboratoires peuvent être métallisées de la sorte,

et, par suite, peuvent remplacer celles en platine ;
elles sont, pour ainsi dire, rendues incassables. On a
platiné de la même manière des électrodes en porcelaine, et les résultats ont été satisfaisants.

Moyen de percer le verre. — Pour percer un
objet en verre mince (ballon, verre de Bohême, ou
autres objets de laboratoire), on se sert de la flamme
la plus fine d'un chalumeau à gaz ordinaire. Pour
percer un objet en verre épais, on peut employer le
procédé suivant : on chauffe au rouge blanc une lime
ronde dite *queue de rat*, très pointue, et on la trempe
dans un bain de mercure ; on l'aiguise alors, puis on
la plonge, au moment de s'en servir, dans une solution saturée de camphre dans l'essence de térébenthine ; le même liquide sert à mouiller, pendant l'opération, la partie du verre attaquée, laquelle se perce
avec autant de facilité et de netteté que du bois.

Bouteille lumineuse. — On prend une fiole de
verre blanc et clair de forme oblongue, on met dans
cette fiole un morceau de phosphore, gros comme
un pois ; on verse par-dessus de l'huile d'olive au tiers
de la bouteille et on ferme hermétiquement. Quand on
voudra s'en servir, on débouchera la fiole pour laisser
passer l'air extérieur, et ensuite on la rebouchera. Alors
l'espace plein d'air de la fiole paraîtra lumineux, et sa
clarté sera presque égale à celle d'une petite lampe.
Si la lumière s'affaiblit, on lui donnera de la force en
laissant pénétrer l'air au moyen du bouchon qu'on
ôtera ; en hiver, il faudra chauffer la fiole avant de

9.

la déboucher ; ainsi préparée, elle peut servir pendant un an.

———

L'analyse des vins. — Au Congrès international de chimie, en 1890, dans la section des produits alimentaires dont l'éminent chimiste M. Riche était le président, une critique approfondie des différentes méthodes d'analyse du vin a été faite ; il est intéressant de publier ici les communications importantes auxquelles cette discussion a donné lieu, ainsi que les déterminations qui ont été prises au sein de cette assemblée.

Dosage de l'acidité. — Pour la détermination de l'acidité, M. Tony Garcin a proposé une méthode qu'il emploie dans son laboratoire et qu'il préfère aux méthodes à l'eau de chaux et à la phtaléine du phénol. Elle est basée sur le virage de la matière colorante du vin elle-même. sous l'influence des alcalis caustiques. A ce point de vue, les vins *rouges* peuvent être séparés en deux grandes classes par l'expérience suivante : lorsqu'on sature l'acide des vins par une solution de soude caustique, la matière colorante, après différentes nuances de transition, passe à une teinte noire qui, ainsi qu'on l'a déterminé par des touches successives au papier du tournesol, correspond à la neutralité du vin ; l'addition d'une goutte de soude caustique fait virer cette couleur noire au violet pour une des catégories de vins et au bleu pour l'autre.

L'opération s'exécute comme un titrage alcalimétrique. On emploie un bécherglas d'un diamètre tel que le vin s'y élève à la hauteur de 12 à 15 millimètres environ. De cette façon, le vase étant placé sur une feuille de papier blanc, lorsqu'on verse la solution titrée de soude à l'aide de la burette, on saisit parfaitement la teinte noire de saturation et de virage au bleu ou au violet par l'addition d'une goutte de la liqueur caustique.

On dose également de cette façon l'acidité des vins blancs après y avoir ajouté au préalable une quantité déterminée d'un vin rouge dont on connaît le titre acidimétrique et la nuance de virage. On opère ensuite comme précédemment et on obtient la valeur cherchée en effectuant une simple différence.

Dosage du chlore dans les vins. — On ajoute généralement du chlorure de sodium dans les vins pour masquer le mouillage; le chlore s'y rencontre également à l'état de chlorure de potassium lorsque les vins ont été déplâtrés au chlorure de baryum. Des dosages opérés sur des vins authentiques ont fait passer dans la pratique certains chiffres indiquant, évaluée en chlorure de sodium, la quantité de chlore contenue dans les vins naturels, et ces chiffres ont jusqu'ici servi de base aux chimistes œnologues pour les conclusions de leurs analyses.

Ainsi que l'expérience l'a démontré, les nombres relatifs au dosage du chlore publiés jusqu'ici dans tous les traités d'analyse, sont beaucoup trop faibles, même pour les vins dont les vignes productrices ont poussé en terrain salé, et il existe, indépendamment de cette considération, deux pratiques loyales usitées dans les pays vignobles, qui ont comme conséquence l'introduction du chlore dans les vins sans que pour cela on puisse conclure à une falsification.

Dans les vignobles du Midi et principalement en

Espagne, on lave les fûts à l'eau de mer ; or, un demi-muid, d'une contenance voisine de 600 litres, a une capacité poreuse d'environ 6 litres. On peut donc admettre qu'après un certain temps, tous les sels de l'eau de mer contenus dans les pores du bois se sont diffusés dans le vin et que celui-ci renferme alors la quantité de chlorure de sodium contenu dans ces 6 litres d'eau de mer.

Dans les vignobles du Centre où on colle les vins au blanc d'œuf, on a l'habitude d'ajouter à la colle une poignée de sel marin qui pénètre ainsi dans le vin soumis à cette opération.

Lorsqu'on fait l'analyse d'un vin qui a subi ces préparations diverses, on conçoit qu'il donne, en chlorure de sodium, une quantité plus grande que celle indiquée dans les livres et on peut commettre une grave erreur en disant qu'un tel vin a été salé. Il y a donc lieu de ne pas conclure à la légère à une addition de sel marin et, en général, à dire qu'il y a eu salage seulement quand le vin contient plus de 4 grammes et même de 5 grammes de chlorure de sodium par litre.

Recherche de la matière colorante. — Dans la recherche des matières colorantes dérivées du goudron de houille, il y a lieu, pour arriver à obtenir la sensibilité maximum de la méthode, de choisir une soie spéciale qui fixe facilement la couleur et d'opérer ce fixage dans les conditions suivantes : les soies tordues fixent mal les couleurs, les mouchets les meilleurs sont faits avec une soie blanche particulière qu'on appelle dans le commerce soie de Chine. Le mouchet est placé dans l'alcool amylique qui a servi à traiter le vin suspect et cet alcool est évaporé rapidement jusqu'au moment où il ne se produit plus dans le tube de condensation de vapeur d'eau : ce moment correspond à peu près à la déshydratation complète de l'alcool amylique.

Il ne faut pas pousser plus loin l'évaporation, parce que l'alcool a dissous, en même temps que la matière colorante, des résines qui, à ce moment, se déposent sur la soie, et souillent la couleur au point de la masquer lorsqu'elle n'existe qu'en petite quantité dans le vin. (*M. E. Fleurent.*)

Acidité des vins. — Pour enlever l'acidité aux vins, il suffit de les traiter par une dissolution de tartrate neutre de potasse. Deux cas peuvent se présenter : 1° si l'acidité provient d'un excès d'acide tartrique libre, celui-ci, s'unissant au tartrate neutre de potasse, forme du bitartrate qui, par suite de sa faible solubilité, se précipite entraînant ainsi l'excès d'acide tartrique; 2° si d'autres acides que l'acide tartrique contribuent à donner aux vins la saveur que l'on désire enlever, par suite de l'addition du tartre neutre, les acides en question se combinent avec la moitié de la potasse du tartre neutre, et mettent en liberté un équivalent acide tartrique. Ce dernier, se combinant avec la potasse restée à l'état de tartre, forme comme précédemment de la crème de tartre qui se précipite. La quantité de tartrate neutre que l'on doit ajouter aux vins, varie suivant l'acidité de ces derniers. Il est donc nécessaire, pour déterminer la proportion de sel à employer, de doser les acides libres contenus dans le vin qui doit être traité. (M. *Monpillard*, à Paris.)

Autre procédé. — Pour faire disparaître l'acidité des vins, on peut, sans inconvénient, ajouter de la chaux en petite quantité, de façon à former un sel neutre ou difficilement soluble. (M. *G. Torrrilhon*, chimiste à Clermont-Ferrand.)

Autre procédé. — Il y a trois moyens connus dans nos Charentes pour enlever l'acidité des vins. Le premier consiste à coller très fortement les vins à la gélatine. Le deuxième consiste (et c'est le plus employé) à ajouter 20 grammes de miel blanc ou 15 grammes de sucre de canne par barrique et de mettre les fûts dans un endroit dont la température sera plus élevée que celle des caves. Le vin subira une nouvelle fermentation qui ne pourra lui nuire. Enfin le troisième procédé est celui qui consiste à ajouter 200 grammes environ de tartrate neutre de potasse par barrique. (M. le D* *Bidonnard*, chimiste à Angoulême.)

Pour ramollir les couleurs moites (anglaises ou allemandes) employées pour l'aquarelle, il faut les rebroyer sur une glace dépolie avec une molette en verre en ajoutant très peu de miel blanc. Cet atome de miel ajouté leur fait perdre un peu de leur collage : pour leur en redonner, ajoutez une demi-goutte de fiel de bœuf ainsi purifié : Faire bouillir et écumer le fiel de bœuf (le liquide seulement, sans la vésicule qui le contient), le partager en deux flacons dans l'un desquels on introduit 32 grammes d'alun en poudre et dans l'autre 32 grammes de sel marin par *litre*. Laisser reposer jusqu'à ce que les liqueurs soient éclaircies; les décanter, les mélanger et les laisser reposer de nouveau ; ensuite *filtrer*. Le liquide obtenu est incolore, ne change pas les tons et se conserve très longtemps. Des couleurs en poudre, du miel blanc et du fiel, ainsi purifié, suffisent pour fabriquer soi-même des couleurs d'aquarelle au degré de moiteur que l'on désire.

Pipette laveuse pour liquides volatils. — Je me permets de vous signaler un petit appareil que j'ai fait construire par M. Penfold, à Genève ; c'est une pipette laveuse destinée à puiser des liquides ré-pandant des vapeurs (bromes, acides, etc.). Ci-contre un petit dessin (fig. 38).

Pour m'en servir, je procède comme suit :

Je ferme, avec l'index de la main gauche, l'orifice *a* tout en tenant le médium et le pouce sur le tube en caoutchouc *b*, pendant ce temps j'aspire par le tuyau *d* (également en caoutchouc). Une fois que le liquide est monté un

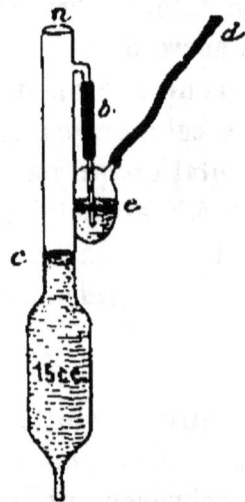

Fig. 38. — *Pipette pour liquides volatils.*

peu au-dessus du trait *c* je le ramène au trait en levant légèrement l'index après avoir fermé le tube *b* par une pression des deux doigts. Quant aux vapeurs que le liquide à mesurer répand, elles sont absorbées par le liquide contenu dans la boule *e* qui sert de laveur (elle renferme, en général, de la soude caustique).

Je pense que cet instrument pourra rendre quelques services et c'est pour cela que je vous le signale. (M. *H. Welton*, à l'Université de Genève.)

Peinture à l'abri des vapeurs acides. — La meilleure peinture qui conviendrait pour éviter l'action des vapeurs d'acide acétique est sans doute la couleur émail Kuhle, usitée sur une grande échelle dans les caves à fermentation et autres locaux des grandes brasseries, comme celles de Jacobsen à Copenhague et Dreher à Schwechat. Les murs qui en sont enduits ressemblent à de la porcelaine, et se laissent laver facilement. On trouve prix et renseignements au Comptoir central de la brasserie, 11, Faubourg Saint-Martin, à Paris. (M. *Alb. Hatt.*)

Pour préserver les murs des vapeurs acides, on peut aussi employer : caoutchouc en lanières (déchets), 20 à 40 parties ; essence de pétrole, 400 parties. La dissolution, opérée à une légère chaleur au bain-marie, a une consistance de crème, s'applique à la brosse sur les murs et les préserve de l'action de l'acide acétique. (M. *E. Bary*, à Nivelles.)

Gazomètre de laboratoire. — Cet appareil est destiné à recevoir, mesurer et à transvaser les gaz et à servir d'aspirateur. Le réservoir se compose d'un cylindre vertical B (fig. ci-contre) dont les deux

extrémités se terminent en cône : le cône supérieur
est muni d'un tube droit A avec robinet, traversant
la cuve pneumatique dont il va être parlé, et sur lequel vient s'adapter un tube recourbé E ; le cône inférieur est muni d'un tube recourbé G avec robinet ;
sur la partie supérieure du cylindre B est fixée une
cuve pneumatique ou réservoir, qui en forme le prolongement. Un tube F
muni d'un robinet met en
communication la partie
inférieure de la cuve avec
la partie inférieure du
cylindre. D est un tube
de verre qui communique
à chaque extrémité du
cylindre B et sert à indiquer le niveau de l'eau
et du gaz . L'appareil
est supporté par trois
pieds.

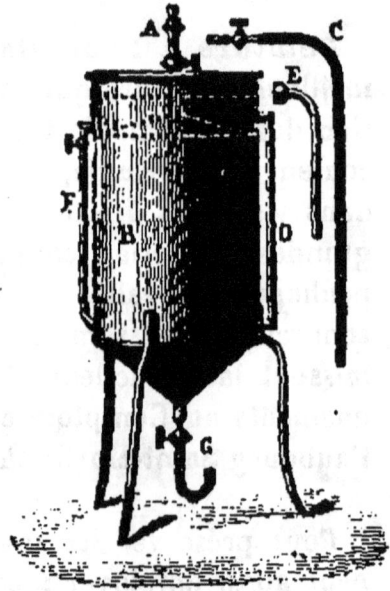

Pour se servir de cet ap-
pareil comme gazomètre,
rien de plus simple : on
remplit d'eau la cuve

Fig. 39. — Gazomètre.

pneumatique qui se trouve à la partie supérieure du
cylindre B ; le robinet du tube recourbé G étant fermé,
on ouvre le robinet du tube A, puis le robinet du
tube F pour faire passer l'eau de la cuve dans le cylindre ; on a soin de remplir la cuve au fur et à mesure que l'eau se transvase jusqu'à ce que le niveau
soit le même dans le cylindre que dans la cuve ; on
ferme le robinet du tube F et on finit de remplir le
cylindre par le tube A. Le cylindre étant ainsi plein

d'eau, on visse à l'extrémité du tube A le tube recourbé E qu'on fait communiquer avec l'appareil à dégagement, puis on ouvre le robinet du tube G ; le gaz qui se dégage arrive par les tubes E et A dans le cylindre B, d'où il chasse l'eau qui s'écoule par le tube G ; par le tube de verre D on se rend compte de la quantité de gaz dans le cylindre B, et quand on a obtenu une assez grande quantité on ferme les robinets A et G.

Pour se servir du gaz ainsi obtenu on remplit d'eau la cuve pneumatique ; le robinet du tube A étant ouvert, on ouvre celui du tube F par lequel l'eau de la cuve arrive dans le cylindre B et par la pression chasse le gaz qui s'échappe par le tube A sur lequel on adaptera un tube en caoutchouc pour le conduire à destination.

Si l'on veut se servir de cet appareil comme aspirateur, il suffit de dévisser la partie supérieure du tube droit A et de faire entrer dans l'autre extrémité le tube recourbé C ; on le fera descendre presque à la partie inférieure du cylindre B, on le fixera hermétiquement dans le tube A au moyen d'un bouchon de liège ou de caoutchouc ; ce tube est muni d'un robinet. On remplit d'eau le cylindre B comme il a été dit plus haut, on met en communication le tube recourbé C avec le réservoir contenant le gaz qu'on veut aspirer, puis on ouvre le robinet du tube recourbé G ; l'eau, en se retirant, fait le vide et le gaz est attiré dans le cylindre B d'où on le recueille comme il a été dit plus haut. (M. *Tiffereau.*)

Pour teindre les bâches en vert et les imper-

méabiliser. — 1° On passe la toile dans un premier
bain formé d'eau chaude et de savon vert et on recommence deux fois l'opération ; 2° on trempe dans
un bain de sulfate de cuivre. Le précipité vert est
ainsi parfaitement incorporé au tissu. Ce vert (stéa-
rate de cuivre) porte le nom de *teinture Isacupe*.
(M. *Aliamet*, à Lille.)

Blanchiment des paraffines par l'argile. —
On peut arriver à blanchir les paraffines au moyen
de l'argile sèche, en poudre fine. L'argile qui doit
servir à cet usage doit être aussi blanche que possible, et son action est d'autant plus énergique qu'elle
a été séchée à une plus haute température. On la
chauffe dans une chaudière de fonte émaillée, à la
température de 300 à 400° pendant une demi-heure,
et on l'introduit encore chaude, vers 300°, dans la
paraffine préalablement desséchée. Ainsi employée,
l'argile possède un pouvoir décolorant trente-six fois
plus considérable que celui des divers produits utilisés jusqu'à présent. Il faut 1 à 0,5 d'argile ainsi
préparée pour 100 de paraffine. L'argile étant beaucoup plus lourde se rassemble rapidement au fond
des bacs, ce qui facilite la filtration. Elle a, en outre,
sur les autres produits l'avantage de retenir peu de
paraffine, 5 p. 100 environ, qu'on peut, du reste, facilement extraire par l'emploi des dissolvants appro-
priés ou par distillation. L'argile ainsi préparée coûte
environ 3 fr. 20 les 100 kilogrammes, tandis que les
autres agents décolorants atteignent le prix de 15 à
17 fr. 50 les 100 kilogrammes. Depuis quelques mois,
ce procédé est appliqué avec succès dans deux fabri-

ques pour le blanchiment de la paraffine et de la cé-
résine. On obtient de moins bons résultats avec la
stéarine.

Méthode empirique d'analyse des sucres. —
Il existe une méthode empirique d'analyse des sucres
qui permet d'établir leur titre saccharimétrique quand
on connaît leur teneur en cendres, en glucose et en
eau.

Connaissant dans un sucre l'eau, les cendres, le
glucose, on multiplie le poids des cendres obtenues
par 0,8 et on a approximativement le poids des
matières organiques renfermées dans le sucre ; en
faisant la somme de ces quatre chiffres et retranchant
de 100, on obtient la saccharose par différence. C'est
le procédé commercial qualifié d'analyse aux *quatre
cinquièmes*.

Procédé pour métalliser les fleurs. — Il existe
plusieurs procédés pour métalliser les fleurs ; nous
allons en indiquer quelques-uns.

Les fleurs ayant été lavées avec beaucoup de soin,
on les trempe pendant quelques instants dans une
dissolution concentrée d'acide gallique ; on les plonge
ensuite dans de l'eau distillée contenant un cinquan-
tième de son poids d'azotate d'argent. L'acide gallique
dont les fleurs ont été imprégnées réduit le sel d'argent ; ce métal se précipite sur ces fleurs avec une
fo te adhérence et en conservant tout son brillant
métallique. Il faut répéter cette opération plusieurs
fois jusqu'à ce que les fleurs aient pris une belle
teinte d'argent. (M. *J. Ratto*, à Sainte-Cunégonde,
Canada.)

Autre procédé. — Je prends la fleur que je veux recouvrir, par la galvanoplastie, d'or, d'argent ou bien de cuivre. Puis je fais dissoudre dans l'alcool du nitrate d'argent, et j'imbibe cette fleur de ce nitrate, ensuite je fais sécher, il reste alors une couche saline que j'expose aux émanations sulfureuses du barége, de l'acide sulfhydrique ou autres; l'argent est réduit, la couche devient noire et conductrice, et l'on a une fleur métallisée et propre à recevoir le dépôt que l'on veut y appliquer; c'est par ce procédé que j'ai rendu métalliques des fleurs, des fruits, des dentelles, des fils de soie, les verres et cristaux, que je recouvrais par ce moyen de nitrate d'argent et que je soumettais ensuite aux bains électro-chimiques comme une fleur métallique ordinaire. (M. *E. Fergeau*, à Paris.)

Autre procédé. — On fait dissoudre du nitrate d'argent dans l'alcool et on imbibe les substances de cette solution, puis on laisse sécher. Il reste une couche saline que l'on expose aux émanations sulfureuses. L'argent est réduit, la couche devient noire et conductrice. C'est de ce procédé que Elkington, en Angleterre, et M. Pieduller, officier français, se sont servis pour métalliser les substances végétales.

————

Métallisation des insectes. — La galvanoplastie se prête bien à la métallisation des objets d'histoire naturelle; seulement il faut rendre ces objets conducteurs sans s'exposer à les briser. On y arrive en les plongeant dans une solution de phosphore, on les cuivre ensuite par les procédés ordi-

naires et on peut les dorer, argenter, etc. La couche
métallique doit évidemment rester très mince. (M. A.
L. *Clément*, à Paris.)

On laisse bien sécher les insectes que l'on veut
dorer ou argenter, puis on les saupoudre avec de la
plombagine en poudre, que l'on applique au pinceau.
Les insectes ainsi préparés sont mis au bain galva-
noplastique. Ce procédé réussit très bien. (Communiqué par Mlle *Marguerite Belèze*, à Monfort-l'Amaury.)

Mastic pour le caoutchouc. — On sait que certains objets en caoutchouc doivent être mis hors
de service par suite des criques qui s'y produisent
avec le temps ou autrement. Voici le moyen de réparer ces avaries. On nettoie d'abord soigneusement
la fente, puis on la remplit avec un mastic composé
de 16 parties de sulfure de carbone, 2 parties de
gutta-percha, 4 parties de caoutchouc et 1 partie de
colle de poisson. Si la fente est ouverte, on y applique
le mastic par couches successives. On maintient ensuite les bords au moyen d'un fil médiocrement
serré et on laisse sécher. Après vingt-quatre à trente-
six heures on enlève le fil, puis, à l'aide d'un couteau mouillé, on coupe la saillie du mastic résultant du rapprochement des bords de la fente. Entre
autres applications avantageuses de ce procédé, il
convient de citer en première ligne la réparation des
bandages des roues des voitures de luxe et des
vélocipèdes.

Cuir artificiel. — On prépare une nouvelle matière plastique en réduisant en fibres très fines des débris de cuir; on les mélange avec de la colle préparée spécialement pour en former une pâte molle; on ajoute ensuite une certaine quantité de tannin, acide tannique ou autre matière astringente pouvant convertir la gélatine en cuir. Ce cuir artificiel peut être moulé sous des formes très variées, durcit à l'air et peut remplacer le cuir dans un grand nombre de ses applications. Pour rendre la composition imperméable à l'eau, on ajoute du bichromate de potasse ou de la gomme laque, ou un mélange de ces deux substances. L'huile de lin, la glycérine ou une autre huile végétale, peuvent être employées dans le même but. La pâte est ensuite placée dans des moules où on la comprime en lui donnant la forme voulue. D'après la *Papeterie*, la proportion des composants, cuir., colle, tannin ou acide tannique, huile, etc., varie suivant les objets que l'on veut préparer. La pâte obtenue peut être moulée en produits de toutes formes, de toutes dimensions, et rendue très dure. Pour un certain nombre d'usages, on peut ajouter aux ingrédients ci-dessus indiqués du sable, de la sciure, de la pâte à papier, de la limaille et d'autres matières réduites en poudre.

Tannage des peaux de serpent. — Les peaux de serpent, surtout celles du *boa constrictor*, que l'on apporte du fond des forêts de l'Asie et de l'Afrique, sont traitées de manière à ce qu'elles deviennent parfaitement souples et qu'elles conservent leur aspect et leur couleur naturelle. A New-York, dans les

montres des grandes maisons de mode, le cuir de
serpent se trouve exposé dans son application aux
articles pour dames; on en fait des ceintures, des
boîtes à cartes et à cigarettes, des porte-monnaie et
des sacs. Les peaux des leffa et des cobra capello,
serpents vivant principalement dans le nord de l'A-
frique (Maroc) sont utilisées de même.

Le tannage au tannin n'est généralement pas em
ployé et les procédés restent secrets. Voici un procédé
dont il nous a été fait une communication particulière et que nous avons décrit dans notre récent
ouvrage sur les cuirs :

Les peaux sont trempées longtemps dans de l'eau
renfermant du sulfate de zinc en dissolution pour
empêcher la corruption. On les y laisse dix à douze
jours pour bien les amollir. On les écharne, on les
racle, on les lave entre les mains, on les purge bien
des impuretés.

On les met dans un premier bain composé de :

Eau, 1000; borax, 10; acide borique, 100; alumine précipitée, jusqu'à saturation complète; acide
tartrique, 25.

On les laisse un jour et on les plonge dans :

Eau, 1000; phosphite de zinc, 25; benzoate d'aluminium, 25; glycérine, 50; alcool, 20.

Fabrication de la dextrine. — D'après Klepots-
chewsky, le meilleur moyen de préparation de la
dextrine est le suivant. On mélange avec soin :

Amidon de pommes de terre.....	200 gr.
Eau.............................	100 —
Acide chlorhydrique $d = 1,14$.....	2,5 —

On laisse sécher à l'air, à douce température, pendant deux jours environ, puis on chauffe, d'abord au bain-marie, pendant une demi-heure environ à 110°.

La dextrine ainsi préparée laisse un faible résidu lorsqu'on la reprend par l'eau et réduit un peu la liqueur de Fehling. Mais ces mêmes caractères se retrouvent dans les dextrines préparées par tous autres moyens. (D'après le *Chemiker Zeitung*.)

Badigeon pour carreaux de fenêtres. — Faites dissoudre 5 kilogrammes de magnésie blanche dans un demi-litre de bière blanche et badigeonnez la fenêtre à l'intérieur avec cette bouillie. Ce procédé pour rendre les vitres opaques coûte moins cher que la peinture à l'huile. L'effet est plus propre, et la matière employée est plus facile à enlever si on le veut.

Le sucre et le tartre des chaudières à vapeur. — Parmi les matières destinées à empêcher la formation d'un dépôt calcaire au fond des chaudières à vapeur, il en est une, le sucre, dont le colonel Polto du génie militaire italien, aurait obtenu de bons résultats. Les premiers essais ont eu lieu sur une chaudière tubulaire de 20 chevaux composée de 126 tubes, laquelle était régulièrement purgée et grattée tous les quarante-cinq jours. Dans cet espace de temps, la quantité de tartre adhérente s'élevait à 12 kilogrammes, malgré les tartrifuges employés. Voici comment on procède : 2 kilogrammes de cassonade sont mélangés à l'eau de la chaudière au

remplissage et on ajoute, chaque semaine, 1 à 2 kilogrammes de sucre également en cassonade. A la
fin de la seconde période de quarante-cinq jours, la
chaudière peut être parfaitement nettoyée par une
simple purge ; les 42 tubes laissés sales étaient plus
propres qu'ils ne l'avaient jamais été. Les 84 autres
tubes étaient absolument nets de tout dépôt et on
reconnut que 8 kilogrammes de tartre étaient ré-
duits en morceaux au fond de la chaudière. L'expérience fut tentée une troisième fois ; après quarante-
cinq jours de fonctionnement, on trouva seulement
12 grammes de tartre au fond, si bien que la chaudière put être maintenue en service pendant quatre
mois et demi (trois fois 45 jours), et qu'au bout de
ce temps on put la nettoyer par une simple purge.
La proportion de sucre employée n'a pas été très
considérable ; une faible proportion, d'après l'inventeur, est suffisante pour prévenir toute adhérence de
tartre.

Dissolvant de la rouille. — Il est très souvent
difficile, et parfois impossible, d'enlever la rouille
qui recouvre certains objets de fer. Le nettoyage des
pièces les plus chargées s'obtient avec la plus grande
facilité par leur immersion dans une solution à peu
près saturée de chlorure d'étain ; la durée de leur
séjour dans le bain est en raison de l'épaisseur de la
couche d'oxyde ; en général, il suffit de douze à vingt-
quatre heures. La solution ne doit pas contenir un
grand excès d'acide, sinon le fer lui-même est atta-
qué. Au sortir du bain, les objets sont rincés à l'eau
d'abord, puis à l'ammoniaque, et rapidement séchés.

Les pièces ainsi traitées ont l'apparence de l'argent mat; un simple polissage leur rend l'aspect normal.

Oxydation des huiles par les métaux. — L'action des métaux sur les huiles, et en particulie sur des huiles siccatives, a été de la part de M. Chevreul l'objet d'importantes études (*Mémoires de l'Académie*, t. XXII). De ces études il résulte que, dans certaines circonstances, les métaux exercent une influence notable sur l'oxydation des huiles. M. Achille Livache, auteur de la note, ayant particulièrement étudié l'action du plomb, du cuivre et de l'étain, a reconnu que le plomb agit le plus énergiquement. Il employait du plomb amené à l'état de division extrême par précipitation d'une solution saline au moyen d'une lame de zinc; le précipité était lavé à l'eau, à l'alcool, à l'éther et séché dans le vide. Si donc l'on humecte d'huile une certaine quantité de plomb ainsi préparé, et qu'on l'expose à l'air, on onstate dans un temps relativement court une notable augmentation de poids. L'action a lieu d'autant plus vite et plus énergiquement que les huiles sont plus siccatives. M. Chevreul, en opérant sur une lame des divers métaux, a reconnu que l'huile de lin devenait rapidement siccative lorsqu'on l'étendait à la surface de ces lames, particulièrement du plomb. Ces expériences faites avec diverses huiles montrent que les augmentations de poids sont sensiblement proportionnelles, sauf pour l'huile de coton, à celles qu'on observe dans les acides par des mêmes huiles exposées à l'air pendant plusieurs mois. L'action est plus lente et plus faible à cause de la difficulté qu'a

l'air de pénétrer dans la masse des acides gras. Seuls
les acides gras de l'huile de coton, qui est une huile
siccative, ne fournissent qu'une très faible augmentation de poids. C'est là, sans doute, la raison pour
laquelle on peut, dans l'industrie, lui faire jouer le
double rôle d'huile siccative et d'huile non siccative
en la mélangeant soit à de l'huile de lin, soit à de
l huile d'olive. La propriété qu'ont les huiles de s'oxy-
der rapidement lorsqu'elles ont été mises en contact
avec les métaux est due non pas à l'action de l'air,
comme on pourrait le croire, mais à l'action directe
du métal. Une simple expérience permet de vérifier
le fait. Qu'on mette en présence de l'huile de lin crue
et du plomb précipité, le tout à l'abri de l'air, et
qu'on agite de temps en temps, on verra l'huile prendre une teinte légèrement rougeâtre; étendue sur
une lame de verre au contact de l'air, cette huile
change aussitôt d'aspect physique : elle se dessèche
rapidement et se décolore en accusant une augmentation de poids aussi notable que l'huile cuite. Le
contact du plomb précipité a donc suffi à communiquer à l'huile la propriété d'absorber rapidement
l'oxygène. M. Cloez a montré que l'oxydation de
l'huile est toujours accompagnée de la disparition
totale de la glycérine ; et, au cours des phénomènes
plus haut cités, c'est peut-être sur la glycérine que le
plomb agit en la modifiant. En effet, dans un flacon,
mettez, à l'abri de l'air, du plomb précipité et de la
glycérine : le plomb s'oxyde aux dépens du produit,
se dissout et disparaît.

D'autre part, si l'on prend, d'un côté, de l'huile
de lin crue, de l'huile sur laquelle a agi, à l'abri de
l'air, du plomb précipité, et qu'on humecte du plomb

avec ces deux huiles, au contact de l'air cette fois, on constate une augmentation de poids identique, et proportionnelle à l'augmentation de poids des acides gras pris isolément. Les faits précédents expliquent, en outre, comment, par une simple digestion à froid, mais prolongée, de l'huile de lin avec de la litharge ou du minium, on a obtenu des huiles séchant rapidement à l'air. Néanmoins le produit ainsi obtenu conserve toujours *du gras;* il sèche moins bien et moins rapidement que l'huile cuite. En effet, la cuisson prolongée et faite à une température suffisamment élevée produit toujours une décomposition partielle de la glycérine. Enfin l'étude des autres métaux précipités : cuivre, étain, etc., ne donne que des résultats peu intéressants. Ils n'augmentent que faiblement la siccativité. C'est ce qu'avait déjà indiqué M. Chevreul.

En résumé, il semble que de l'action du plomb précipité sur les huiles siccatives l'industrie puisse tirer certains avantages. En premier lieu, elle trouvera dans les résultats de ces expériences un moyen rapide de distinguer les huiles siccatives (lin, noix, faine, œillette, coton) des huiles non siccatives. L'addition (fréquente) de l'huile de coton soit à l'huile de lin, soit à l'huile d'olive, pourra être ainsi décelée. En second lieu, continue M. Livache, on pourra remplacer avantageusement la cuisson par un simple battage ou par une circulation à l'air et à froid de l'huile sur des feuilles de fer ou de zinc à la surface desquelles on aurait précipité du plomb métallique. Les huiles ainsi obtenues se montreront moins colorées et conserveront une grande fluidité, et du même coup on évitera les odeurs infectes et les dangers d'incendie

10.

que présente la fabrication. (M. *Léon Carion*, à Saint-Dizier.)

Tache d'huile sur le marbre. — Pour enlever une tache d'huile ancienne sur le marbre, il faut verser sur celle-ci de la benzine ou de l'éther de pétrole, qui pénètre à la longue et dissout la graisse. Puis on place par-dessus de la terre à foulon qui absorbe le liquide ayant dissous l'huile. En répétant l'opération à plusieurs reprises, on obtient de bons résultats. (M. *E. Zindel*, chimiste.)

On peut aussi se contenter de frotter fortement le marbre avec de l'essence de térébenthine.

Pour donner au bois de noyer la patine du vieux bois, il faut l'imbiber, soit avec un pinceau ou une éponge, d'une dissolution d'acide pyrogallique tenant 5 à 10 p. 100 de cet acide dissous dans l'eau ou l'alcool. Puis, après dessiccation, on imbibe à nouveau le bois avec de l'ammoniaque étendue de son volume d'eau. Le noyer se fonce immédiatement et prend l'aspect du vieux bois. On peut renouveler ces opérations, si l'on veut une nuance encore plus sombre. (M. *Grognot*, ingénieur, à Chantenay-sur-Loire.)

Manière de faire disparaître les taches de boue sur les étoffes, quand le simple lavage ne suffit pas. — On délaye un jaune d'œuf dans un peu d'eau tiède, et on savonne avec ce mélange la partie tachée. Un autre procédé que l'on peut souvent employer est celui-ci : on applique un peu de crème de tartre en poudre sur l'étoffe imbibée d'eau et un simple lavage sert ensuite à faire disparaître les dernières traces du sel.

Manières de tanner les peaux des petits mammifères, écureuils, lièvres, etc. — Après avoir écorché l'animal et l'avoir bien dégraissé, on frotte l'intérieur de la peau avec de l'alun pulvérisé, puis on en met une couche assez épaisse sur un papier et on roule la peau dedans. Il faut environ 500 grammes d'alun pour un écureuil; 1 kilogramme pour un lièvre et 2 à 3 kilogrammes pour un renard; mais en général il vaut mieux en mettre davantage, car il n'est pas perdu. Il faut laisser les peaux dans l'alun jusqu'à ce que le poil tienne bien en le tirant.

Voici une seconde méthode qui est très bonne, mais qui demande plus de soins; il faut néanmoins l'employer pendant les fortes chaleurs. Elle consiste à prendre :

5 litres d'eau commune; 500 grammes d'alun, 250 grammes de sel marin.

On fait bouillir le tout jusqu'à ce que l'alun soit parfaitement fondu, et une fois la liqueur refroidie, on y plonge les peaux. Il faut avoir soin de les retourner et de remuer la liqueur deux ou trois fois par jour et que les peaux y baignent complètement; celles des animaux de la grosseur d'un lièvre doivent y rester environ vingt-quatre heures.

En les sortant il faut avoir bien soin de les presser

pour en faire sortir le plus d'eau possible et les exposer à un courant d'air jusqu'à parfaite dessiccation en les garantissant autant que possible du soleil. (M. *de Saint-Mouris*, à Montbarrey.)

Pour nettoyer les vieilles médailles, les laisser tremper dans du jus de citron jusqu'à ce que l'oxydation ait complètement disparu. Vingt-quatre heures suffisent généralement; un séjour plus prolongé n'offre aucun inconvénient. J'ai plusieurs fois expérimenté ce procédé. (M. *R.*, à Pont de B.)

Le cuir parcheminé. — Un ingénieux industriel, M. Garde-Roux, à L'Isle (Vaucluse), vient de faire des recherches dans le but d'obtenir de bonnes courroies de transmissions, et les résultats auxquels il est parvenu sont de nature à intéresser un grand nombre de nos lecteurs.

Depuis un demi-siècle que l'industrie mécanique a pris un essor considérable, on a cherché à perfectionner l'antique courroie en cuir tanné qui possède de sérieuses qualités de solidité et de durée; malheureusement malgré le choix des matières premières, les soins apportés à sa confection, malgré l'épreuve du tendeur auquel elle est soumise avant d'être livrée, elle est toujours sujette à s'allonger et les usiniers connaissent les ennuis qu'elle leur donne quand il faut arrêter les mécanismes pour raccourcir les courroies. Aussi a-t-on vu surgir depuis quelques années des courroies en chanvre, en coton, en laine, en crin, etc. ; il est peu de matières textiles auxquelles on

ne se soit adressé pour en faire des courroies, mais
tous ces genres ont un inconvénient commun : solides
quand elles sont neuves, elles sont vite hors d'usage
parce que, étant le produit d'un tissage, leurs fibres
ne possèdent jamais la cohésion de celles de la peau
et l'effilochement commence bientôt ; la courroie
peut alors être considérée comme perdue, sans réparation possible. M. Garde-Roux a cherché à utiliser
cet admirable tissage des fibres de la peau produit
par la nature, il en est arrivé à employer le cuir, non
pas tanné, mais *parcheminé*. Voici en quoi consiste
cette préparation. Les opérations préliminaires :
ébourrage, écharnage, etc., sont les mêmes que pour
le cuir tanné ; ensuite, au lieu de le mettre dans les
cuves de tannage, on l'étend sur des cadres pour le
faire sécher. On lui donne après une certaine souplesse en le faisant tremper quelques heures dans un
bain formé de diverses matières huileuses et savon-
neuses. C'est très simple, comme on voit, et quand
on songe qu'une forte peau de bœuf qui coûte
50 francs demande encore environ 50 francs pour la
tanne pendant dix-huit mois à deux ans, tandis que
le parcheminage de la même peau coûtera 5 francs
et durera quinze jours, on voit l'énorme avantage
qu'il y a dans le système qui permet de livrer à bien
meilleur marché des courroies beaucoup plus résistantes et ne s'allongeant pas. Le tannin en se fixant
dans la peau n'a pas augmenté le nombre des fibres
qui sont la matière utile, mais il les a gonflées, dis
tendues, et en augmentant l'épaisseur, il a diminué
la résistance à la rupture comme il a été constaté
dans les expériences comparatives qui ont été faites
à Saint-Étienne. Il en résulte que le cuir parcheminé

est plus de trois fois plus résistant que le cuir tanné. Son allongement *sous la charge de rupture* n'en est que les $\frac{2}{3}$ bien que la charge soit trois fois plus forte;

charge égale il ne serait que $\frac{2}{3 \times 3} = \frac{2}{9}$. Aussi les courroies en cuir parcheminé sont-elles presque inextensibles; le plus souvent on n'a jamais à les raccourcir, quelquefois seulement on les raccourcit une fois dans les premiers jours.

Une autre qualité du cuir parcheminé, c'est que ses fibres n'étant pas distendues par le tannage sont beaucoup plus condensées et présentent une plus grande résistance à l'usure. Sous ce rapport le cuir tanné est intermédiaire entre le cuir parcheminé et les courroies en coton, chanvre, etc. Aussi ces courroies ont-elles pris une rapide extension dans le Midi; et elles sont, je crois, destinées à supprimer dans un temps donné les courroies en cuir tanné qui sont bien plus chères et moins résistantes.

———

Procédé simple pour trouer latéralement un tube de verre. — Généralement, pour obtenir une petite ouverture latérale dans un tube de verre, on expose à la pointe de la flamme d'un chalumeau la partie à percer; puis, bouchant l'une des extrémités du tube, on souffle par l'autre extrémité et on obtient ainsi un trou plus ou moins régulier et pas toujours exempt de boursouflures. Voici une façon d'opérer qui me paraît plus simple, évite l'emploi d'un chalumeau, et permet, en outre, de trouer des tubes très courts. On bouche hermétiquement le tube aux deux

extrémités (avec les pouces, par exemple, si le tube
est assez long) et on présente à la partie latérale de
la flamme d'un Bunsen ou d'une forte lampe à alcool,
l'endroit à percer; dès que le verre est assez ramolli,
l'air dilaté se fraye une ouverture ronde, bien nette,
sans bavures et la partie voisine est très peu et du
reste régulièrement déprimée. Une légère explosion
annonce la fin de l'opération. (M. *Vandevyver-Grau*,
à Gand.)

Préparation des mèches pour lampes à huile.
— Plonger la mèche de coton dans une solution saturée de sel de cuisine et d'eau que l'on filtre pour
s'assurer que tout le sel a été dissous, et ensuite la
faire bien sécher. Cette mèche donne une flamme
brillante sans fumée. Ensuite on fait un mélange à
parties égales d'huile et de solution saline, et on
l'agite pendant quelque temps, puis on laisse en
repos jusqu'à ce que toute l'huile soit revenue à la
surface du liquide, et on décante pour la recueillir;
cette huile, ainsi traitée, dure plus longtemps que
l'huile ordinaire. La lumière obtenue est plus jaune
que la lumière ordinaire; elle possède les raies du
spectre du sodium.

Vert céladon sur soie et coton. — *On fait dissoudre, dans du fort vinaigre, 500 grammes de vert-
de-gris qu'on conserve bien bouché dans une étuve
chauffée à 30° : on ajoute à ce mélange une égale
quantité en poids d'une dissolution de cendres gra-
velées, en conservant toujours le mélange à la même

température ; on passe les soies ou cotons à l'alun, puis on se sert pour teindre de cette composition encore chaude.

———

Moyen de reconnaître si le vinaigre est falsifié avec de l'acide sulfurique. — Un procédé absolument simple, qui ne demande ni appareil ni réactif, est le suivant : versez quelques cuillerées de vinaigre dans une assiette en porcelaine, trempez-y des bandelettes de papier à filtrer blanc, laissez le vinaigre se vaporiser lentement en posant l'assiette sur le marbre d'un poêle chauffé. S'il y a de l'acide sulfurique libre, le papier sera noirci, d'après la réaction bien connue de l'acide sulfurique concentré sur les hydrates de carbone. (M. A. *Thumann*, pharmacien, à Guebwiller.)

———

Jaune orange. — On prend une lessive de potasse ou de soude caustique, on la fait bouillir, et on y verse 200 grammes de réalgar (sulfure d'arsenic) ; on laisse à l'ébullition pendant une demi-heure environ, puis on ajoute, en remuant toujours, 125 grammes d'acétate de plomb ; on gomme ensuite à la gomme arabique. On passe alors les pièces dans cette teinture. On fait enfin une forte dissolution d'acétate de plomb, par exemple, de 64 grammes par bouteille d'eau tiède ; on promène les pièces dedans pour dissoudre la gomme, on rince et on sèche.

———

Moyens de reconnaître la nature des fibres, soie, laine et coton. — Il est intéressant de pouvoir

reconnaître facilement la nature des fibres. Voici
quelques moyens très simples : les fils de coton brûlent sans odeur ; les fils de laine ou de soie se recro-
quevillent à la flamme et dégagent une odeur caractéristique de matière animale azotée en calcination.
Le coton ne se dissout pas dans les lessives alcalines
concentrées ; les fibres animales s'y dissolvent, au
contraire, complètement. Cette réaction a été utilisée récemment pour le dosage des fibres animales et
végétales mélangées. Les acides minéraux forts agis-
sent peu sur les fibres d'origine animale ; ils charbon-
nent assez rapidement le coton. L'acide nitrique
colore en jaune les fibres animales et ne modifie pas
la couleur blanche du coton. Le réactif de Millon (nitrate mercuro-mercurique) colore les fibres animales
seules en rouge. D'après Liebermann, on distingue
les fils de coton des fils de laine ou de soie en alcali-
nisant une solution de fuchsine par addition goutte à
goutte d'une lessive de potasse ou de soude caustique. Au moment où la liqueur se décolore, on
y plonge les fils à essayer. Après une demi-heure.en-
viron, on les retire et on les lave soigneusement
à l'eau. Dans ces conditions, la laine et la soie prennent une coloration rouge ; le coton reste incolore.
Wolish a basé un procédé de différenciation sur ce
fait que la cellulose, sous l'influence des acides forts,
se saccharifie partiellement, et que le glucose ainsi
formé fournit, avec de l'acide sulfurique concentré et
le naphtol ou le thymol, des colorations caractéristi-
ques. Cette réaction n'est pas influencée par les
matières colorantes fixées sur la fibre, en sorte
qu'elle peut être appliquée directement à l'étoffe
ou au fil teint. Elle offre, de plus, l'avantage de

faire reconnaître en même temps la présence de
la laine ; celle-ci résiste à l'acide sulfurique concentré qui dissout au contraire la soie et le coton. On
peut encore reconnaître la soie et le coton au moyen
de différents réactifs. Les solutions ammoniacales
d'oxyde cuivreux (réactif de Schweizer) dissolvent
également bien la soie et le coton ; mais, tandis que
l'addition de certains sels, de sucre ou de gomme, à
la dissolution cupro-ammonique, en précipite le
coton, la soie ne se sépare que lorsqu'on acidule
la liqueur. Une dissolution ammoniacale d'oxydule
de nickel ne dissout que la soie. La laine et les
soies se différencient par l'acide chlorhydrique chaud
qui dissout très promptement la soie, alors que le
coton se désagrège simplement sans se dissoudre.
(*Zeitschrift für die chemische Industrie.*)

Blanchiment des éponges. — Le chlore et ses
composés, si utiles pour le blanchiment des matières
végétales, ne peuvent être employés pour les éponges, car non seulement ils leur donnent une coloration jaune, mais encore ils leur font perdre leur
finesse. Le procédé suivant, employé dans ces derniers temps en Allemagne avec beaucoup de succès,
consiste à traiter les éponges par une solution
aqueuse de brome. Le brome étant peu soluble dans
l'eau, il suffira d'ajouter quelques gouttes de brome
à un litre d'eau distillée, d'agiter fortement pour obtenir une solution concentrée de brome. Les éponges
sont plongées dans cette solution, et après quelques
heures, leur coloration brune disparaît et est remplacée par une coloration beaucoup plus claire. Si

l'on traite les éponges une seconde fois de la même manière, elles acquièrent la coloration voulue. Pour obtenir un blanchiment parfait, il suffit de les passer alors dans de l'acide dilué, puis de les laver à grande eau. Par le traitement à l'eau de brome, on obtient des résultats aussi beaux qu'avec l'acide sulfureux, tout en gagnant beaucoup de temps et en évitant une manipulation considérable.

Autre procédé. — A l'époque où j'étais interne à l'hôpital Necker, au service du regretté professeur Trélat, je blanchissais les éponges qu'on employait dans le service par le procédé aseptique suivant : 1° commencer par dégraisser les éponges en les plongeant dans une solution d'ammoniaque à 5 pour 100 environ; puis rincer à grande eau; 2° les plonger dans une solution de permanganate de potasse à 2 pour 100 jusqu'à ce qu'elles soient complètement brunes; rincer à grande eau; 3° les plonger dans une solution d'hyposulfite de soude à 10 pour 100 environ qu'on aiguisera d'acide chlorhydrique ordinaire en quantité suffisante pour rendre l'eau bien laiteuse ; 4° lorsque les éponges sont devenues parfaitement blanches, rincer à grande eau pour bien les débarrasser du soufre qu'elles peuvent retenir et qui les détruirait à la longue en se changeant en acide sulfurique au contact de l'air humide. Ce procédé est infaillible, donne des éponges absolument blanches, et détruit toute espèce de germe. Les éponges qui devaient servir aux ovariotomies étaient traitées de la sorte. (M. *H. Reeb*, pharmacien, à Neuilly-sur-Seine.)

Autre procédé. — Permettez-moi de faire quelques

observations sur ce sujet si intéressant pour la chirurgie. Je suis également un ancien interne des hôpitaux (service du savant chirurgien Péan, hôpital Saint-Louis) où, dès le début, j'employais le même procédé ; mais j'ai dû y renoncer à cause de la grande quantité de soufre provenant de la réaction de l'acide chlorhydrique sur l'hyposulfite. Il faut un lavage très prolongé pour débarasser complètement les éponges de ce soufre qui les pénètre et qui, à la longue, se changeant en acide sulfurique au contact de l'air humide, finirait par les ronger. Ce lavage, qui doit être méthodique, est très ennuyeux et exige un opérateur consciencieux. Pour obvier à cet inconvénient, je remplace depuis longtemps l'hyposulfite par le bisulfite de soude qui n'offre pas ce dépôt abondant de soufre et qui exige un lavage moins long et plus facile. J'avais eu soin tout d'abord de bien battre mes éponges avec un maillet pour écraser les petits cailloux qu'elles renferment toujours et dont la présence serait souvent funeste pendant les opérations chirurgicales. Pour conserver ces éponges aseptiques, je les plonge dans de l'eau phéniqué très faible, au 1/100, par exemple, car une eau trop fortement phéniquée les fait noircir, de même que le bichlorure de mercure. (Communiqué par M. *Edouard Balzer*, pharmacien, à Blois.)

La trempe des petits outils. — S'il est une question qui intéresse particulièrement l'amateur, c'est certainement la trempe des petits outils, tarauds ou autres. Un industriel américain vient d'indiquer un nouveau procédé très facile à suivre et qui donne,

paraît-il, d'excellents résultats. On prend un morceau
de tuyau ou autre cylindre en fer, ayant environ 38
à 45 centimètres de longueur, et d'un diamètre assez
grand pour qu'on puisse y insérer les pinces qui
servent à tenir l'outil. On bouche l'une des extrémités de ce tuyau avec une substance non combustible,
puis on le met au feu, avec l'extrémité ouverte en
dehors et un peu plus haut que l'extrémité bouchée.
On prend l'outil par une extrémité, et quand il s'agit
d'un taraud, par l'extrémité carrée qui correspond
à la clef (jamais par l'extrémité filetée), et au fur et
à mesure que le tuyau est chauffé au rouge, on enfonce le taraud, puis on retourne les pincettes, et on
fait tourner le taraud doucement dans le tuyau.
Aussitôt qu'il a l'air d'être devenu rouge, on le retire
et on le met dans une boîte ou n'importe quel autre
endroit sombre pour voir s'il est chauffé uniformé-
ment sur toute sa surface. C'est là le point le plus
important. On répète l'opération jusqu'au moment
où on arrive à une trempe haute, par exemple,
rouge sombre. Après cela, on plonge le taraud, avec
la pointe en bas, dans un seau d'eau douce et propre.
Puis on nettoie les rainures du taraud, on remet
celui-ci dans le tuyau chaud, et on adoucit la trempe
jusqu'au degré voulu. Cette opération doit avoir lieu
d'une façon douce et uniforme.

Trempe de l'acier. — Le *Dingler's Journal*
indique les alliages suivants de plomb et d'étain,
dont on connaît le point de fusion précis, comme
particulièrement propres à communiquer aux objets en acier qu'on y plonge le degré voulu de

dureté, sans offrir le danger de dépasser la température correspondante. Pour la dureté d'acier convenable pour instruments de chirurgie : 1,75 partie de plomb et 1 d'étain ; pour la dureté spéciale requise pour couteaux, burins : 2 parties de plomb et 1 d'étain ; pour la dureté prononcée, convenable pour ciseaux, scalpels, etc. : 3,5 parties de plomb et 1 d'étain ; pour la dureté ordinaire pour rabots, haches, etc. : 4,60 parties de plomb et 1 d'étain ; pour la dureté inférieure, pour couteaux de table, gouges : 8,50 parties de plomb et 1 d'étain ; pour la dureté médiocre, pour petits ressorts, pour scies fines, sabres, etc. : 12 parties de plomb et 1 d'étain ; pour peu de dureté : 35 parties de plomb et 1 d'étain ; pour objets mi-doux, tels que scies grossières et gros ressorts : 1 partie de plomb et 1 d'étain.

Fluorographie. — La fluorographie est un procédé de transport des images lithographiques et photolypiques sur verre au moyen d'encres fluorées qui, au contact de l'acide sulfurique, dégagent de l'acide fluorhydrique qui grave le verre. On encre une photolypie avec une encre composée de: savon, 50 grammes; glycérine, 200; suif, 50 ; eau, 100 ; borax, 25 ; spath fluor, 50 ; noir de fumée, 15. On en tire des épreuves que l'on reporte sur verre. La glace est bordée avec de la cire et on la recouvre d'acide sulfurique concentré à 64 ou 65° Baumé. Après quinze à vingt minutes, on enlève l'acide, on lave la glace sous un jet d'eau, on la nettoie avec une solution de potasse, puis on la lave à l'eau et finalement on la sèche avec un linge.

Procédés pour colorer le cuivre et les objets nickelés. — On obtient facilement sur le cuivre, bien décapé, dit le *Monde de la science et de l'industrie*, onze colorations diverses et huit sur le nickelage de tous les métaux par le bain au trempé suivant : acétate de plomb, 20 grammes ; hyposulfite de soude, 60. On fait dissoudre ces deux produits dans un litre d'eau ; on chauffe jusqu'à l'ébullition et on y trempe ensuite les pièces de cuivre décapées ou en tous métaux nickelés. On obtient d'abord une couleur grise qui passe, en continuant l'immersion, au violet et successivement aux teintes marron, rouge, etc., pour arriver au bleu, qui est le dernier ton. Il faut une certaine habitude pour obtenir, à point nommé, une teinte intermédiaire déterminée ; une fois obtenue, on passe dessus une couche de vernis mixtion blanc qui a pour but de conserver la coloration. Les produits entrant dans la composition de ce bain ne coûtant que 5 centimes par litre, le prix de revient est tout entier dans la main-d'œuvre et les soins exigés. Ce procédé est surtout appliqué pour la fabrication des boutons.

La recherche du chromate de plomb dans le papier. — Un des colorants jaunes les plus employés pour la coloration des papiers est le chromate de plomb, qui est un sel toxique. Comme certains papiers ainsi colorés sont employés à envelopper des substances alimentaires, il est bon de pouvoir reconnaître la nature des colorants employés. Le *Bulletin de la Société de chimie industrielle de Paris* donne le procédé suivant, qui est simple et rapide. On dé-

coupe un carré d'environ 5 centimètres de côté dans
le papier à essayer, et on le place sans le plier au
foud d'une capsule plate en porcelaine. On y verse
ensuite de l'alcool à 90°; lorsque le papier a été bien
imprégné au moyen d'un agitateur en verre, on rejette l'alcool qui n'a pas été absorbé et on ajoute
quelques gouttes d'acide nitrique que l'on promène
à la surface du papier. Au bout de quelques instants,
il se dégage une odeur d'aldéhyde, et le papier prend
une coloration verte due au sesquioxyde de chrome
formé par l'action de l'alcool sur l'acide chromique.
On étend de 10 à 15 centimètres cubes d'eau le nitrate de plomb formé pendant cette réaction, et l'on
décante le liquide dans un tube à essai. Le plus souvent il suffit d'ajouter quelques gouttes d'une solution d'iodure de potassium pour obtenir immédiatement un précipité jaune d'iodure de plomb soluble
dans l'eau bouillante et cristallisant en paillettes
jaune nacré par le refroidissement. Si l'on a versé un
trop grand excès d'acide nitrique, il faut évaporer à
sec au bain-marie et reprendre par l'eau avant d'a-
jouter la solution d'iodure de potassium. Lorsqu'on
est en présence d'un papier vert coloré par un mé-
ange de chromate de plomb et de bleu de Prusse, ce
procédé est également avantageux. Après avoir
traité le papier comme il vient d'être dit plus haut,
par l'alcool et l'acide azotique, on constate le dégagement d'aldéhyde, et l'on reconnaît le plomb comme
précédemment. Après décantation, la couleur bleue
apparaît nettement. On caractérise ensuite le bleu de
Prusse par les réactifs ordinaires.

Durcissement des objets en papier. — On a employé, sans grand succès, l'imprégnation dans l'huile de lin contenant de la colophane, pour obtenir le durcissement des objets divers en papier ou pâte à papier ; dès que l'épaisseur était un peu forte, la pénétration était incomplète. Ce procédé vient d'être perfectionné et on emploie aujourd'hui une solution de poids égaux d'huile de lin et de colophane dans un égal volume de naphte (ou autre dissolvant). Les objets y sont laissés jusqu'à ce qu'il ne se dégage plus de bulles d'air, c'est-à-dire cinq minutes environ, la solution dans le naphte étant très fluide. Pour les objets de quelque épaisseur, on les baigne sous pression ou on les purge d'air par le vide, afin d'accélérer l'imprégnation. Les objets sont ensuite mis à sécher à l'air ou en vase clos pour récupérer le naphte. On produit alors l'oxydation de l'huile de lin en soumettant les objets à un courant d'air dans une étuve chauffée à environ 133°, jusqu'à ce qu'il ne se dégage plus de gaz ; cette opération dure environ trois heures. La matière est élastique, flexible, légère, d'un grain serré et imperméable, mais cependant poreuse. Pour rendre les objets vraiment imperméables, dans le sens ordinaire du mot, on les plonge dans l'huile de lin chaude, ou dans un mélange d'huile de lin ou de colophane, et on les repasse à l'étuve ; les pores sont alors complètement bouchés. Par ce moyen, on fabrique de la vaisselle, des cuvettes, etc., qui font un aussi bon service que les similaires en faïence et en porcelaine, et ont sur elles l'avantage de la solidité.

PHOTOGRAPHIE

Bain sensibilisateur Whitehall. — Eau distillée, 1000 grammes ; acide acétique cristallisable, 5 grammes ; hyposulfite de soude, 1 gramme. Après exposition à la chambre noire, plonger les plaques dans ce bain et les y laisser quinze à vingt secondes, les laver à grande eau et développer au sulfate de fer et à l'oxalate de potasse comme d'habitude : ce bain peut servir un grand nombre de fois. Seulement, il est important de le filtrer après chaque opération. Le seul révélateur à employer doit être celui à l'oxalate de potasse et au fer, celui à l'hydroquinone ou à l'acide pyrogallique (soit avec du sucre ou du sulfite acide de soude) ne donnant rien du tout de plus, les plaques ayant été plongées dans le bain sensibilateur. (M. *Raumains*, à Vesoul.)

La photographie en voyage. — *Tous les amateurs qui font de la photographie en voyage savent quels embarras on éprouve dans une chambre d'hôtel, lorsque, après avoir développé et fixé un cliché, il faut lui faire subir les longs et nombreux lavages nécessaires pour expulser les dernières traces d'hyposulfite de soude. Aussi remet-on communément ces diverses opérations à l'époque du retour; et cependant on serait souvent désireux de développer immédiatement des clichés sur la réussite*

desquels on a des doutes et que l'on voudrait
être à même de pouvoir recommencer en cas d'in-
succès. Voici un procédé qui m'a toujours réussi et
qui permet de développer sans fixage ni lavages
prolongés. 1º Faire fondre, dans un verre d'eau ordinaire, une cuillerée à café de *bromure de potassium*,
une cuillerée à café d'*alun*, et, après dissolution de
ces deux substances, ajouter une cuillerée à café
d'*acide acétique*; 2º après avoir développé à l'hydroquinone, plonger le cliché dans la solution précitée,
pendant cinq minutes au moins, puis l'en retirer,
lui faire subir un lavage sommaire et le mettre à
sécher. A partir du moment où on le retire de ce
mélange, il est devenu insensible à l'action de la
lumière et peut être exposé impunément au jour et
même au soleil. Comme d'habitude, on peut activer
la dessiccation du cliché par une immersion de dix
à quinze minutes dans l'alcool dénaturé. On a ainsi,
en moins d'une demi-heure, un cliché complètement
développé, parfaitement sec et tout prêt à emporter.
Au retour, on le fixe suivant la méthode ordinaire;
il se dépouille seulement dans l'hyposulfite de soude
avec un peu plus de lenteur que s'il n'avait pas subi
de traitement préalable, mais il n'en arrive pas moins
à une transparence absolue. Le solution peut servir
pour un grand nombre de clichés, sans avoir besoin
d'être renouvelée. Elle se compose, comme on le
voit, de substances qu'il est aisé de se procurer partout où se trouve un pharmacien et qui, en tout cas,
ne sont ni embarrassantes à emporter en voyage,
étant données leurs faibles quantités, ni difficiles à
doser, puisqu'il suffit pour cela d'une petite cuiller.
Pour les amateurs qui désireraient un dosage plus

rigoureux, voici celui qu'on peut leur indiquer : eau,
150 grammes ; bromure de potassium, 5 grammes ;
acide acétique, 5 grammes ; alun, 5 grammes. (M. *Alfred Dutens.*)

Encre pour écrire sur les photographies. —
La formule suivante donne une bonne encre pour
marquer les épreuves : Iodure de potassium, 10 parties ; eau, 30 ; iode 1 ; gomme arabique, 1 ; on écrit
sur un coin noir de l'épreuve et l'écriture devient
bientôt blanche par la conversion de l'argent en
iodure. (*Photographie News.*)

Développement à l'iconogène. — On s'occupe
beaucoup de ce produit, qui donne de très bons
résultats comme révélateur en photographie, et qui
a fait son apparition sous le nom d'*Iconogène* ou
Eiconogène. C'est une matière dérivée de l'aniline
comme l'hydroquinone : elle a été découverte par le
Dr Andressen, de Berlin, qui n'en fait pas connaître
la formule ; elle se fabrique en Allemagne.

L'iconogène est une substance colorée en gris verdâtre, impressionnable à la lumière. Elle ne cristallise pas comme l'hydroquinone. M. l'Hôte, le savant
chimiste auquel nous avons soumis un échantillon
de ce produit, a reconnu que l'acide nitrique fumant
permet de distinguer les deux substances. L'acide
nitrique agit lentement sur l'hydroquinone en noircissant les cristaux et en donnant un composé oxydé,
jaune, peu soluble. L'acide nitrique agit au contraire
énergiquement sur l'iconogène en produisant une belle

matière colorante jaune virant au rouge avec l'eau.

On obtient de très bons résultats pour le développement à l'icogène, en se servant des formules suivantes, dont nous devons la communication à M. E. Guillemot :

>   A. Sulfite de soude........... 100 grammes.
>   Eau distillée............... 1500   —
>   Eikonogène................ 25   —
>   B. Carbonate de soude....... 74   —
>   Eau distillée.... 500   —
> Pour développer, prendre 3 parties A et 1 partie B.

Pour poses *très courtes*, ajouter quelques gouttes de l'accélérateur suivant :

>   Carbonate de potasse........ 10 grammes.
>   Eau distillée............... 100   —

Pour poses très longues, ajouter quelques gouttes du retardateur :

>   Bromure de potassium....... 100 grammes.
>   Eau distillée............... 100   —
> Fixage, etc., comme à l'ordinaire.

M. Léon Vidal a étudié le nouveau produit, et nous emprunterons au savant praticien quelques-uns des renseignements qu'il a publiés dans le *Moniteur de la photographie*. M. Vidal constate que la solution d'iconogène se conserve à l'air sans se colorer, « ce qui permet non seulement de conserver plus facilement une provision de révélateur tout prêt pour l'usage, mais encore et surtout d'y laisser les plaques à développer longtemps immergées, s'il est nécessaire, sans que l'on soit exposé à voir les négatifs se teindre, comme dans l'hydroquinone, par le fait de la coloration de ce produit au contact de l'air. Le bain d'iconogène, grâce à cette même propriété, peut servir plus sûrement au développement de plusieurs plaques successives. Comme conséquence de ce fait, on peut garantir à l'amateur qu'il pourra travailler impunément sans avoir sur les doigts et les ongles des taches désagréables. Mais examinons ce produit comme réducteur. A ce point de vue, il paraît être doué d'une énergie presque égale à celle de l'hydroquinone, nous n'osons dire égale et encore moins supérieure, attendu que jusqu'ici nos essais comparés ne nous ont pas prouvé que l'on pût se prononcer en faveur de l'iconogène. Nous avons remarqué pourtant que pour des poses très rapides il permet d'obtenir un développement prompt et une épreuve aussi complète que possible quant aux détails. »

M. E. Vogel a constaté que le développateur en question permet de réduire considérablement le temps de pose.

Nous avons expérimenté le nouveau produit qui nous a donné de bons résultats et nous croyons pouvoir conclure avec M. Léon Vidal que ce révélateur peut être signalé comme offrant les avantages suivants : 1° sa conservation incolore au contact de l'air; 2° la limpidité des négatifs et la facilité du tirage: 3° la rapidité du développement.

Transformation des clichés ordinaires en clichés pelliculaires, par le procédé de décollement Duchesne. — On coupe d'abord des feuilles de gélatine (gélatine des graveurs) de même dimen-

sion que les clichés. On les met ramollir dans un
bain composé d'alcool, 50 centimètres cubes; de glycérine, 50 centimètres cubes; et d'eau, 1000 centimètres cubes. On a soin de ne mettre qu'une feuille
par cuvette, car plusieurs se colleraient ensemble;
il faut environ un quart d'heure à vingt minutes
pour que la gélatine soit ramollie complètement. On
cire ensuite autant de glaces (ou de verres) qu'on a de
clichés. Pour cirer une glace, on la nettoie d'abord,
puis on verse dessus quelques gouttes du bain ainsi
composé : cire vierge râpée, 3 grammes; éther,
50 centimètres cubes, et après dissolution on ajoute :
alcool, 50 centimètres cubes. On étend cette composition avec une première flanelle et on polit avec une
seconde. Il ne faut pas craindre de mettre trop de
liquide, sans cela le cliché pourrait ne pas se décoller
plus tard. Si, par hasard, cet accident arrivait, mettre
la glace dans l'eau. Au bout d'un quart d'heure le
tout se décolle et on le transporte sur une autre
glace cirée convenablement. Ces opérations préliminaires terminées, on dispose trois cuvettes sur une
table. Dans la première on met le bain Duchesne :
eau 100 centimètres cubes, acide chlorhydrique,
5 centimètres cubes. Cette quantité suffit pour une
plaque 13 × 18. Dans la seconde on met du bain d'a-
lun qu'on emploie ordinairement pour aluner les
clichés. Dans la troisième, on met de l'eau et au fond
une des glaces cirées, la cire en haut. Le bain d'alun
que j'emploie ici a pour but de s'opposer à la dilatation de la gélatine, dilatation qui est toujours
inégale. Par cet artifice les clichés s'agrandissent
bien un peu (1 centimètre à peu près dans chaque
sens), mais régulièrement et les clichés d'architec-

ture même ne se déforment pas. On met donc le
cliché à décoller *bien sec* (s'il était humide la dilatation s'opérerait mal) et non verni dans la première
cuvette. Le développement n'influe en rien sur le
résultat final, mais il faut avoir eu soin d'aluner
assez longtemps (cinq à dix minutes) les clichés. Au
bout de deux minutes, on aide au décollement en
passant le doigt tout autour du cliché et ensuite en
roulant la pellicule. On l'enlève de suite du bain
acide qui l'affaiblit et on la trempe dans le bain d'a-
lun ; on l'y lave une ou deux secondes, pas plus, et
on la met dans la cuvette d'eau ; on l'étend sur la
glace cirée qui est au fond et qu'on relève doucement pour la sortir de l'eau. Dans l'eau la pellicule
s'enroule sur son ancien côté extérieur, qui doit être
encore placé ainsi. On arrange bien la pellicule avec
les doigts sur la glace, puis on prend une feuille de
gélatine ramollie à point, qu'on pose délicatement
sur la pellicule. La gélatine s'étant fortement dis-
tendue dépasse de toutes parts la pellicule. Avec un
rouleau de gélatine qu'on mouille dans la cuvette
d'eau, et qu'on passe d'une main sur la gélatine, en
maintenant de l'autre aux angles pour qu'il n'y ait
pas de déplacement, on chasse les bulles d'air et le
liquide, puis on borde avec du papier gommé. On
laisse sécher, ce qui demande un ou deux jours suivant la température, et quand c'est bien sec, on
coupe au canif la pellicule près des bandes de papier
et on a un magnifique cliché pelliculaire pouvant se
tirer des deux côtés, car la feuille de gélatine étant
très mince, par suite de son agrandissement, n'influe en rien par son épaisseur sur la netteté du cliché. Le principal pour réussir est d'aller vite : il faut

qu'en trois ou quatre minutes le cliché soit décollé
et recouvert de la feuille de gélatine; c'est la seule
manière d'empêcher la dilatation inégale de la pellicule. (M. le comte *de Landreville*, à Monsures.)

Autorisations nécessaires aux photographes.
— M. Pector s'est occupé tout récemment des for-
malités à remplir pour obtenir l'autorisation de
prendre des vues photographiques, soit sur la voie
publique à Paris, soit dans les parcs et squares mu-
nicipaux, soit dans les palais nationaux ou dans les
parcs et jardins dépendants de ces palais : il a
obtenu sur la marche à suivre des renseignements
qu'il a communiqués à la Société de photographie
et qui éviteront aux opérateurs nombre de fausses
démarches :

1° Pour opérer dans les bois, parcs et squares de
la ville de Paris, il faut adresser une demande sur
papier timbré, à M. le directeur des travaux de
Paris, à l'Hôtel de Ville.

On reçoit promptement la réponse.

2° Pour opérer sur la voie publique, il faut adresser
une demande sur papier timbré, à M. le préfet de
police.

La réponse est longue à venir.

3° Pour opérer dans les parcs et jardins dépendant
des palais nationaux, soit à Paris, soit dans les
départements, *aucune autorisation n'est nécessaire.*

Pour opérer dans l'intérieur de ces palais, il faut
adresser une demande, sur papier timbré, à M. le
Ministre de l'instruction publique et des beaux-arts,
à Paris.

MM. les conservateurs des palais nationaux peuvent donner autorisation sur place.

Planchette de bois de pin pour remplacer le verre rouge en photographie. — On peut remplacer le verre rubis de la lanterne rouge du laboratoire par une mince planchette de bois de pin. Le fait que le bois de pin jaune transmet une belle lumière rouge a été observé, il y a une couple d'années, par le professeur Le Conte Stevens.

Construction d'un obturateur photographique. — J'ai construit récemment, pour mon usage personnel, un obturateur pour vues photographiques instantanées qui m'a donné d'excellents résultats. Comme il repose sur un principe que je n'ai pas encore vu mettre en pratique, je me permets de vous en adresser une description succincte, espérant ainsi pouvoir être utile à quelques-uns de vos nombreux lecteurs. Prenons deux lames d'acier souple, d'égale longueur, très légèrement cintrées, réunissons-les par une de leurs extrémités que nous fixerons en ayant soin de mettre les parties convexes des deux lames en regard ainsi qu'il est représenté dans la figure 40 ci-contre ; puis appuyons sur la partie restée libre B de façon à la pousser horizontalement vers le point fixe B ; la distance BA se réduisant et la longueur des lames souples restant invariable, celles-ci se ploieront de manière à prendre la position indiquée dans la figure 40, n° 2. Enfin, en abandonnant les lames à elles-mêmes, elles reprendront la position pri-

mitive du n° 1. C'est-ce simple mouvement que j'uti-
lise pour découvrir et recouvrir instantanément mon
objectif. Il est à remarquer, en effet, que la longueur
dont il faut faire avancer le point A vers le point B

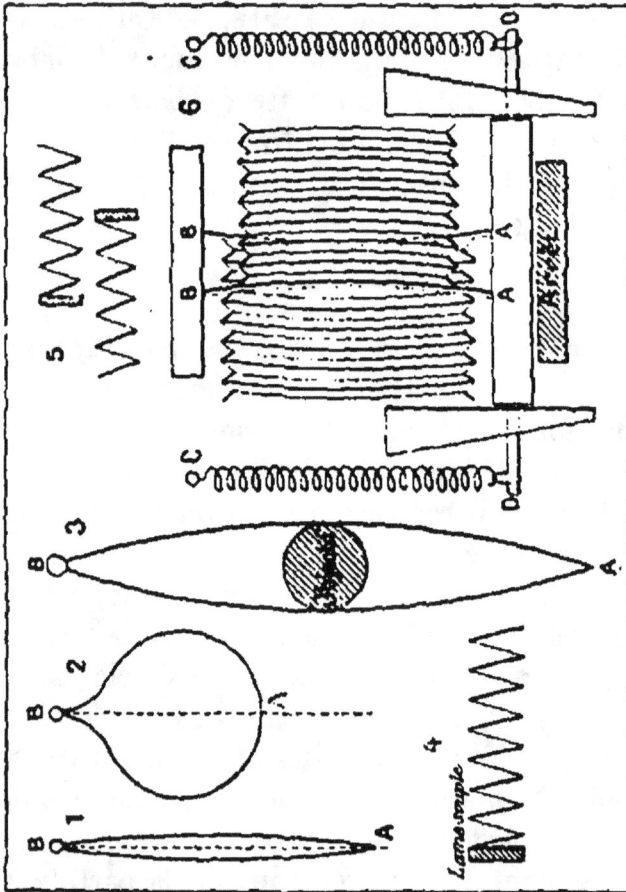

Fig. 40. — Confection d'un obturateur photographique.

pour que les lames qui constituent le diamètre de
l'objectif en forment la circonférence est donnée par
la formule $L = \frac{\pi - 2}{2} \times D = 0.57D$, dans laquelle L représente la longueur cherchée, π environ 3,14, D la

diamètre de l'objectif ou de son parasoleil. Le mouvement est donc à peine plus grand que la moitié du
diamètre de l'objectif, et encore ai-je pris le cas le
plus désavantageux, en supposant que les lames BA
aient exactement la longueur de la moitié de la circonférence de l'objectif. Il est évident que plus ces
lames seront longues, plus le mouvement à leur imprimer pour découvrir un objectif d'un diamètre
donné sera court, car alors il suffira de les faire légèrement ployer au lieu de leur faire prendre la forme
d'une demi-circonférence (fig. 40, n° 3). Ce principe
étant posé, j'ajouterai quelques explications de détail
qui permettront à tous les amateurs de construire eux-
mêmes leur obturateur. Je colle après les deux lames
souples une feuille de papier noir opaque entoilé et
je le plie en forme de soufflet, ainsi que le montre la
coupe ci-jointe (n° 4), puis je fixe les deux extrémités B de mes lames en les plaçant à une certaine
distance l'une de l'autre et dans des plans différents
de manière que la lame de droite, par exemple, soit
un peu au-dessus de la lame de gauche et que le
papier entoilé qu'elle supporte vienne recouvrir celle-
ci d'un centimètre au moins (n° 5). Je fixe ensuite les
deux extrémités A de la même façon dans un petit
bloc de bois qui sera mobile entre deux glissières et
se terminera par deux tiges métalliques traversant
ces glissières. Deux forts ressorts C,C (n° 6) se ter-
minant par un anneau viendront s'accrocher dans les
extrémités des tiges métalliques, et la partie extérieure des glissières étant taillée obliquement, il
arrivera un moment où les anneaux seront obligés
d'abandonner les tiges métalliques dans le mouvement qui se produira de A vers B sous la traction

des ressorts. Un taquet sera d'ailleurs placé à distance
convenable de manière à arrêter la partie mobile A
au moment où l'ouverture produite par les lames
souples sera suffisante pour démasquer complètement l'objectif; et il est à remarquer que les tiges
métalliques D pourront avoir une longueur un peu
plus grande que celle indiquée par la théorie. L'arrêt
brusque suffira à faire sortir à coup sûr les anneaux
de la tige métallique qu'ils entraînaient. Les lames
souples abandonnées à elles-mêmes reviendront instantanément recouvrir l'objectif. Le tout peut être
disposé dans une boîte et le déclenchement s'obtenir
à la main ou pneumatiquement. Cet obturateur que
j'appellerai *obturateur à rideaux* a l'avantage d'être
de dimensions très réduites, car il peut être construit
de façon à ne pas dépasser de beaucoup une fois et
demie le diamètre de l'objectif, dans sa plus grande
longueur. Il permet d'obtenir des vitesses considérables atteignant au moins 1/100 de seconde et
même plus suivant la force des ressorts employés et
le diamètre de l'objectif. Un frein à frottement peut
d'ailleurs y être adapté pour faire varier sa vitesse.
(M. *Ch. Kuss*, à Annecy.)

**Manière d'obtenir les épreuves photogra-
phiques de couleur bleue, imitant le clair de
lune.** — Le cliché ayant été obtenu par une belle
lumière du jour, on en tire une épreuve positive par
la méthode ordinaire; virage à l'hyposulfite et au
bain d'or, jusqu'à l'obtention de la teinte brune. Quand
l'épreuve est lavée et sèche, on peint le ciel à l'aide
d'une couleur bleu verdâtre, formée par du bleu de

Prusse additionné d'un peu de jaune délayé dans de l'alcool. On passe ensuite une deuxième couche un peu plus claire sur le ciel et sur toute la surface de l'épreuve. L'épreuve a l'aspect bleu verdâtre voulu. (M. *P.*, à Paris.)

Nouveau procédé héliographique. — La reproduction des dessins est devenue une science importante pour un grand nombre d'industries et l'on cherche à simplifier de plus en plus les procédés pour les mettre autant que possible à la disposition de tout le monde. Pour reproduire des dessins en traits foncés sur un fond clair, il était nécessaire, avec les procédés connus, de placer après l'exposition, le papier sensibilisé dans un bain révélateur. Le procédé de M. Shawcross n'exige pas cette opération, attendu que le papier sensibilisé est pourvu, avant l'exposition, de la substance révélatrice; il suffit donc de laver la feuille à l'eau après qu'elle a été suffisamment exposée. Le procédé est basé sur l'emploi des substances suivantes : *a*, chlorure de fer avec sulfate d'oxydule de fer; *b*, acide tartrique ou citrique : *c*, gélatine, gomme, sucre ou substances organiques analogues solubles dans l'eau ; *d*, chlorure de sodium, alun.

La substance révélatrice est l'acide gallique ou l'acide tannique en poudre; on peut également employer du sulfocyanure et en général des substances qui forment des précipités colorés avec les sels d'oxyde de fer, mais qui n'en forment pas avec les sels d'oxydule. On emploie généralement l'eau comme dissolvant, et l'on ne se sert d'alcool que lorsque l'on désire obtenir certains effets de couleurs à l'aide de substances insolubles dans l'eau.

Voici les proportions du mélange à faire pour obtenir des lignes en noir foncé : gélatine, 1500 grammes ; sulfate de fer, 600 ; chlorure de sodium, 940 ; acide tartrique, 188 ; chlorure de fer, 1500 ; eau, 11 litres.

On imprègne le papier de cette solution et on le laisse sécher dans l'obscurité ; puis on saupoudre et on le frotte avec de l'acide tannique ou gallique en poudre très fine, de façon à bien en couvrir toute la surface : le papier est alors prêt à être vendu et employé. On l'expose comme à l'ordinaire et, après un certain temps, on place la copie à la surface d'une eau fraîche, le côté du dessin vers le bas ; lorsque la surface est bien humectée, on tourne la feuille et on lave avec une éponge. Enfin on fait sécher la feuille.

Lorsqu'on veut faire la reproduction très rapidement et que l'on se contente de lignes violettes, on remplace la gélatine par la dextrine ou la glucose. En remplaçant l'acide gallique par du sulfocyanure de potassium, on obtient des lignes en rouge très foncé.

————

Bain de virage pour épreuves sur papier salé. — M. Masse a essayé, depuis quelque temps, de substituer, en photographie, le virage au platine au virage à l'or, pour les épreuves aux sels d'argent sur papier salé ou albuminé. Après de nombreux tâtonnements, il est arrivé à un résultat satisfaisant. Il a bien voulu nous communiquer la formule qui lui a donné les meilleurs résultats. Il a adopté un mode de virage qui fixe l'épreuve en même temps ; ce procédé a l'avantage de permettre à l'opérateur de choisir la *teinte définitive* de l'épreuve, sans crainte de la voir descendre de ton, comme il arrive avec le virage ordinaire à l'or.

On prépare deux solutions :

A	Chlorure de platine.........	1,50	gramme.
	Eau distillée...............	100	gr.
	Hyposulfite de soude.......	150	—
B	Acétate de soude cristallisée.	30	—
	Eau distillée...............	900	—

Il faut avoir soin de ne se servir que de chlorure de platine bien privé de chlore et de vapeurs nitreuses. Pour le virage fixage, on mélange 10 centimètres cubes de la solution A à 90 centimètres cubes de la solution B et on plonge les épreuves lavées, comme de coutume, dans ce bain jusqu'à production de la teinte désirée. On lave ensuite à l'eau pendant cinq à six heures. Ce virage donne tous les tons photographiques ordinaires et le noir lithographique ; les épreuves sur papier salé ont une grande douceur, elles sont très faciles à retoucher, soit à l'encre de Chine, soit au crayon ; les épreuves sur papier légèrement albuminé ont des noirs très vigoureux et des demi-teintes bien transparentes. Ce virage, manié par d'habiles praticiens, donnerait des résultats admirables. Nous avons eu entre les mains quelques épreuves virées par ce procédé ; elles ont un ton noir très réussi.

———

Reproduction photographique des parchemins. — J'ai eu plusieurs fois l'occasion de reproduire des parchemins anciens, c'est-à-dire jaunes, par la photographie. J'opérais ainsi : je faisais **un**

négatif au collodion, rapide, je désiodais et je renforçais au bichlorure de mercure et à l'ammoniaque; nécessairement le jaune venait un peu trop transparent, mais alors avec un petit blaireau, et après avoir verni le négatif, je passais dessus du bitume de Judée dissous dans du chloroforme. J'ai obtenu de très bons résultats. Le procédé est d'un fond de couleur du parchemin minutieux, mais il réussit bien. On peut profiler avec la plume lithographique et remplir au pinceau. Un autre procédé plus facile serait de blanchir le jaune avec du blanc et faire le négatif comme ci-dessus; de cette manière on conserve les originaux. (M. *Moreau*, lithographe, à Mexico.)

Moyen d'avoir une lumière blanche inactinique. — Les *archives photographiques* renferment un article de M. E. Liesegang indiquant le moyen d'obtenir une lumière blanche inactinique. Une solution de trois parties de chlorure de nickel (vert) et de une partie de chlorure de cobalt (rouge) est incolore par transparence et devient à une certaine dilution, claire comme de l'eau. Comme la lumière qui traverse chaque liquide séparément est inactinique, elle doit l'être également après avoir traversé le mélange des deux solutions, et, comme telle, ne pas agir sur les sels d'argent. Pour absorber les rayons ultra-violets, on recouvre, en outre, la cuvette renfermant cette solution de collodion mélangé à du sulfate de quinine, faiblement acidulé avec de l'acide sulfurique. Un papier sensible, exposé pendant une semaine à cette lumière, n'a subi aucune altération.

SOINS DES COLLECTIONS

Conservation des animaux colorés dans les collections. — L'alcool, habituellement employé pour la conservation en collection par voie humide des animaux et des pièces anatomiques, présente l'inconvénient d'altérer et le plus souvent même d'effacer complètement les couleurs qui revêtent ces objets. Dans le but de remédier à ce grave inconvénient M. Fabre-Domergue a fait des recherches qui l'ont conduit à trouver la formule du sirop suivant, qui jouit de la propriété de conserver les pigments colorés.

Sir. de glycose dilué par l'eau (25 du pèse-sel). 1000 parties.
Glycérine blanche........................... 100 —
Alcool méthylique........................... 200 —
    Camphre (à saturation).

On dissout la glycose dans l'eau chaude, et, après refroidissement, l'on ajoute la glycérine, l'alcool et quelques pincées de camphre en poudre. Ce mélange, étant toujours acide, doit être neutralisé par l'addition d'un peu de lessive de potasse et de soude. Après filtration au papier, on laisse flotter sur la liqueur quelques fragments de camphre. Ce liquide convient très bien pour la conservation des crustacés à test solide, de couleur bleue, rouge ou verte, et de certains échinodermes. Les animaux mous y gardent pour la plupart leur coloration, mais en se contractant beaucoup, même en prenant la précaution de les faire passer d'abord par des dilutions faibles. Les crevettes,

toutefois, y ont pris la coloration rouge, sans doute
due à l'alcool, et peut-être pourrait-on dans ce cas
utiliser le chlorure de carbone dont M. Pouchet s'est
servi avec succès pour conserver le pigment bleu du
homard.

—————

Liquide pour conserver les champignons. —
On peut conserver les champignons sans altérer ni
les couleurs ni les tissus en se servant, comme liquide
préservateur, d'une des deux solutions suivantes :
1° Eau pure, 600 grammes ; esprit-de-vin rectifié,
300 grammes ; sulfate de cuivre cristallisé (en quantité suffisante pour teinter légèrement la liqueur).
2° Eau pure, 1000 grammes ; esprit-de-vin rectifié,
125 grammes ; acétate de plomb cristallisé, 1 gramme.
Faire dissoudre l'acétate après avoir mélangé l'eau et
l'esprit-de-vin, filtrer et conserver pour l'usage. Cette
deuxième recette permet de conserver les couleurs
délicates des champignons les plus altérables. Quelle
que soit la liqueur employée, il faut se servir d'un
bocal de verre approprié à la taille du champignon
à conserver, le remplir bord à bord du liquide préservateur, y plonger le champignon en question,
boucher exactement avec un bon bouchon de liège
en faisant écouler le trop-plein du liquide et en prenant bien garde de ne pas laisser de bulles d'air dans
le bocal et enfin, pour terminer, bien goudronner le
goulot. Le champignon peut être alors définitivement
rangé en collection. (M. *R. Pougade*, à Vendôme.)

—————

**Eau conservatrice pour les oiseaux empail-
lés.** — On prend 16 parties d'eau, 4 de chlorure de

chaux, 2 de sulfate d'alumine et de potasse, 1 de salpêtre ou nitrate de potasse; le tout est mêlé ensemble. On en passe quelques couches avec un pinceau dans l'intérieur des oiseaux à conserver.

EXPÉRIENCES AMUSANTES ET CURIEUSES

Un jeu de patience. — Le jeu que nous allons faire connaître, et qui paraît très simple, fait quelquefois chercher assez longtemps la personne à laquelle on le propose ; il consiste à placer quinze allumettes

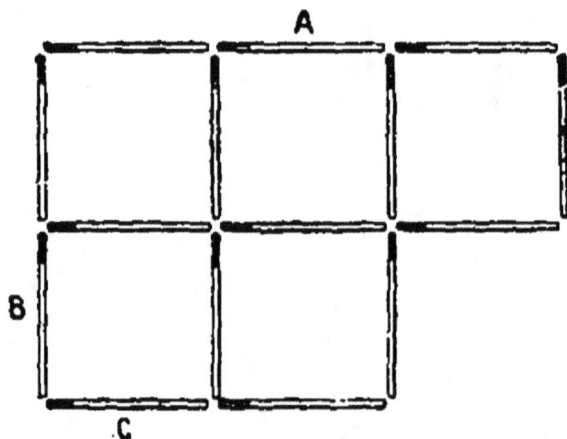

Fig. 41.

sur une table dans l'ordre indiqué par la figure ci-dessus. Cela fait, prier quelqu'un d'enlever trois allumettes tout en laissant trois carrés intacts. Pour résoudre le problème, il suffit d'enlever les allumettes A, B, C. (*G. Soubirou*, à Romans.)

***

Le jeu du labyrinthe.

Dans un labyrinthe ici-bas
L'homme est toujours réduit à vivre ;
Mais cet aveugle ne sait pas
Quel est le chemin qu'il faut suivre.   CHAZET.

12.

En retrouvant ce quatrain dans un recueil de poésies, l'objet de sa comparaison : *le labyrinthe*, mais

Fig. 42.

alors pris dans un sens propre, nous est revenu à l'idée, et nous avons cherché à recueillir sur son historique quelques renseignements précis. La figure que nous publions ci-dessus reproduit un jeu cher aux écoliers. On sait qu'il s'agit de sortir de ce labyrinthe sans suivre d'autres chemins que ceux indiqués sur la figure et surtout sans escalader les coupures qui se rencontrent à chaque pas à travers les sentiers.

A l'aide d'une épingle que nous promènerons partout où nous croirons devoir passer, il faudra entrer par la gauche en A et sortir par la droite de notre labyrinthe en B, après avoir traversé, aussi de gauche à droite, le bosquet qui se trouve au centre. La ligne pointillée indique la solution du problème.

Les labyrinthes ont été célèbres dans l'antiquité : la légende rapporte que les esclaves du roi d'Égypte Labari étaient obligés de parcourir les mystérieux détours d'un labyrinthe avant d'arriver vers le roi qui les appelait.

Il y a quelque douze cents ans, le monde des merveilles de l'époque comptait cinq de ces ingénieuses dispositions ; le labyrinthe de Mendès, dans l'île du lac Mœris ; le labyrinthe des *douze*, qui fut construit en 660 par les 12 souverains qui se partageaient alors l'Égypte; le labyrinthe de Crète, près de Gnosse, construit dans des carrières et destiné à la sépulture des rois; la fable l'attribue à Dédale qui l'aurait créé pour le Minotaure :

Minos veut que dans l'ombre un vaste labyrinthe,
Prison du monstre affreux, le cache en son enceinte ;

puis le labyrinthe de Lemnos et enfin celui de Clusium.

C'étaient alors des salles ou galeries souterraines à ramifications innombrables; plus tard ce furent des édifices, à l'aide desquels on voulut les imiter.

A l'époque de Louis XIV, on créa des labyrinthes dans les mêmes règles; mais c'étaient des dispositions d'allées, des plantations touffues, des massifs de haies, avec des percées et des issues semblables ; promenades moins mélancoliques, sous le beau ciel du parc de Versailles, que les galeries obscures des souterrains antiques.

Le labyrinthe de Versailles, très simplifié aujourd'hui, était alors fort vaste ; la vue ne pouvait point percevoir à travers les petits carrés de bosquets partout disséminés ; il était curieux de s'y engager, et il n'était pas toujours facile d'en sortir promptement. (**M. A. Bergeret.**)

Les croix découpées. — Ayant fait une croix dans

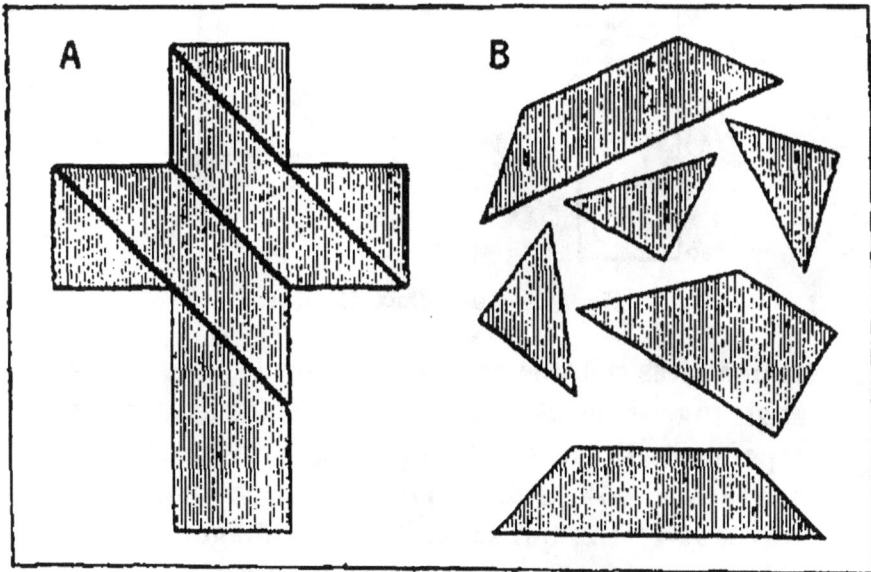

Fig. 43. —Croix découpée. Jeu de patience.

du carton ou dans une feuille de métal mince **A** (fig. 43), vou la découpez en six morceaux suivant les tracés de la figure A. Vous présentez à quelqu'un non prévenu les six morceaux séparés et mêlés au hasard tels qu'ils sont figurés en B, et vous lui demandez de les réunir pour former une croix. Cette construction est très difficile à réaliser quand on n'a point son secret.

En donnant à la croix une forme un peu plus allongée, on peut arriver à faire avec les six morceaux

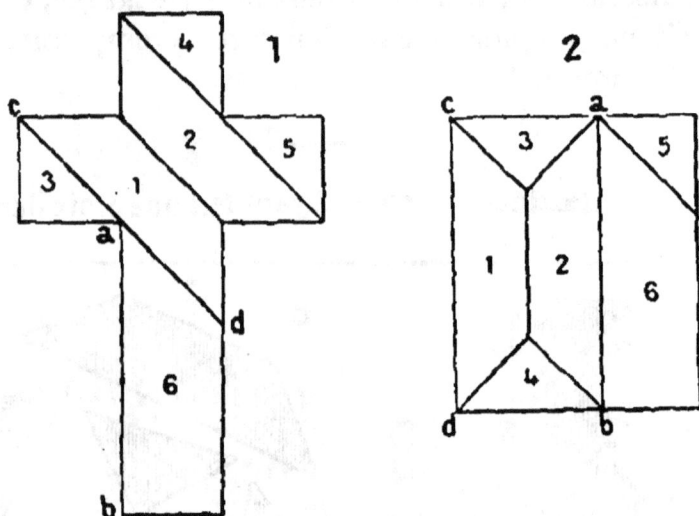

Fig. 44. — Autre croix découpée.

élémentaires soit une croix (fig. 44, n° 1), soit un rectangle (fig. 44, n° 2). Les numéros de nos figures correspondent. Il est à remarquer que le morceau 6 dans la figure 44, n° 2 est plus large que chacun des morceaux 1 et 2, qui sont placés en diagonale dans la figure de gauche. C'est, je crois, cette différence qui est cause de la difficulté que l'on éprouve à reconstruire la croix. Enfin, pour avoir le rectangle parfait, il faut que l'on ait : $ab = cd$. (M. *Gaston Audistère*, étudiant, à Paris.)

Autre découpage de croix. — Nous venons de donner des jeux de patience qui consistent à reconstituer une croix de métal ou de carton avec des morceaux de cette croix qui ont été découpés au préalable. Ces jeux avaient été publiés dans la *Boîte aux lettres de la Nature*. MM. *Legros*, à l'île de la Réunion, et M. *Ph.Gros*, à Cluny, nous ont adressé d'autre part un jeu de patience analogue, que nous représentons ci-contre. Une croix de carton, ou de métal, est découpé en cinq morceaux conformément au tracé que nous figurons (fig. 45). Ces cinq morceaux étant séparés et mêlés, on les présente à une personne non prévenue, en lui demandant d'en faire une croix. Le problème est difficile à résoudre quand on ne connaît pas le dessin explicatif.

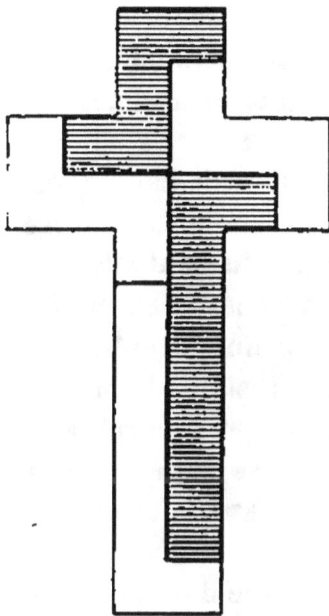

Fig. 45.
Autre croix découpée.

Expériences sur le mouvement rotatif de l'air. — M. *W. Rosenberg*, à Saint-Pétersbourg, a effectué une série d'expériences très intéressantes sur le mouvement rotatif de l'air. Dans certains cas, ces expériences peuvent permettre d'expliquer le mécanisme des phénomènes météorologiques. Voici en quoi consistent les essais de M. Rosenberg. On plonge dans un cylindre jusqu'au bas un tube en verre et on y envoie ensuite par la bouche de la fumée d'une cigarette jusqu'à ce qu'elle forme une couche de l'épaisseur de 3 à 4 centimètres qui se maintient au fond tranquillement. On adapte alors un soufflet ordinaire à un tube en caoutchouc divisé en deux branches, ces dernières étant entourées eu forme de cercle allongé aux deux extrémités. Les deux tubes de caoutchouc sont parallèles et à une faible distance l'un de l'autre. On insuffle après de l'air à l'aide du soufflet. Sous l'action de l'air sortant des deux tubes, il se produit un mouvement rotatif se propageant jusqu'au bas du cylindre. Au bout de quelques instants le mouvement se communique à la fumée et l'entraîne en tourbillon qui monte jusqu'à la base supérieure. Je me servais toujours d'un cylindre sans fond haut de 70 centimètres et à diamètre de 8 centimètres. Mais on peut incontestablement faire usage d'un plus haut cylindre. On fait cette expérience encore plus simplement : dans un cylindre rempli de fumée on place, en l'inclinant, un tube en verre dans lequel on souffle l'air par la bouche ; au bout de quelques instants on voit la fumée monter en tourbillonnant jusqu'au haut du cylindre. Ce phénomène ne laisse-t-il pas supposer que les cyclones naturels seraient dans certains cas formés par la masse d'air retombant des couches supérieures de l'atmosphère ? Pour une autre expérience on prend un cylindre de 30 à 40 centimètres de hauteur et de 8 centimètres de diamètre (la cloche ouverte de la machine pneumatique) ; on y fait entrer une couche de fumée épaisse de 2 à 3 centimètres par le même procédé que dans la première expérience On dispose ensuite au-dessus de l'ouverture de la cloche deux fils d'archal isolés joints aux pôles d'une

machine électrostatique. Au moment où la machine
fonctionne, la couche de fumée monte en tourbillonnant. Si l'on place les fils d'archal dans le sens opposé, on arrête le mouvement d'abord et puis on lui
imprime la rotation en sens inverse. Ce tourbillon qui
monte et s'élève jusqu'à la partie supérieure du cylindre fait un très joli effet. On plonge dans les extrémités d'un vase à trois tubulures deux tubes dont
les extrémités peu allongées sont recourbées à angles
droits; un troisième tube placé dans la tubulure centrale s'arrête à la partie supérieure du vase. On fait
entrer dans le vase de la fumée à 2 ou 3 centimètres
d'épaisseur et on aspire l'air par la bouche ou la machine pneumatique : l'air en pénétrant dans le vase
par les tubes imprime aussitôt à la fumée un mouvement rotatif. Cette expérience semble prouver qu'une
forte raréfaction pourrait produire un mouvement
cyclonique de l'air.

Jeu de ficelle. — On peut réaliser un tour assez
amusant au moyen d'une ficelle. On prend une ficelle
longue environ de 60 centimètres, on en réunit les
deux extrémités au moyen d'un nœud. En se servant
de la main droite, on enroule la ficelle autour de la
main gauche en exécutant la série des opérations
représentées par la figure 46 n°s 1 à 8. Dans 1 et 2, le
pouce de la main gauche n'intervient pas. En 3, les
deux brins *a* et *b* contournent le pouce. En 4, l'un
des brins est engagé entre le petit doigt et l'avant-
dernier. En 5, on engage la boucle sur l'index (tout
en maintenant dans leur position les deux brins *a* et *b*
qui se trouvent sur le pouce), en faisant accomplir à

la main droite un quart de tour dans le sens des aiguilles d'une montre. La main droite lâche alors la boucle et cette position est représentée par le dessin 6. On saisit les deux brins *a* et *b* entre le pouce et l'index de la main droite et on engage les deux boucles *a* et *b* entre l'index et le doigt du milieu eu

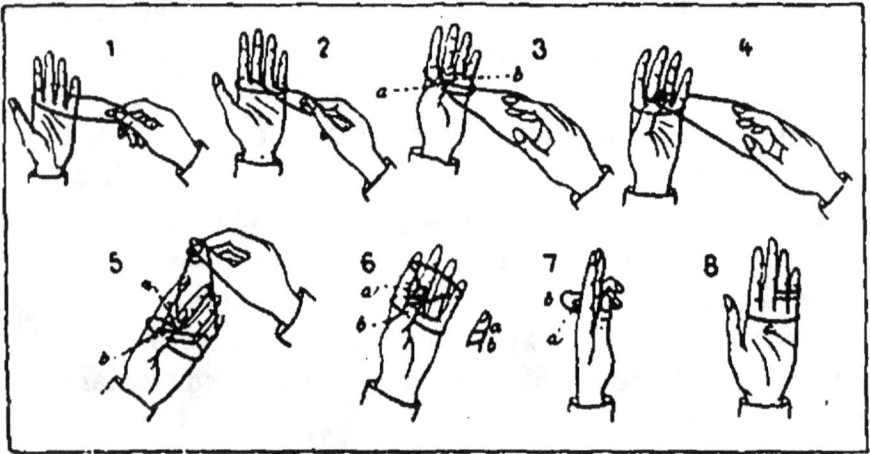

Fig. 46. — Jeu de ficelle.

les faisant passer de l'intérieur à l'extérieur de la main. On arrive aux positions 7 et 8 représentées par une vue de profil et une vue de face. La main semble fortement ligaturée, comme par une sorte de nœud gordien. En saisissant le brin *c* entre le pouce et l'index de la main droite et en tirant à soi, tout le système se défait de lui-même. Avec un peu d'habitude et en opérant rapidement, l'illusion est complète. (M. G. R., à Paris.)

_____

Curieuse manière de couper la peau d'une

orange.—Les quatre dessins 1, 2, 3, 4 ci-joints
(fig. 47) représentent, sous leurs diverses phases, les
opérations auxquelles il faut procéder afin de dé-
couper une orange comme le modèle que je vous a

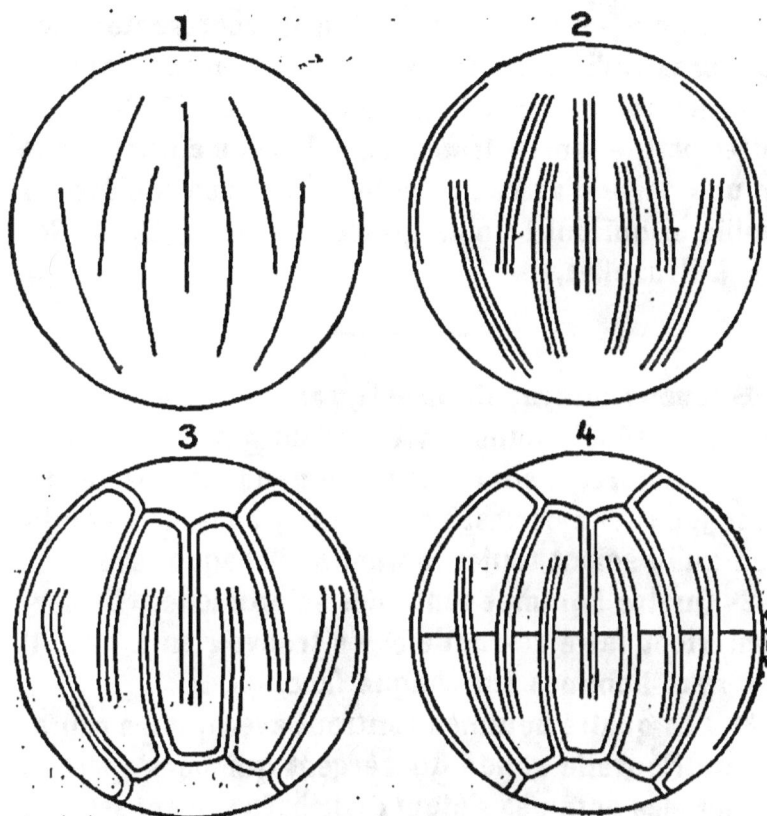

Fig. 47. — Découpage d'une orange.

fait parvenir. Pour bien faire, il faut choisir une
orange à pelure fine et lisse, et on entaille dans la
peau, au moyen d'un canif (coupant bien), le dessin
représenté dans le n° 1. On continue le dessin représenté par 2, puis celui représenté en 3. On soulève au
fur et à mesure les parties découpées et on termine

en faisant une coupure équatoriale tout autour de
l'orange interrompue à chaque bande de la peau
(n° 4). Cette dernière opération exige le plus d'attention, car la moindre entaille donnée dans une des
parties découpées abîme irrémédiablement le dessin.
En somme, les figures ci-dessus représentent les
coupures qu'il faut opérer successivement dans la
peau d'une orange à l'aide d'un bon canif. Ces coupures permettent de transformer la peau d'une orange
en une série d'arceaux dentelés que l'on soulève en
saillie et qui ont le plus gracieux aspect. (M. *A. Bo-
vie*, à Bruxelles.)

Récréations mathématiques. — 1° Vingt-quatre
hommes réunis dans un corps de garde contenant
neuf chambres s'ennuient et demandent à se réunir
pour jouer aux cartes. Le sergent y consent à condition qu'ils soient toujours neuf sur chaque face.

2° Quatre hommes sont allés se promener. Le sergent vient faire sa ronde et ne trouve rien à dire. Il
y a neuf hommes sur chaque face.

3° Les quatre hommes rentrent avec quatre camarades. Nouvelle ronde du sergent qui ne s'aperçoit
de rien, les hommes s'étant distribués suivant ses ins-
tructions.

4° Quatre nouveaux arrivent. Le sergent, bien
qu'étonné d'apercevoir quelques figures qu'il ne reconnaît pas, félicite ses hommes de la bonne exécution de ses ordres.

5° Les soldats, enhardis par l'impunité, accueillent
quatre nouveaux camarades qui se présentent. Le
sergent, de plus en plus étonné, se promet, après la

prochaine ronde, de réunir tous ses hommes pour faire l'appel.

6° Mais voici que les nouveaux venus s'en vont en emmenant six soldats du poste. Le sergent, qui a

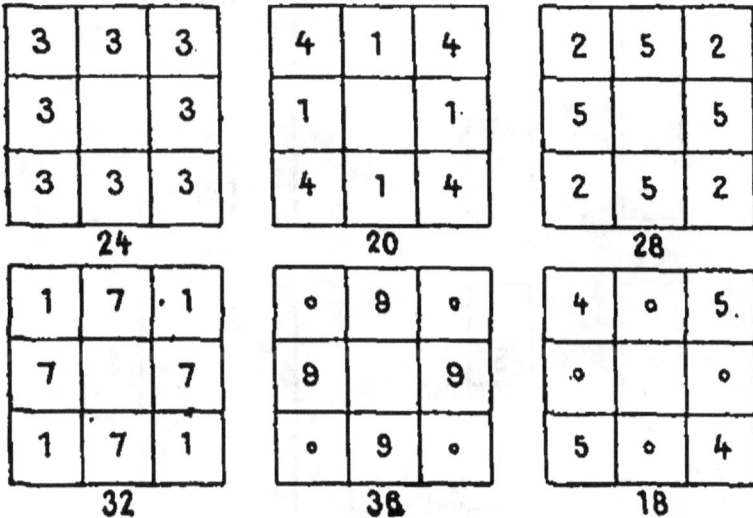

3	3	3
3		3
3	3	3

24

4	1	4
1		1
4	1	4

20

2	5	2
5		5
2	5	2

28

1	7	1
7		7
1	7	1

32

o	9	o
9		9
o	9	o

36

4	o	5
o		o
5	o	4

18

Fig. 48. — Problème du corps de garde.

constaté qu'il y a bien neuf hommes sur chaque face, les réunit dans la salle centrale et là, tableau.

Les six figures ci-jointes montrent qu'il y a toujours neuf hommes de chaque côté quoique le nombre total des hommes varie de trente-six à dix-huit. (M. *Brandicourt*, à Amiens.)

———

Récréations. Jeu de patience. — Les six pièces de bois dessinées dans la figure ci-jointe (fig. 49) peuvent récréer, d'une manière très utile, les personnes qui ont quelques loisirs. Pour faire ce jeu, que toute personne tant soit peu habile peut faire elle-même, prenez une règle carrée, sciez-la en six

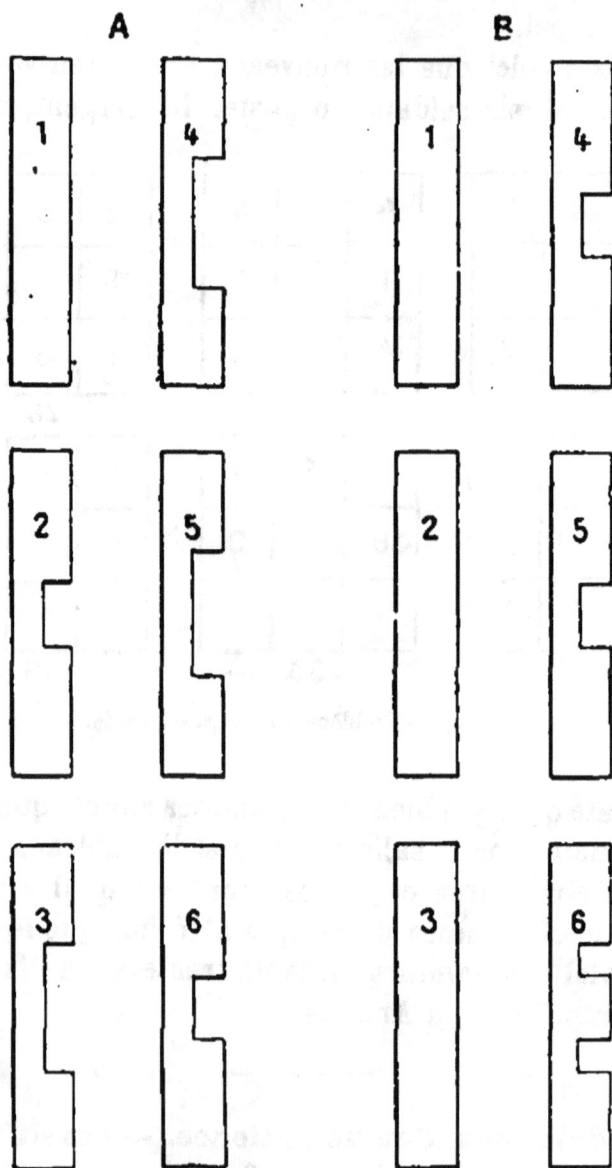

Fig. 49. — Pièce de casse-tête en bois.

parties égales, et pratiquez, dans les pièces cotées

2, 3, 4, 5 et 6, les entailles indiquées dans la colonne A. Quand cette opération est faite, placez les pièces dans le sens où elles sont vues ; renversez-les à gauche en leur faisant faire un quart de tour, et pratiquez aux pièces cotées 4, 5, 6, les entailles indiquées dans la colonne B.

Toutes les pièces doivent être rigoureusement en-

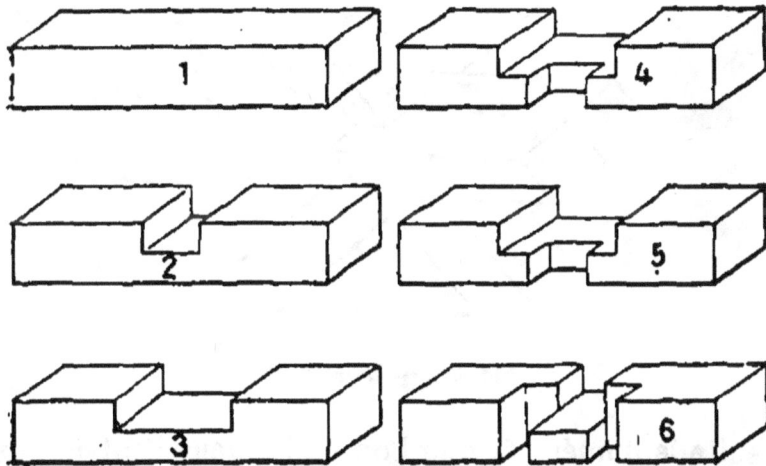

Fig. 50. — Les pièces de bois en perspective.

taillées à mi-bois. Elles sont représentées dans la figure 50.

En enchevêtrant ces pièces les unes dans les autres, deux à deux, on obtient une figure qui a toujours six branches, de quelque côté qu'elle soit présentée, et les deux pièces deux à deux doivent toujours être à mi-bois de deux autres qui les enserrent (fig. 51).

Ce jeu de patience, que chacun peut confectionner soi-même en coupant en six parties égales une règle carrée de 40 à 45 centimètres de longueur, demande quelquefois plusieurs heures à la personne qui ne connaît pas le secret de la disposition de chaque pièce. Il est donc nécessaire, pour éviter une longue suite de tâtonnements inutiles, d'indiquer la marche à suivre pour arriver à un heureux résultat.

Il faut commencer par le numéro 3, que l'on tient horizontalement dans la main gauche; on prend en-

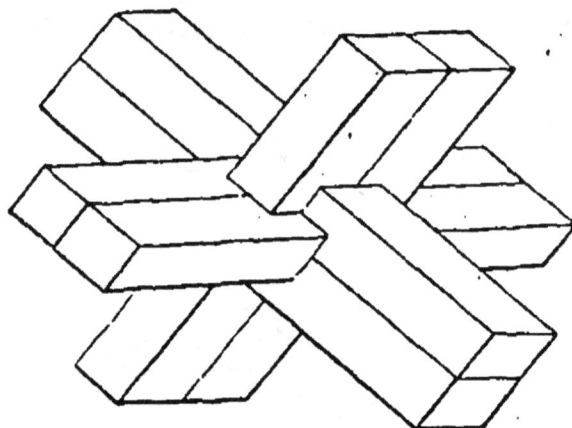

Fig. 51. — Le casse-tête.

suite le numéro 6, que l'on croise dans l'entaille du numéro 3; puis les numéros 4 et 5, et l'on termine par les numéros 2 et 1.

Ces légers détails peuvent suffire; une plus longue explication rendrait le jeu trop facile. (M. *Menet*, ancien capitaine au 12ᵉ de ligne.)

—————

Singulière propriété des nombres. — Voici un nombre curieux bien facile à se rappeler. Il suffit d'écrire à la suite les uns des autres les neuf premiers chiffres, à l'exception du chiffre 8, ce qui donne le nombre

12345679

qui, multiplié par 9, donne un produit composé de neuf fois le chiffre 1, soit

111 111 111.

Par suite, les produits par les multiples de 9, savoir 18, 27, 36, etc., seront respectivement 222 222 222, 333 333 333, 444 444 444, et ainsi de suite jusqu'à 81, qui donnera pour produit : 999 999 999. L'exclusion du chiffre 8, bizarre au premier abord, est facile à expliquer, mais cette nouvelle curiosité d'un nombre nous semblait digne d'être indiquée. (M. *Arthur Good*, ingénieur.)

Les nombres compris entre 100 et 999 offrent également de singulières propriétés lorsqu'on fait leur différence après les avoir renversés. La différence d'un nombre de trois chiffres dont on a renversé les chiffres a toujours 9 aux dizaines, et la somme des unités et des centaines donne également 9. Exemple : 732 renversé donne 237, différence 495. Naturellement 131 ou 242 renversés donnent 0 à la différence, ainsi que 222 ou 444, mais 100 donne 100 − 001 = 99. Donc un nombre de trois chiffres étant renversé, on peut trouver sans calcul sa différence en demandant seulement le dernier chiffre, ce qui constitue une devinette. Une pareille régularité se trouve, mais plus compliquée, pour les nombres de cinq, six et sept chiffres. (M. *J.-E. Delisse*, à Marseille.)

Le nombre 142 857 permet aussi des récréations bien amusantes ; multiplié successivement par tous les chiffres de 1 à 6, il donne des produits dont tous les chiffres sont les mêmes, et placés dans le même ordre en permutation circulaire. Le produit par 7 donne ensuite 999 999. Je ne sais si cette curiosité est connue, et s'il y a une loi qui la régit. Voici les six produits successifs :

Multiplicateur		Produit 141857
—	2	— 285714
—	3	— 428571
—	4	— 571428
—	5	— 714285
—	6	— 857142
—	7	— 999999

(M. *Arthur Good*, ingénieur.)

La mnémotechnie et le nombre π. — Les procédés mnémotechniques paraissent parfois un peu puérils. Il en est cependant qui sont utiles. De ce nombre est le moyen mnémotechnique suivant qui permet de se rappeler le nombre π. Ce moyen est bien connu, mais nous croyons utile de le rappeler. On apprend les quatre vers suivants :

1   4   1   5   9   2   6   5   3   5
Que j'aime à faire apprendre un nombre utile aux sages.
    8   9   7   9
Immortel Archimède, artiste ingénieur,
  3   2   3   8   4   6   2   6
Qui de ton jugement peut priser la valeur?
  4   3   3   8   3   2   7   9
Pour moi ton problème eut de pareils avantages.

On totalise les lettres de chaque mot, comme l'indique le chiffre placé au-dessus de chaque mot, et on a le nombre respectable

3,14159 26535 89753 23846 26433 83270

Voici encore un moyen mnémotechnique relatif à

13.

la valeur de π donnée par Adrien Métius qui est $\dfrac{355}{113}$.

On écrit sur une ligne deux fois chacun des trois premiers nombres impairs 11 3 | 355. On sépare le nombre en deux, la seconde partie est le numérateur, la première le dénominateur. (*M. P. Fontaine*, à St-Étienne).

Récréation géométrique. — *Étant donnés une*

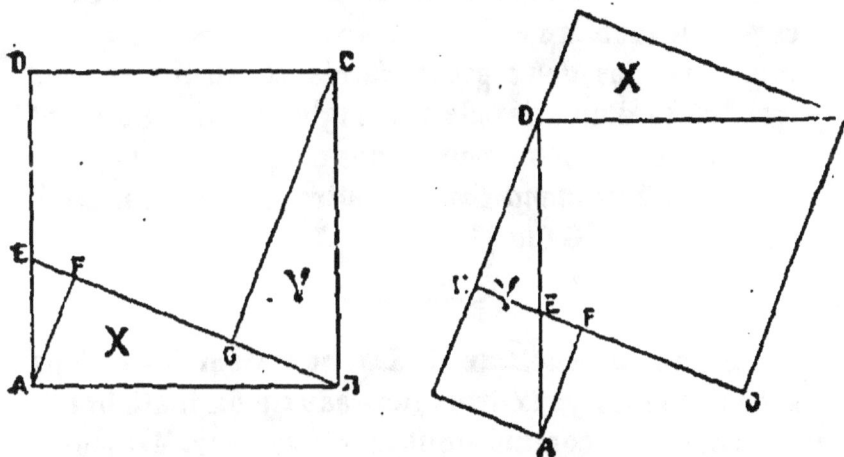

Fig. 52. — Le carré de l'hypoténuse.

carte de visite et des ciseaux, s'en servir pour faire la démonstration du théorème du carré de l'hypoténuse. — Coupez la carte de manière à en conserver un carré parfait ABCD (fig. 52). Coupez ce carré suivant BE, c'est-à-dire par le sommet B et un point E *quelconque* pris sur AD. Coupez ensuite par les sommets A et C, suivant AF et CG, perpendiculaires sur BE. Détachez du carré le triangle X et placez-le en haut de la figure, AB coïncidant avec CD. Détachez de même le triangle Y (qui est égal au triangle X) et mettez-le à gau-

che de la figure de manière que CB vienne en AB.
Coupez ce triangle suivant EH, prolongement de GE.
Vous obtiendrez ainsi la figure de droite présentant
deux carrés qui sont précisément ceux construits sur
les deux côtés de l'angle droit du triangle X, tandis
qu'en remettant à leur place primitive le triangle X,
et les deux morceaux du triangle Y, vous reconsti-
tuerez le grand carré ABCD qui est celui construit sur
l'hypoténuse du triangle X. En conséquence, vous
pouvez, en quatre coups de ciseaux, couper une carte
carrée de manière à former, à volonté, soit le grand
carré, soit les deux petits carrés construits sur les
trois côtés d'un triangle rectangle, ce triangle étant
représenté lui-même par un des cinq morceaux de la
carte. (M. *Ferdinand Cruls*, maître de topographie à
l'Université de Gand.)

———————

Un jeu scientifique. Le caméléon. — Nous
avons sous les yeux trois nouveaux jeux mathématiques que nous communique leur inventeur, M. Fleury,
4, rue Legoff, à Paris. Ils se nomment le *caméléon*, le
trifolium diabolique et le *paradoxal tricolore*. Ils ont
quelque analogie avec le *taquin* que nous avons décrit, mais ils ont plus de mérite, en ce sens que la
solution n'est jamais impossible, quoique plus difficile que celle du taquin dans ses cas possibles. Nous
expliquerons aujourd'hui le *caméléon* qui est le plus
simple des trois jeux. Le *caméléon* consiste en une
boîte ronde contenant huit pions et un échiquier
formé d'un octogone étoilé, aux sommets duquel se
trouvent autant de cases affectées des lettres qui
constituent le mot *caméléon*. Ces huit cases sont al-

.ternativement rouges et jaunes, et les rouges communiquent par des rayons avec une case noire qui
est au centre. Les pions portent aussi chacun une
lettre du mot *caméléon*. Les huit pions étant d'abord
placés au hasard, chacun sur une des neuf cases du
jeu, la question consiste à les ramener tous sur les
cases affectées des mêmes lettres, en conduisant
chaque fois un pion sur la case vide, suivant la ligne
droite qui se trouve tracée entre ce pion et cette case.
Pour arriver à résoudre cette question, remarquez
d'abord que quand les huit pions sont à leurs places
respectives, c'est-à-dire sur les cases affectées des
mêmes lettres, ils présentent sur le pourtour le mot
CAMELEON ; tandis qu'en suivant la ligne polygonale à partir de la case C, on les rencontre dans
l'ordre C,E,O,A,L,N,M,E. Nous dirons qu'en cet état
ils sont ordonnés et rendus à destination. Si maintenant nous supposons tous les pions placés au hasard sur les cases, la solution que nous indiquons ici
consistera dans les deux opérations suivantes : 1°·or-
donner les pions ; 2° les conduire à destination. —
1° Ordonner les pions. Puisque, pour être ordonnés, les
pions doivent se suivre dans l'ordre C,E,O,A,L,N,M,E,
sur la ligne polygonale, le pion C devra y être suivi
du pion E; celui-ci du pion O; le pion O du pion A,
et ainsi de suite. Pour faire passer un pion derrière
un autre sur la ligne polygonale, on le pousse au
centre, où il attend que cet autre quitte une case
rouge, pour venir l'occuper après lui. Si, au moment
où l'on veut conduire un pion sur la case centrale, il
n'est pas déjà sur une case rouge, on en pousse au
centre un autre non encore ordonné, et situé sur une
case rouge; puis on joue jusqu'à ce que le premier

doit arrivé sur une case rouge, et qu'on ait pu recon-
duire ensuite celúi du centre aussi sur une case
rouge, sans couper le train déjà formé. — 2° Con-
suire les pions à destination. Les pions une fois ordonnés, deux cas peuvent se présenter. *Premier cas.*
Si le pion M se trouve sur une case rouge, poussez-
le au centre; puis jouez un autre pion sur la case

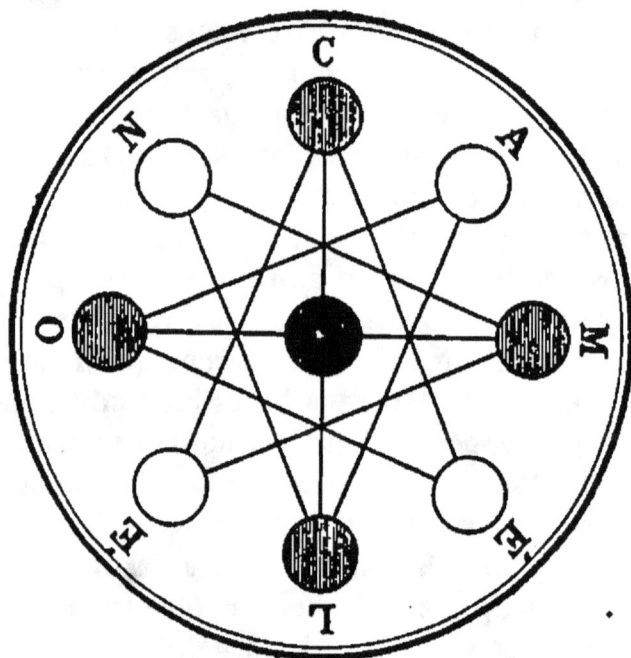

Fig. 53. — Le jeu de caméléon.

vide, et les autres à la suite, en continuant ainsi jusqu'à ce que les sept pions du pourtour soient arrivés
sur leurs cases respectives; après quoi, il ne vous
reste plus qu'à pousser le pion M sur la case vide.
Second cas. Si le pion M n'est pas sur une case rouge,
jouez successivement les pions E,C,E,C; puis con-
duisez à destination le train des sept pions du pourtour, et le pion C sur sa case.

Un miroir magique. — « Soit CD, CE deux miroirs perpendiculaires. Un point P situé dans l'angle des deux miroirs donnera trois images, A obtenu par réflexion de P dans CD, B par réflexion de P dans CE, P' par réflexion de A dans CE ou de B dans CD. Ces deux dernières réflexions ne donnent la même image

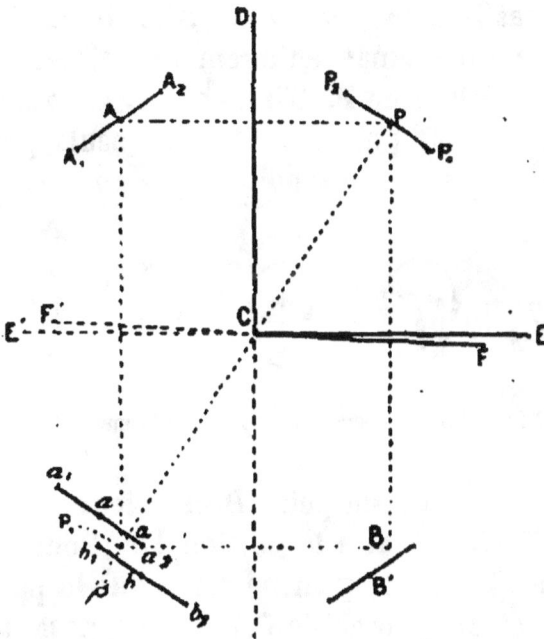

Fig. 54. — Figure explicative des miroirs magiques.

que si les miroirs sont exactement à angle droit. Ouvrons maintenant l'angle des deux miroirs de façon que, CD restant immobile, CE vienne en CF. Le déplacement de CE déplacera l'image de P dans ce miroir, elle viendra de B en B' et l'image de cette image dans CD viendra de P' en b. L'image A ne bougera pas; mais, par suite de la rotation de CE, l'image de l'image A dans CD viendra de P' en a.

L'image unique P' de P après deux réflexions sera remplacée par deux images a et b, la première correspondant à la réflexion sur CD, puis sur CF, la seconde à la réflexion en ordre inverse. Si, au lieu d'un point unique tel que P, nous avons un corps de dimensions finies P_1P_2, nous aurons par réflexion simple deux images A_1A_2 et B_1B_2, et par réflexion double deux autres images a_1a_2 et b_1b_2. Les deux dernières images ne seront pas entièrement visibles pour un observateur placé en P. L'image a_1a_2 est donnée par réflexion sur CD puis sur CF. Les seuls points de cette image visibles au point P seront ceux situés

Fig. 55. — Images décroissantes successivement formées.

de telle façon que du point D ils soient vus dans le miroir CF, c'est-à-dire la portion $a_1\alpha$. Pour la même raison, de l'image b_1b_2 on ne verra que la partie $b_1\beta$. On verra ainsi l'image de P_1P_2 en supposant que la partie centrale en ait été enlevée, et les deux extrémités recollées l'une contre l'autre. Pour un même angle formé par les miroirs, l'écartement des deux images a_1a_2 et b_1b_2 est d'autant plus grand que la distance PC est elle-même plus grande. Si le point P est tout près du point C, la portion centrale supprimée sera presque nulle. A mesure que le point P s'éloignera du point C dans une direction donnée, la portion supprimée s'agrandira, et à une distance d'autant plus grande que l'objet P_1P_2 sera plus grand toute image disparaîtra. Soient les deux miroirs verticaux et P_1P_2 un observateur regardant dans la direction de C, à mesure qu'il s'éloignera il verra disparaître les parties médianes de son image, et la figure, par exemple, prendra les apparences monstrueuses qu'indique le dessin. Le fait peut être observé dans une alcôve revêtue de glaces dépendant d'une des chambres du palais de Versailles. »

Une pipe hygiénique. — L'homme d'étude, qui passe plusieurs heures de suite à sa table de travail, quitte généralement celle-ci avec la tête lourde, embarrassée, inapte à tout autre travail intellectuel. L'emploi de l'appareil suivant, qui est de construction très facile, nous a presque toujours débarrassé de ce malaise. Il se compose d'une grosse éprouvette en verre, un peu longue, fermée par un bouchon percé de deux trous dans lesquels passent deux tubes de verre : l'un dépasse à peine la partie supérieure du bouchon et arrive au fond de l'éprouvette ; l'autre, coudé, ne dépasse que fort peu l'extrémité inférieure du bouchon. Pour se servir de cette « pipe », l'on introduit dans le fond de l'éprouvette une petite quantité d'eau mélangée de glycérine, de façon à ce que le premier tube y plonge d'environ 2 centimètres. Lorsqu'on se sent la tête « pesante », il suffit de se promener pendant quelques minutes dans sa chambre ou mieux encore à l'air libre en faisant de profondes inspirations au moyen du tube coudé, pour faire disparaître ce malaise. Une vingtaine d'inspirations suffisent généralement pour obtenir le résultat désiré. Nous nous sommes servi de cet appareil plu-

sieurs centaines de fois et nous avons toujours
éprouvé un soulagement considérable par son emploi.
La même « pipe » peut rendre de grands services aux
personnes dont le thorax est peu développé et qui
ont besoin de faire de la gymnastique pulmonaire.
(Les gens délicats de poitrine peuvent remplacer l'eau
glycérinée par l'eau de goudron.) L'emploi quotidien
de cet appareil pendant une dizaine de minutes suffit
pour fortifier l'organe respiratoire et augmenter la
capacité thoracique. Chez nous cette augmentation
s'est traduite par un allongement de $0^m,025$ de la
circonférence du thorax dans l'espace de quelques
mois. Ce procédé a été préconisé par un médecin hy-
giéniste italien, M. le Dr Mantegazza

La trisection de l'angle. — La trisection de
l'angle est, comme on sait, un problème géométriquement insoluble. Voici, cependant, un petit appareil nommé trisecteur, qui permet de réaliser cette
opération avec assez d'exactitude et sans trop de tâtonnements. Sur une feuille de bristol on trace une
ligne AD que l'on divise en trois parties égales
AB, BC, CD. Sur BD comme diamètre on décrit une
demi-circonférence et au point B on élève une perpendiculaire BH à DA. On donne à l'appareil la forme
ci-contre. Pour diviser en trois un angle QOP on fait
passer la ligne BH par le sommet O, puis, sans cesser
de faire passer BH par O, on amène la demi-circonférence à être tangente à la ligne OP en ayant soin
que le point A soit sur QO ; quand cette position est
trouvée, on trace OC et OB qui divisent l'angle en
trois parties égales. En effet, en appelant K le point

de tangence de la demi-circonférence sur OP, on voit que les triangles rectangles OKC, OBC, OBA sont

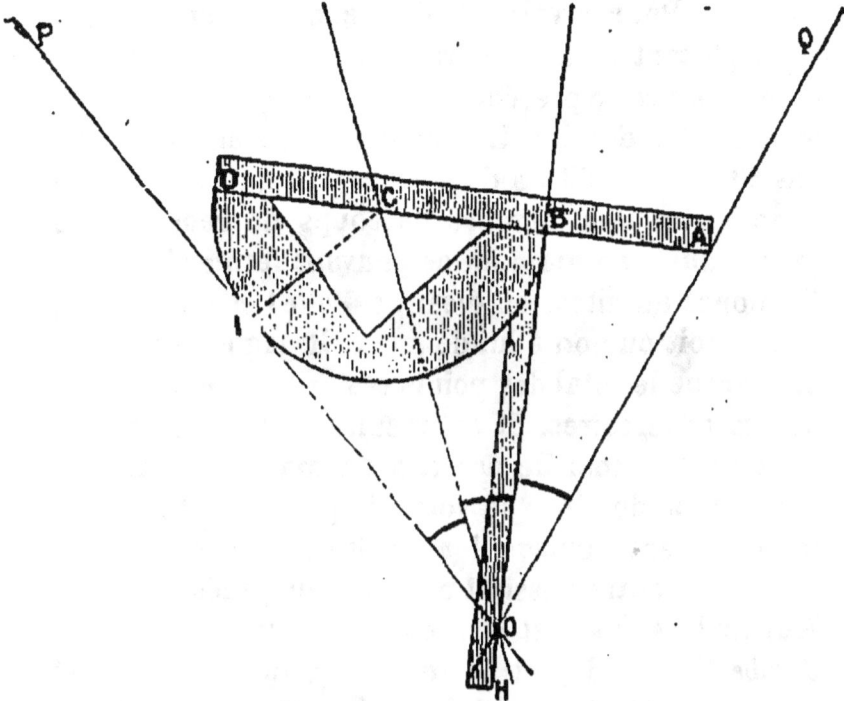

Fig. 56. — Trisection de l'angle.

égaux, d'où il suit que les trois angles en O sont égaux. C.Q.F.D. (M. *L'Esprit*, à Paris.)

Nouveaux jeux de dominos. — LA VOLTE. — *Jeu de dominos imaginé par le capitaine Bastoul.* — Le but poursuivi est de placer un domino qui s'adapte indifféremment aux deux bouts du jeu, de manière à former un cercle rentrant, c'est-à-dire la figure de manège appelée *volte*. La volte seule peut clore le coup, ou, comme l'on dit, la *reprise*. La volte se joue le plus souvent à deux personnes. Chaque joueur prend *cinq* dominos. Quand on va *en remonte* (à la pêche), comme il sera expliqué, chacun lève *trois* dominos. Pour la volte les dés se mêlent, se donnent et se placent à la manière ordinaire. Celui qui a eu la main au coup précédent fait le *manège* (le ménage) et se sert le dernier. La partie se joue en autant de fois 50 points qu'il y a de joueurs. La partie comporte donc un certain nombre de coups ou reprises. Le joueur qui a en main un dé pouvant fermer le cercle l'annonce aussitôt, en disant : *Volte!* et abat ce dé, que ce soit ou non à lui de jouer. Il gagne la reprise, et marque le total des points restant entre les mains de ses adversaires. Il en résulte que si le joueur, dont c'est le tour de poser, a en main deux dés lui permettant de clore la volte, il peut les abattre simultanément, puisqu'il a le droit de poser l'un et d'abattre l'autre aussitôt après. Si un joueur ne peut fournir lorsque c'est son tour de poser, il dit : *Je me dérobe* (je boude) et le tour continue. Si tous les joueurs se dérobent, celui qui, à ce tour, s'est dérobé le premier dit : *en remonte*, chacun est tenu de prendre trois dés et le jeu reprend comme si personne ne s'était dérobé. Si l'un des joueurs, ayant posé son dernier dé sans clore la volte, n'a plus de dominos, quand son tour revient de poser, il annonce *en remonte* et chaque joueur doit prendre trois dés au talon. Si, dès le début de la reprise, les dominos d'un joueur forment, en les employant tous, un cercle complet, le joueur annonce : *volta prima* et gagne la reprise d'emblée. Ce coup n'est valable que si le joueur qui l'annonce n'a encore posé aucun domino. Si, par extraordinaire, plusieurs joueurs faisaient *volta prima* à la même reprise, celui d'entre eux qui aurait le moins de points dans son jeu serait seul considéré comme gagnant. La volte se joue aussi à quatre : chacun prend alors trois dés et la remonte est de deux. Enfin la volte peut se jouer à trois : on enlève alors le double blanc, chacun prend trois dominos et la remonte est de trois.

LE COMPLÉMENT. — *Imaginé par Mme Marcelle Bastoul.* — Le *complément* se joue à deux, trois ou quatre personnes. Chaque joueur prend sept dés. On ne va pas à la pêche. Le principe de ce jeu est que : un domino étant posé, le suivant complète le nombre de 6 points. Ainsi, après un 4 il faut un 2; après un 3 il faut un 3; après un 5 un 1; après un 6 un blanc, et après un blanc un 6. Le gagnant est celui qui fait domino, ou, si le jeu est bouché, c'est le joueur entre les mains duquel il reste le *plus de points;* car on ne décompte pas les dés pour la valeur de leurs points, mais bien pour celle de leurs compléments à 12 points. Ainsi, dans ce décompte, le 4 compte pour 2, le 5 pour 1, etc.... le 0 pour 6 et le 6 pour 0. On doit donc s'efforcer de se défaire des blancs et des plus bas numéros. Enfin le gagnant ajoute à son gain le complément des dés qui peuvent lui rester en main. Ce jeu offre de nombreuses combinaisons et se prête à des calculs plus compliqués que le domino ordinaire et le matador.

Expérience de capillarité. — Une tige de graminée, de paille, de foin, pliée fortement, se déplie dès qu'on la dépose sur l'eau. Or il se fait que l'alcool, l'éther, les huiles grasses et essentielles n'ont aucune action sur ces tiges pliées. De là l'expérience suivante. On verse de l'eau dans une capsule, et on dépose sur l'eau une légère couche d'éther, de térébenthine, de pétrole ou d'huile grasse. On amène avec précaution une tige pliée dans le liquide supérieur; elle y flotte, et par conséquent ne change pas de forme. Mais si on l'enfonce légèrement de manière que son sommet vienne à toucher l'eau, la tige se déplie lentement et tend à redevenir droite. L'expérience, faite avec l'éther, est assez élégante; la térébenthine donne aussi de bons résultats; vient ensuite le pétrole et enfin les huiles grasses dont le contact empêche presque le redressement de la tige. On peut retarder d'une façon sensible le déploiement d'une tige en humectant le sommet avec un peu d'huile ou de beurre que l'on tient sur les doigts. Ces expériences ne manqueront pas d'étonner les spectateurs non initiés à ce genre de phénomènes. — Quelques conseils pratiques aux personnes qui voudraient répéter ces récréations physiques : pour cacher l'artifice, on mettra les liquides superposés dans une capsule opaque, et non dans un vase en verre où la couche de séparation serait fort visible. Profitons de cette occasion pour rappeler que les vapeurs de l'éther et de certaines huiles sont inflammables; il sera donc bon de prendre des précautions. (M. *F. Leconte*, à Gand.)

Moyen mnémotechnique pour savoir si la lune croît ou décroît. — Supposez que le croissant lunaire forme un C, c'est-à-dire ait les cornes tournées vers la *droite* de l'observateur. Ce C, initiale du mot « commencé », indique au contraire que la lune finit. Si le croissant forme un D, les cornes à gauche, initiale du mot « Désinence », c'est-à-dire « fin », la lune commence ! Plus d'un bachelier ignore peut-être ce détail qui peut avoir son importance. (*Un assidu lecteur.*)

D'après M. A. *Redier*, à Paris, il suffit de regarder la lune et de faire saillir un des coudes de façon à l'enfoncer dans le quartier. Le coude droit s'enfonce dans le premier quartier, le coude gauche dans le dernier quartier. — Si l'on fait passer une ligne idéale verticale par les extrémités des cornes de la lune, et si on lit la lettre minuscule de l'alphabet que formera cette combinaison, en négligeant la partie de la ligne qui dépasse en haut ou en bas, suivant le cas, on aura une indication précise du quartier de la lune. En effet, si les cornes sont tournées à gauche, on lit la lettre *p*, c'est-à-dire premier quartier. Si elles sont tournées à droite, on lit la lettre *d*, dernier quartier. Il existe encore un autre moyen très simple. On lève les bras, en mettant les mains à la hauteur du chapeau. La lune croît si sa forme correspond à la forme du bras droit, dans lequel réside la force et la puissance; au contraire, elle décroît si son croissant est parallèle au bras gauche, lequel a moins de vigueur que le droit.

Il est bon, enfin, de se rappeler que la lune est menteuse, *luna mendax*, dit le proverbe latin. En effet lorsque le croissant forme un C, initiale de *crescit*, elle décroît, et lorsqu'elle forme un D (*decrescit*), elle croît.

La lune varie comme la lettre *x*, c'est-à-dire

qu'elle commence par la première moitié de la
lettre), et qu'elle termine par l'autre partie (. Il
serait difficile d'imaginer un moyen plus simple et
plus facile à retenir. (M. *C. Jacquin*, à Fives-Lille.)

Fontaines lumineuses à domicile. — Au mois
de juin dernier, j'ai imaginé, en m'inspirant d'un article publié dans *La Nature* du 25 mai, une disposition
permettant de reproduire, et à fort peu de frais, le
spectacle grandiose des fontaines lumineuses de l'Exposition universelle. Le croquis ci-joint (fig. 57) me dis-
pensera de trop longues explications. ABCD est une
chambre rendue obscure par la fermeture des volets
de la fenêtre E, orientée *au nord*. L'un des volets de
cette fenêtre est percé d'une ouverture circulaire F
de 20 centimètres de diamètre. En G, au delà de
l'ombre portée par la chambre, et à une hauteur
convenable, on dispose un miroir G de 25 à 30 centimètres de côté. Ce miroir, qui peut être fixé sur
un simple trépied comme ceux qui servent à supporter les longues vues, doit être mobile autour de
deux axes, l'un horizontal, et l'autre vertical, ce qui
lui permet de prendre toutes les positions. Les
rayons solaires, (c'est le soleil en effet qui fait tous les
frais de l'éclairage), réfléchis par ce miroir, passent
par l'ouverture F du volet et sont renvoyés perpendiculairement au sol par un second miroir H (de
mêmes dimensions que le premier et mobile comme
lui) que l'on a fixé au plafond de l'appartement. Un
écran I assure à la chambre une obscurité bien suffisante pour cette expérience. La fontaine est produite par un simple jet d'eau débouchant en K et

s'elevant verticalement dans la colonne de lumière
réfléchie par le miroir H. Je ne m'étendrai point sur
les moyens employés pour produire le jet d'eau ; ils
n'ont rien de particulier. Cependant, mes expériences m'ont conduit à préférer à un orifice unique
d'un certain diamètre un ajutage percé de plusieurs petits trous de la grosseur d'une épingle

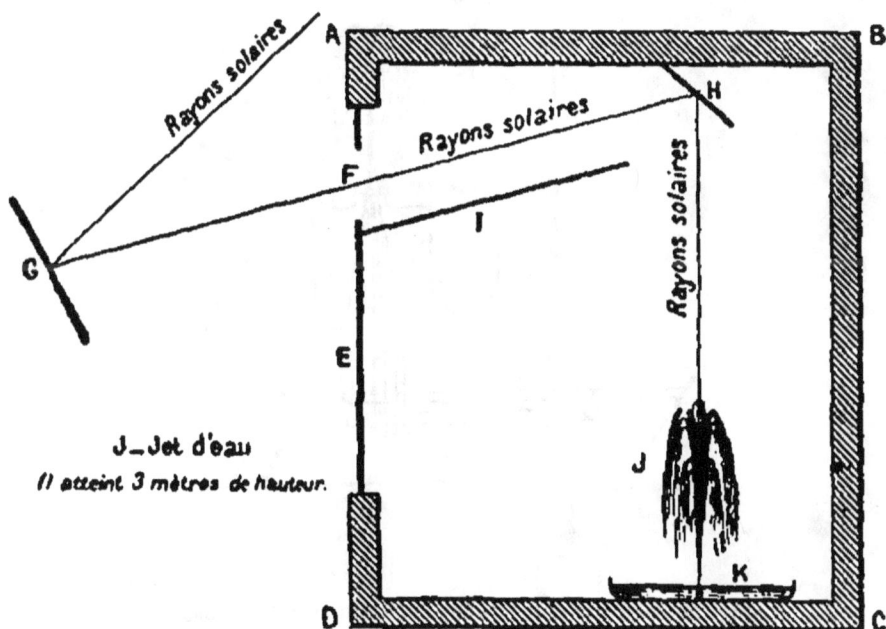

Fig. 57. — Fontaine lumineuse à domicile.

à peine. Tous les jets sont verticaux ; la colonne liquide est alors formée d'une multitude de fines gouttelettes étincelant comme des diamants et qui, en
retombant sous forme de bruine, s'irisent des mille
nuances de l'arc-en-ciel. Je n'ai pas besoin d'ajouter
qu'un bassin est de rigueur dans la chambre noire E,
si l'on veut éviter une inondation. Pour obtenir des
jets colorés, on fait glisser devant l'orifice F (muni

de deux coulisses à cet effet) des verres teintés *très
légèrement*, des couleurs foncées éteignant une grande
partie de ces gouttelettes minuscules. Par suite du
mouvement apparent du soleil, il faudra aussi donner, de temps à autre, un léger coup de pouce au
miroir G... mais, que voulez-vous ? tout le monde
ne peut pas avoir un héliostat ! C'est pour cela que le

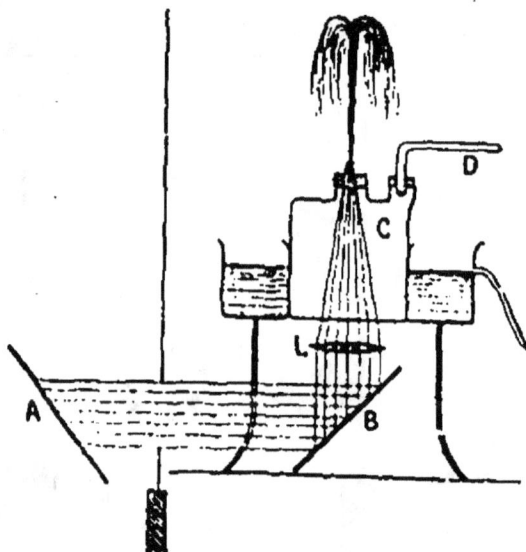

Fig. 58. — Autre disposition d'une fontaine lumineuse.

miroir doit être sensiblement plus grand que l'orifice F. La fenêtre de la chambre noire étant orientée
au nord, comme je l'ai dit plus haut, il est clair que
l'heure la plus favorable pour cette expérience est
midi. On peut cependant opérer avec succès de
10 heures du matin à 2 heures du soir. (*Un lecteur
noirmoutrin.*)

Quelques changements peuvent aussi être apportés
à la disposition indiquée plus haut ; ils sont repré-

sentés dans la figure ci-jointe. Les rayons solaires
réfléchis par le miroir A pénètrent dans la chambre
obscure par la partie inférieure de la croisée; ils
rencontrent en B un miroir à 45° qui les renvoie verticalement au travers d'un flacon C à fond plat, ali-
menté par un tube D, et d'où part le jet d'eau. Ce
flacon, dont la partie supérieure est noircie, est mas-
tiqué dans une cuvette formée de deux cylindres
concentriques représentée en coupe sur la figure; le
tout est supporté par un trépied entre les pieds duquel est placé le miroir B. L'addition en L d'une
lentille rendrait l'expérience plus brillante en permettant d'élargir le faisceau AB et la partie inférieure de l'appareil.

APPAREILS UTILES

Appareil à boucher les bouteilles. — En visitant, il y a quelques mois, l'exposition du concours agricole au Palais de l'Industrie, nous avons remarqué le curieux appareil que nous représentons ci-contre ; nous le signalerons aujourd'hui à nos lecteurs.

Cet appareil construit par M. J. Pia est destiné à remplir et à boucher les bouteilles, avec la plus grande facilité.

Avec la plupart des machines à boucher actuellement en usage, il faut d'abord emplir la bouteille, la placer sur la pédale du bouche-bouteilles, bien l'assujettir, mettre le bouchon dans le tube conique et refouler le bouchon dans la bouteille, soit au moyen de la crémaillère, soit à l'aide du levier. Dans le système de M. Pia, quand la bouteille est pleine, le liquide s'arrête à volonté suivant l'espace que l'on veut laisser entre lui et le bouchon. On peut boucher toute espèce de bouteilles, soit en grès, soit en verre noir, sans s'inquiéter de la contenance qui est réglée par la machine ; on peut mettre en bouteilles, sans le déranger, un fût gerbé en deuxième, troisième et quatrième rang : il suffit d'allonger, selon le besoin, le tuyau en caoutchouc, dont il sera parlé dans la description.

Le bouche-bouteilles de M. Pia consiste en un châssis en fer, incliné obliquement sous un angle de 30 à 35 degrés et maintenu dans cette position par

une petite charpente également en fer, le tout pèse
environ 15 kilogrammes. Le châssis porte à sa partie

Fig. 59. — Appareil à boucher les bouteilles.

supérieure un levier articulé, faisant fonctionner un
piston, monté sur une tige B et dont l'extrémité par-
court toute la longueur du tube conique, destiné à
recevoir le bouchon.

Par un dispositif des plus ingénieux, la bouteille, placée sur le châssis oblique et maintenue fixe au moyen de la clef, reçoit directement le vin ou autre liquide à embouteiller, au moyen d'un tube en caoutchouc adapté au robinet de la pièce, robinet qui peut rester constamment ouvert.

En effet, la bouteille fixée dans son châssis, on lève le levier et l'on place le bouchon dans le tube conique. Le vin s'écoule dans la bouteille ; celle-ci une fois pleine, on rabat le levier, qui, tout en bouchant la bouteille, vient comprimer le tube en caoutchouc en A et, par suite, arrêter l'écoulement du liquide. On retire de dessus le châssis la bouteille qui est pleine et bouchée, et on la remplace par une bouteille vide, on lève le levier, on met le bouchon en place, pendant que la bouteille s'emplit, et, la bouteille pleine, on rabat le levier, et ainsi de suite.

Si nous nous sommes bien expliqué, on doit comprendre que le temps qu'on emploie avec la plupart des autres systèmes pour boucher la bouteille est supprimé, puisqu'ici le bouchage se fait au moment de l'arrêt du liquide, lorsque la bouteille est pleine. Avec la machine de M. Pia, il ne faut pas plus de temps pour boucher la bouteille qu'il n'en faut dans l'emplissage ordinaire pour tourner le robinet de la pièce, lorsque la bouteille est pleine et qu'il faut la remplacer par une vide. Rien donc de plus simple et de plus expéditif.

Nous ajouterons que ce premier appareil est complété par une autre machine qui permet de boucher les bouteilles avec une pompe pneumatique. Cette machine a particulièrement été construite en vue de la mise en bouteilles des liquides volatils et odorants

et des produits chimiques. C'est le même système;
seulement, au lieu que ce soit le liquide qui en s'introduisant dans la bouteille chasse l'air, c'est une
pompe pneumatique qui fait préalablement le vide
dans la bouteille, et quand le vide est fait, il suffit
de lever le levier, pour que le liquide soit aspiré
et emplisse instantanément la bouteille. Celle-ci
pleine, on baisse le levier, on interrompt l'écoulement ou plutôt l'aspiration du liquide et la bouteille
se trouve en même temps bouchée.

Bec à gaz multiple de M. d'Arsonval. —
L'impulsion donnée à l'enseignement depuis quelques années a fait sentir de plus en plus dans les
écoles et lycées le besoin d'augmenter le nombre des
manipulations chimiques faites par les élèves, car le
profit qu'ils retirent de cet enseignement par eux-mêmes est incontestable.

Malheureusement les professeurs sont souvent retenus dans l'application de leur programme par la
modicité du budget qui leur est accordé, et l'acquisition d'un grand nombre répété des mêmes appareils et ustensiles est souvent un obstacle insurmontable.

M. d'Arsonval, le savant professeur du Collège de
France qui a déjà rendu tant de services appréciés des chimistes et des physiciens par les ingénieuses dispositions des appareils qu'il a su créer, vient
d'aplanir une partie de ces difficultés en ce qui concerne les appareils de chauffage au gaz dans les laboratoires des écoles.

Le bec à gaz multiple, dont la figure ci-contre don-

nera au lecteur une idée exacte de la disposition et
de la simplicité, remplace, pour un prix fort minime:
le bec Bunsen des laboratoires, le fourneau à évaporer, la grille à analyses organiques, le chalumeau
oxyhydrique, les supports à capsules, les supports
à pinces, etc., etc., etc. La partie principale du bec
multiple est composée d'un pied en fonte surmonté

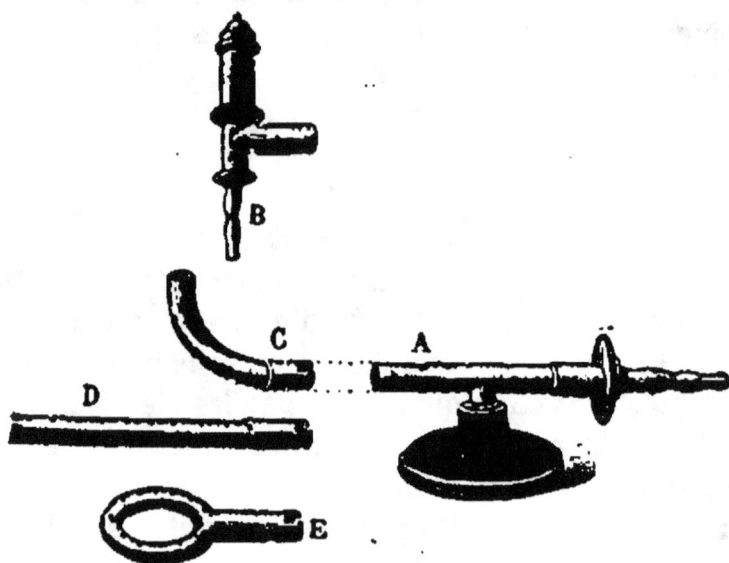

Fig. 60. — Différentes parties du bec multiple d'Arsonval.

d'un tronçon de bec horizontal en cuivre A (fig. 60)
avec robinet d'air régulateur et sur lequel viennent se
greffer tour à tour les autres ajutages.

Veut-on avoir le bec Bunsen si heureusement mo
difié par M. Berthelot, on place l'ajutage C sur le
pied A, où il entre à frottement jusqu'à un point d'arrêt. Pour avoir le fourneau à évaporer, il suffit de
remplacer l'ajutage C par la couronne E. La grille
à analyses organiques est formée de deux briques
ordinaires placées sur champ parallèlement l'une à

côté de l'autre et sur lesquelles viennent se poser
deux petites brides cintrées en fer supportant le tube

Fig. 61. — Bec de gaz d'Arsonval, disposé pour les analyses organiques.

à analyses également en fer (fig. 60). Le tout est

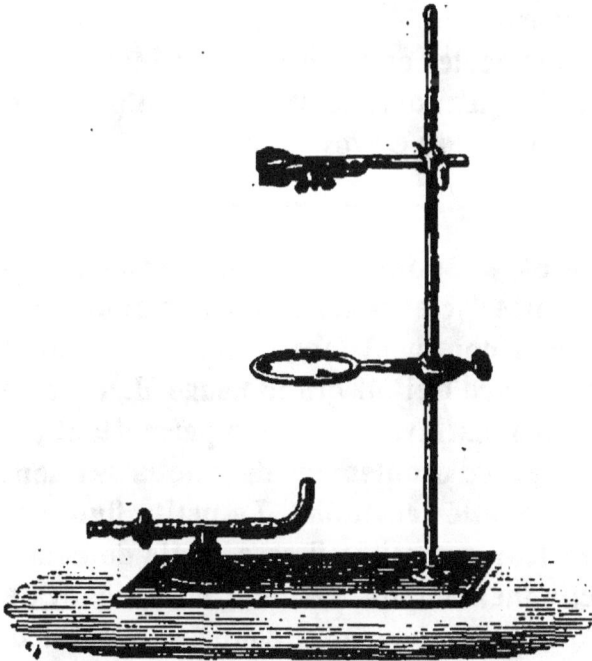

Fig. 62. — Bec de gaz d'Arsonval disposé sur un support à pinces.

chauffé par le long tube de cuivre percé de trous,
ajutage D qui se monte à son tour comme les précédents sur le pied principal.

Le chalumeau oxyhydrique A (fig. 60) s'adapte également comme toutes les pièces ci-dessus.

Enfin le support représenté dans la figure 3 a pour
base une large plaque de fonte qui sert de table à
tout l'appareil et porte sur sa tige, anneau, et pince
articulée destinés à recevoir capsules, ballons, cor-
nues, etc.

Il faut ajouter que toutes les pièces de ce bec sont
d'un usage absolument pratique et donnent au moins
les mêmes températures que l'on est habitué à trouver dans les appareils de chauffage au gaz pour laboratoires, tout en coûtant quatre ou cinq fois moins
que ceux-ci.

Plusieurs écoles et entre autres l'École municipale
Arago ont déjà adopté le bec multiple pour les manipulations de leurs élèves.

Robinet à écoulement automatique. — Plusieurs de nos lecteurs nous ont demandé à différentes reprises comment fonctionnent ces robinets dont
on fait aujourd'hui un grand usage dans les brasseries et dans les lavabos, et qui permettent de mouvoir le tuyau d'écoulement dans tous les sens et de
régler à volonté leur débit. La petite figure ci-jointe
satisfera leur curiosité; il sera facile de comprendre
le fonctionnement du système en s'aidant de la légende qui accompagne la coupe. La manœuvre du
robinet se réduit à saisir la tige, à l'amener au-dessus
du récipient que l'on veut remplir et à la soulever
plus ou moins, suivant la rapidité du débit que l'on
veut obtenir. En abandonnant la tige à elle-même
elle s'abaisse aussitôt sous l'action du ressort E et

ferme automatiquement l'arrivée du liquide en appliquant le clapet sur son siège.

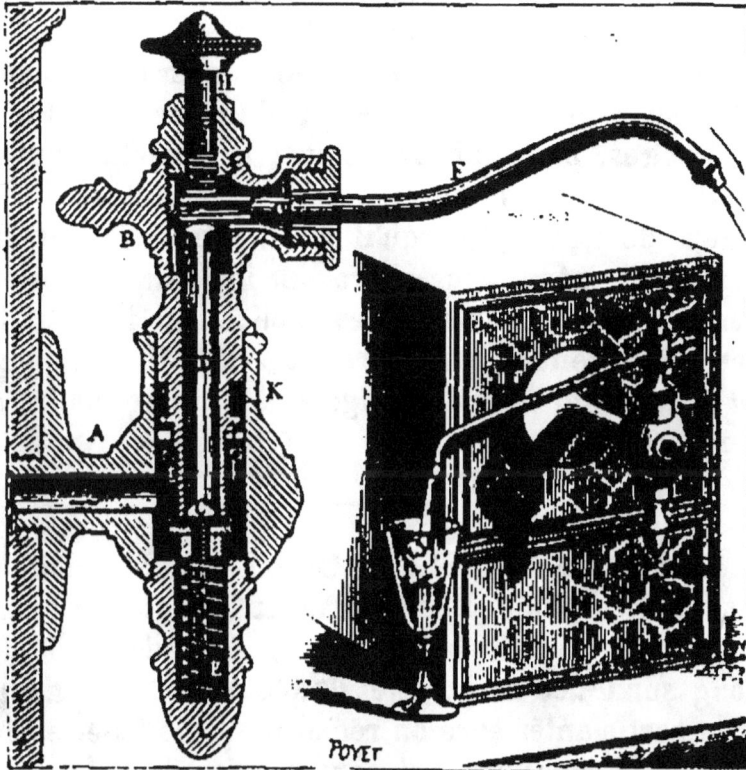

Fig. 63. — Robinet de M. P. Coquelle à écoulement automatique en tous sens et à débit variable.

A. Boisseau. — B. Clef alésée intérieurement, fermée à sa partie inférieure par le clapet C et traversée par la tige D. Un prolongement évidé renferme un ressort E qui maintient toujours le clapet appliqué sur son siège. — F. Tige creuse pour l'écoulement du liquide, articulée en G et appuyant sur la tige D pour dégager l'orifice d'écoulement. — H. Vis de réglage appuyant sur la partie supérieure de la tige D pour ouvrir plus ou moins l'orifice d'écoulement et donner un débit continu aussi faible que l'on veut. — K. Garniture de filasse formant joint entre le boisseau A et la clef B. — L. Cul-de-lampe ou bouchon permettant d'enlever le clapet pour changer la rondelle au besoin, corriger l'usure, etc.

Lorsqu'on veut obtenir un débit continu sans

s'astreindre à maintenir la tige soulevée avec la main, on fait usage de la vis H qui presse sur la tige D et abaisse le clapet : on règle le débit continu par le degré d'enfoncement de la vis H.

Cet appareil permet donc d'obtenir un écoulement continu réglable à volonté, et, dans les conditions ordinaires, constitue un robinet à fermeture automatique réduisant au minimum les pertes accidentelles de liquide, puisqu'il suffit d'abandonner la tige à elle-même pour provoquer instantanément sa fermeture. En dehors de ses applications industrielles, il peut rendre de nombreux services domestiques, et c'est ce qui nous a engagé à le faire connaître à nos lecteurs.

Télémètre de poche. — Cet instrument, imaginé par M. le capitaine Heurtant, du 22ᵉ de ligne, se compose d'une simple boîte rectangulaire de $0^m,05$ de long sur $0^m,03$ de large et $0^m,005$ à $0^m,007$ de haut. A la partie antérieure on remarque trois fenêtres de $0^m,0005$ d'ouverture qui sont percées de telle sorte que du bord *extérieur* d'une fenêtre *externe* au bord *intérieur* de l'autre fenêtre externe il y ait *exactement* $0^m,025$ (fig. 64). Entre les bords *extérieurs* de ces fenêtres il y a donc $0^m,0255$, les deux bords de la fenêtre du milieu donnent donc les bissectrices de deux angles formés par l'œilleton placé à la partie postérieure de la boîte: 1° le bord extérieur de la fenêtre de gauche avec le bord intérieur de la fenêtre de droite; 2° le bord extérieur de la fenêtre de droite avec le bord intérieur de la fenêtre de gauche. Ainsi que je viens de le dire, un œilleton permettant de voir en même temps les deux fenêtres extrêmes est percé à la partie postérieure de la boîte.

THÉORIE DE L'INSTRUMENT. — Supposons un angle

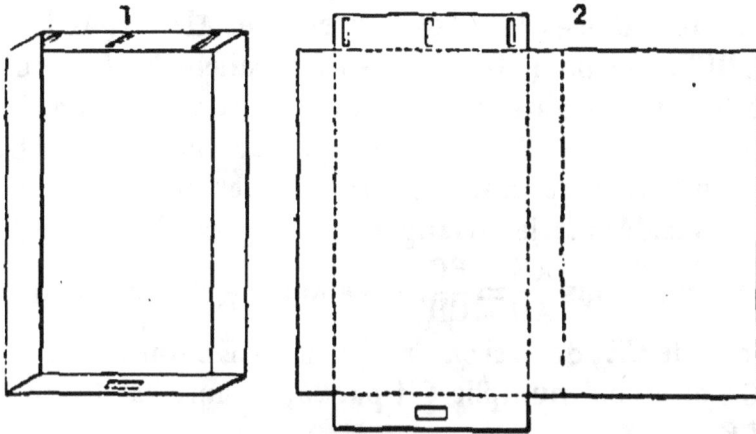

Fig. 64. — 1. Télémètre légèrement réduit, le dessus enlevé. 2. Le télémètre déployé sur une carte de visite.

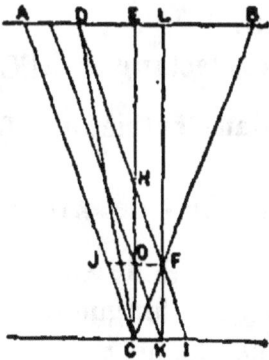

Fig. 65. — Figure pour la théorie de l'instrument.

quelconque ACB et la bissectrice CE; si du point C on fait passer un rayon visuel par les points A et B, l'un de ces points étant dirigé sur l'objet dont on cherche la distance, la ligne CA rencontrera la ligne d'horizon sur laquelle se trouve cet objet au point A; la ligne AB est la somme des tangentes des deux angles adjacents ACE et ECB. Pour connaître la distance à laquelle se trouve le point B, il suffit de connaître cette somme; en effet, la tangente d'un angle est toujours exprimée pour un rayon d'un mètre, pour un rayon de 100 mètres elle est donc cent fois plus grande, pour un rayon de 200 mètres, deux cents fois, etc.

Si on prend sur AB une distance $AD = \frac{1}{5}$ de AB et qu'on mesure AD, c'est absolument comme si on avait mesuré AB; c'est le but de l'instrument $AD = tgACE - tgDCE$. Du point D menons DI parallèle à AC, nous déterminons ainsi sur CE et CB deux points H et F, les longueurs CH et CF sont proportionnelles à AD, ce sont elles qui nous serviront à mesurer CB et CE.

Considérons les triangles rectangles AEC et DEH, et nous avons $\frac{AE}{AD} = \frac{EC}{CH}$. AD étant le $\frac{1}{25}$ de AE, CH sera le $\frac{1}{25}$ de CE; donc si on s'avance sur CE d'une longueur CH et qu'on multiplie CH par 25, on aura la distance CE.

Du point F menons une parallèle à CE et joignons MK. Remarquons que $FO = OJ$, $CK = FO$, donc MK qui a deux de ses points également distants de AC est parallèle à cette ligne et par suite à D; de plus $F = \frac{1}{2}$ de FJ, AM égalera $\frac{1}{2}$ de AD.

Considérons les deux triangles rectangles AEC et COF; nous avons $\frac{AE}{\frac{1}{2}AD} = \frac{EC}{CO}$ et dans les triangles BEC et COF $\frac{BE}{FO} = \frac{BC}{CF}$ ou $\frac{BE}{\frac{1}{2}AD} = \frac{BC}{CF}$. Or $\frac{1}{2}$ de AD, c'est le $\frac{1}{50}$ de AE ou de BE, CF est donc le $\frac{1}{50}$ de CB ou de CA; si donc on s'avance sur CB d'une longueur CF et qu'on multiplie cette longueur par 50, on aura la distance du point C au point B.

MANŒUVRE DU TÉLÉMÈTRE. — 1er cas. — Appliquer l'instrument, la partie postérieure, contre l'œil, viser l'objet avec le bord gauche de la fenêtre de droite, remarquer sur la même ligne d'horizon le point où

aboutit le bord droit de la fenêtre de gauche, marcher soit sur l'objet, soit sur la bissectrice de l'angle
(*indiquée par le bord gauche de la fenêtre centrale*)jus-
qu'à ce que le bord de la fenêtre de gauche vienne se
placer sur le point auxiliaire précédemment déterminé
par le bord droit de cette même fenêtre, multiplier la
distance cherchée par 25 si on a marché sur la bissectrice ou par 50 si on s'est dirigé sur l'objet.

2e *cas*. — Viser l'objet avec le bord gauche de la fenêtre de droite, déterminer le point auxiliaire avec
le bord droit de la fenêtre de gauche et marcher sur
le point ou sur la bissectrice jusqu'à ce que le bord
droit de la fenêtre de droite coïncide avec l'objet.

3e *cas*. — Viser l'objet avec la bissectrice, ou déterminer alors deux points auxiliaires à droite et à gauche de l'objet. On retombe alors dans le premier ou
le deuxième cas, suivant qu'on s'avance sur le point
auxiliaire de droite ou celui de gauche ; on peut, dans
ces trois cas, au lieu de déterminer le point auxiliaire
à l'aide du bord droit de la fenêtre de gauche ou du
bord gauche de la fenêtre de droite, le chercher avec
l'un des bords extérieurs de l'une ou de l'autre de
ces fenêtres ; il faut alors reculer dans les directions
indiquées plus haut pour que les bords intérieurs de
ces fenêtres viennent coïncider avec l'objet ou avec le
point auxiliaire.

Bobine pour rouler les bandes. — Ce petit appareil (fig. 66) constitue assurément une bien modeste
invention, mais on nous demande de le faire connaître, parce qu'il a déjà rendu des services à quelques dames de l'*Association des dames françaises*,

association qui constitue, comme on le sait, une admirable société de secours aux militaires blessés ou
malades en cas de guerre. Nos lectrices qui s'occupent
d'œuvres de secours reconnaîtront immédiatement
qu'il est plus vite et mieux fait, et moins fatigant, de

Fig. 66. — Petit appareil pour enrouler les bandes de pansement.

rouler des bandes avec cette petite bobine qu'avec les
doigts. L'aiguille enfilée sur les deux supports de bois
que montre notre figure est de section carrée afin
que le premier tour de la bande tienne mieux, et elle
va en dégrossissant du manche à la pointe afin que
la bande roulée serrée puisse être retirée facilement.

Cette aiguille se termine à angle droit: elle est munie d'une poignée qui sert de manivelle. Ce petit appareil a été construit par notre collaborateur, M. de Sauderval, qui l'avait imaginé pour des dames de l'Association alors qu'elles envoyaient au Tonkin des monceaux de bandes de pansement. Nous sommes heureux de le signaler puisqu'il nous aura donné l'occasion de parler des Dames françaises. Comme l'a dit M. Jules Simon à l'une des dernières réunions de l'Association : « On peut dire qu'en même temps qu'on travaille à l'art de blesser et de tuer, on travaille aussi à l'art de guérir... » Quand la guerre viendra, l'honorable orateur a montré qu'il ne fallait guère compter sur les hommes pour soigner les blessés... « Les hommes, il n'y en aura pas. Tous seront occupés à tuer; il faudra donc que la femme s'occupe à panser. » On a dû songer à aller chercher les dames, où du moins elles se sont offertes elles-mêmes et l'*Association des dames françaises* a été créée (1).

Lampe à pétrole, sans verre. — Cette lampe (fig. 67) est fort peu connue en France, quoiqu'elle se construise depuis plusieurs années en Amérique et qu'elle se trouve assez répandue aux colonies. C'est du Tonkin, où elle est très employée, que nous arrive celle que nous possédons, et nous croyons bon de la signaler à nos lecteurs, car elle a de réelles qualités, dont les principales sont de ne pas employer de verre et de dégager peu de chaleur. Afin d'avoir un tirage

(1) L'*Association des Dames françaises* a son siège boulevard des Capucines, 24, à Paris.

suffisant qui active la combustion, malgré l'absence de toute cheminée, on a employé un artifice ingénieux

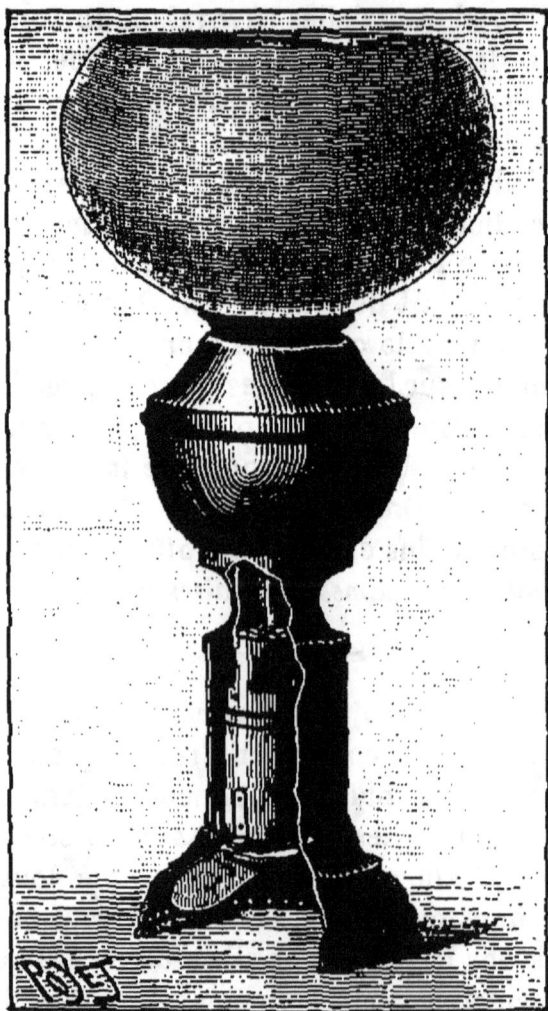

Fig. 67. — Lampe à pétrole sans verre.

qui consiste à placer dans le pied de la lampe un mouvement d'horlogerie dont le dernier mobile, ou volant, animé d'une très grande vitesse, a la forme

d'une petite hélice. La lampe est munie d'une double
enveloppe; l'air mis en mouvement par l'hélice cir-
cule dans l'espace vide et vient s'échapper par le bec
(semblable à celui des autres lampes à pétrole) en
entourant complètement la mèche. Lorsqu'on allume
la lampe sans mettre le mouvement d'horlogerie en
action, on a la lumière rougeâtre et fumeuse de toutes
les lampes sans cheminée d'appel; mais aussitôt qu'on
met l'hélice en mouvement on voit la flamme s'étaler
en un large papillon et devenir d'un blanc éclatant.
Le mouvement d'horlogerie marche pendant dix heures ; on n'a donc jamais à s'en occuper pendant que
la lampe est allumée. Un globe en verre dépoli peut
se placer autour de la flamme pour diffuser la lumière
quand on veut s'en servir comme lampe de travail.
Ce système pourrait être utilisé avantageusement,
croyons-nous, pour les lanternes à projection et pour
la télégraphie optique, surtout si l'on remplaçait le
courant d'air par un courant d'oxygène pur. La mèche,
dans ce cas, devrait être faite d'une substance incom-
bustible telle que l'amiante. Cette lampe aurait certainement du succès si on pouvait se la procurer plus
facilement. Celle qui nous a été envoyée du Tonkin
par le docteur Mareschal est actuellement entre les
mains de M. Mercadier qui voudra bien la soumettre
à des mesures photométriques.

Canne d'arpenteur. — Dans une des séances
de la *Société pédagogique genevoise*, M. Vez, ingénieur, a présenté un nouvel instrument dont il est
l'inventeur, et qui ne manque assurément pas d'o-
riginalité. C'est une grosse canne (fig. 68, n° 1) à la-

quelle se joint un petit écrin de poche. Ces deux

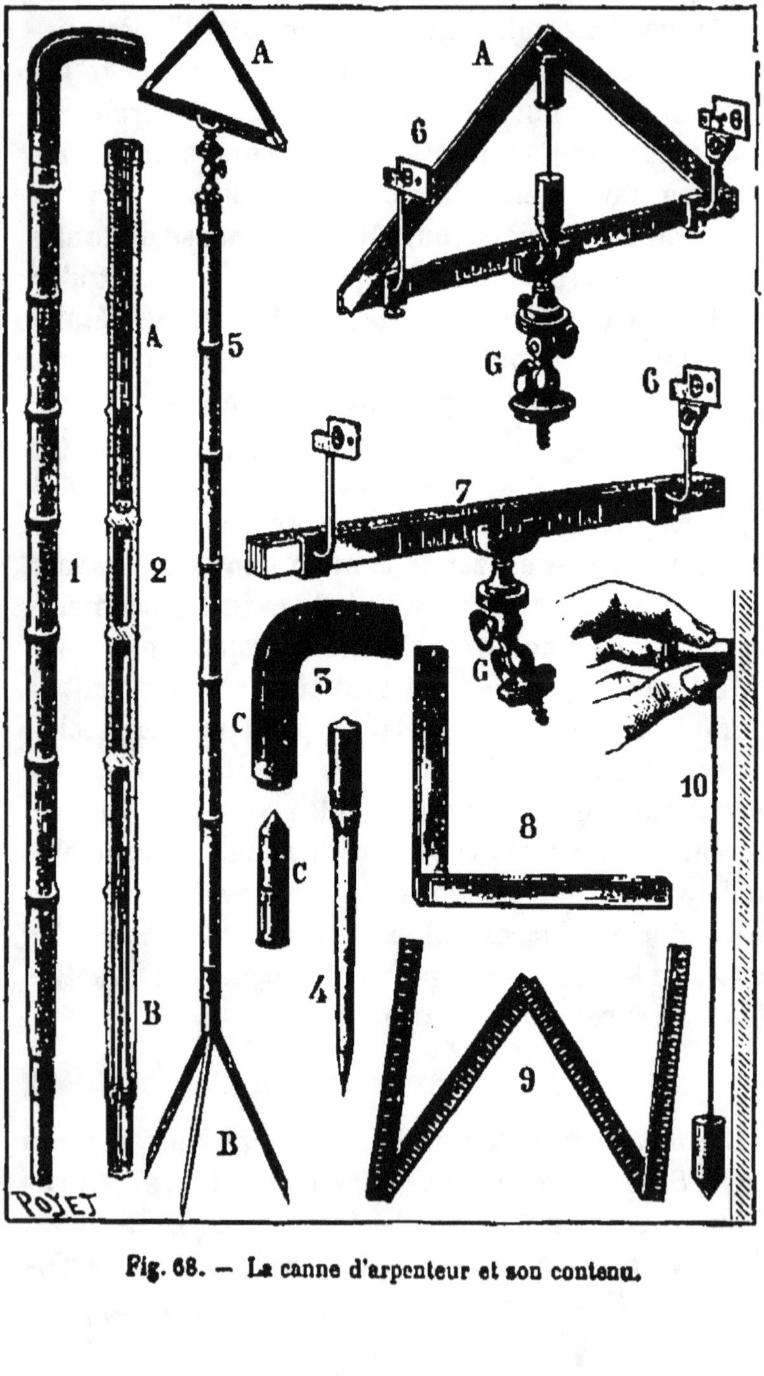

Fig. 68. — La canne d'arpenteur et son contenu.

objets contiennent tous les instruments nécessaires au nivellement et à l'arpentage.

Pour se servir de la canne, on dévisse sa poignée (n° 3) et on en retire un fil à plomb dont le fil s'enroule et se déroule automatiquement. Pour s'assurer de l'aplomb d'un plan vertical, on place ce fil à plomb tel qu'il est indiqué au n° 10.

On retire de la canne (n° 2, en A) le mètre à 4 branches et à ressort (n° 9) qui peut se transformer facilement en règle, en équerre (n° 8), en niveau de maçon ; dans ce cas on lui fait prendre la forme indiquée au n° 6 et on y adapte le fil à plomb.

En retirant de la partie inférieure de la canne (n° 2 B) le pied à trois branches, ou le piquet n° 4 qui peuvent s'y introduire alternativement et qui s'emploient suivant la nature du sol, et en disposant le premier comme l'indique le n° 5, B, on a un pied d'instrument sur lequel il suffira d'ajouter le genou à double mouvement et les pinnules renfermées dans l'écrin pour obtenir :

1° Un niveau (n° 6 et 7) aussi précis que le niveau d'eau, mais plus transportable que ce dernier et ne nécessitant pas d'eau.

2° Un niveau de pentes, l'une des pinnules étant munie d'une crémaillère et d'une division donnant la pente par mètre.

2° Une équerre d'arpenteur, le genou portant un plateau divisé de façon à pouvoir élever une perpendiculaire.

En résumé, la canne de M. Vez renferme sept instruments, savoir : 1° le fil à plomb ; 2° la règle ; 3° le mètre linéaire ; 4° l'équerre ; 5° le niveau simple ; 6° le niveau de pente ; 7° l'équerre d'arpenteur.

Elle peut servir en outre d'arme défensive, la pointe nº 4 en faisant une véritable lance.

Cette canne se recommande surtout aux propriétaires, aux intendants, aux conducteurs et vérificateurs de travaux, en ce qu'elle leur permet de contrôler eux-mêmes telle ou telle partie d'un bâtiment et d'un travail quelconque, sans avoir à se munir d'autre instrument qu'une canne dont il faut pardonner le volume et le poids, en raison des objets multiples qu'elle contient.

Le phonotélémètre. — L'expérience des écoles à feu a démontré l'utilité d'ouvrir le feu en partant d'une connaissance aussi rapprochée que possible de la distance réelle du but. Les différents moyens utilisés jusqu'ici pour évaluer les distances présentent tous des inconvénients plus ou moins graves.

Les télémètres fondés sur des méthodes géométriques sont le plus souvent encombrants et exigent toujours des opérateurs exercés : leur maniement demande un certain temps et les résultats qu'ils fournissent peuvent être entachés de nombreuses erreurs accidentelles, dues à des causes diverses. Pour en faire usage, il est indispensable d'apercevoir nettement le point dont on veut trouver la distance.

Les mesures à vue demandent une grande pratique et les opérateurs les plus rompus à cet exercice risquent encore d'être souvent trompés par des jeux de lumière, surtout aux grandes distances.

Les instruments d'évaluation des distances, fondés sur la vitesse du son, présentent en général l'avantage d'être d'un maniement facile, de ne demander aucun apprentissage préalable et de |n'exiger, pour les ob-

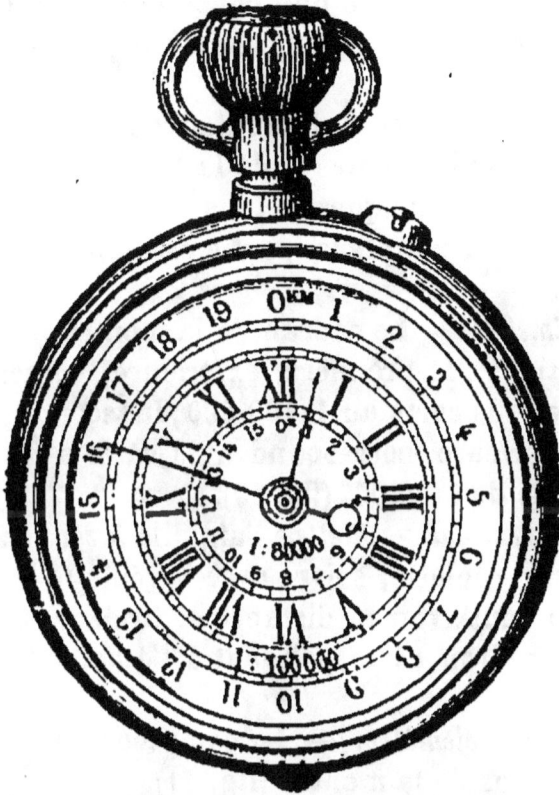

Fig. 69. — Montre et curvimètre.

servations, ni mise en station, ni déploiement de personnel pouvant attirer l'attention de l'ennemi.

Fig. 70. — Boussole placée sur le poussoir.

Telles sont les qualités que présente le petit instrument que vient de faire construire M. le capitaine Thouvenin, adjoint à la direction d'artillerie de Vincennes et auquel son auteur a donné le nom de *Phonotélémètre.*

Il se compose : d'une montre avec curvimètre sur le cadran (fig. 69); d'une boussole sur le poussoir (fig. 70); et d'un compteur télémètre placé au dos de la montre (fig. 3).

Nous n'avons rien à dire relativement à l'utilité et à l'emploi de la montre et de la boussole, mais nous allons donner quelques détails sur le curvimètre et surtout sur le compteur, partie essentielle du nouvel appareil.

Curvimètre. — Le cadran de la montre porte deux graduations : la première, extérieure, correspond à l'échelle de la carte au 1/100 000 ; la seconde graduation, inférieure, correspond à la carte d'État-major à l'échelle de 1/80 000 (fig. 69).

Mode d'emploi. — Mettre l'aiguille à zéro en faisant tourner la roulette, suivre avec la roulette le chemin dont on veut avoir la distance et lire sur la graduation du cadran correspondant à l'échelle de la carte à mesurer.

Compteur télémètre. — Le compteur télémètre est placé au dos de la montre (fig. 71).

Le mouvement d'horlogerie fait mouvoir une aiguille sur un cadran divisé en 15 secondes, chaque seconde étant elle-même partagée en dix parties égales, comme les durées de trajet des projectiles sur les hausses.

Les distances sont inscrites sur le cadran du télémètre de la façon suivante :

Les kilomètres sont représentés par les gros chiffres noirs 1, 2, 3, 4, 5; les hectomètres par les petits chiffres rouges; les 50 mètres, par les divisions noires sur le cercle; les 25 mètres, par les divisions rouges entre les noires.

Mode d'emploi — On remonte d'abord l'instrument;
pour cela il suffit de remonter la montre et de l'accrocher, au moyen d'une pince à ressort, à l'un des
côtés de la jumelle. Au moment où l'on aperçoit la
lueur du coup de fusil, du coup de canon, ou l'éclair

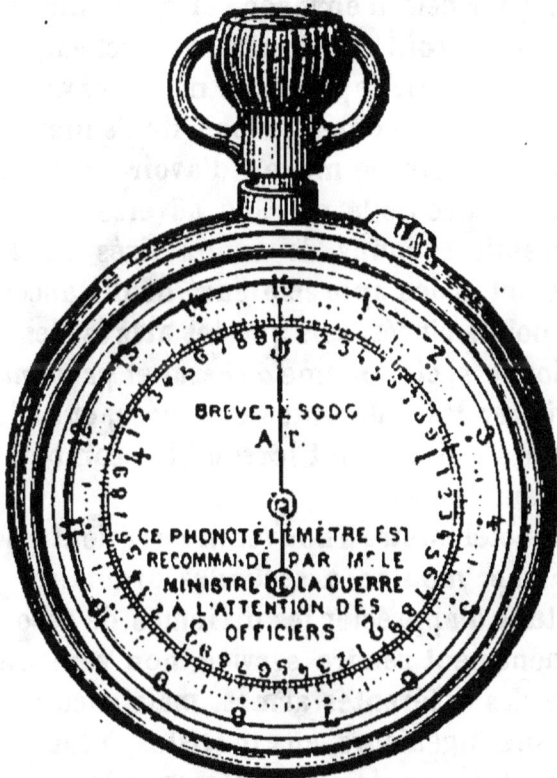

Fig. 71. — Compteur télémètre placé au dos de la montre

de la foudre, etc., etc., on met l'aiguille en marche
en pressant un petit coup sec sur le poussoir; une
action identique arrête l'aiguille à l'instant où l'on
entend le bruit de la détonation et la même action
ramène l'aiguille au point zéro.

Il suffit alors de faire une lecture sur la graduation
de l'instrument pour avoir la distance, à moins de

25 mètres près. Si l'on évalue à vue les demi-divisions, on obtient une approximation de lecture de 10 à 12 mètres.

Cet instrument permettra de mesurer, avant la bataille, les distances aux points importants du terrain : il suffira pour cela d'envoyer sur ces points des cavaliers qui brûleront quelques cartouches. Il pourra même arriver que l'apparition de ces cavaliers attire sur eux quelques coups de fusil de l'ennemi, ce qui donnerait en outre le moyen d'avoir approximativement la distance de la position adverse.

Les premiers coups de canon tirés par l'ennemi permettront à des appréciateurs de distances, placés sur des points élevés, tels que les arbres, les maisons et les clochers, etc., même *à cheval* et *pendant la nuit*, d'enregistrer les différentes distances, et de les communiquer à qui de droit lorsque les combattants arriveront sur le terrain.

Le phonotélémètre Thouvenin ne revient guère plus cher qu'une montre à secondes ordinaire, tout en permettant d'apprécier les dixièmes de seconde. Cet instrument peut rendre service, non seulement aux officiers des différentes armes, mais encore aux médecins, aux ingénieurs, aux touristes, à tous ceux qui ont intérêt à apprécier exactement le temps et les distances.

Les verrous de sûreté. — Il y a bien des manières de fermer sa porte, et, depuis l'antique verrou jusqu'aux serrures les plus compliquées, nous n'en connaissons pas d'absolument sûre. Il faut cependant distinguer deux cas : celui où l'on se trouve dans le local à fermer et celui où l'on se trouve dehors.

Dans le premier cas, il est facile de s'enfermer sûrement. Outre le moyen primitif qui consiste à tirer un meuble devant sa porte, il y a le petit morceau de bois taillé en biseau qu'on glisse entre le plancher et le bas de la porte. Il est vrai que de l'extérieur on peut, avec une lame de couteau, chasser ce coin ; aussi ajouterons-nous un petit perfectionnement qui consiste à l'assujettir solidement au moyen d'une petite vrille qui le traverse et vient se fixer au plancher. Avec ces deux objets bien simples, un petit coin de bois et une vrille de 10 centimes, on peut dormir tranquille. On pourra nous objecter que la condition essentielle est que la porte s'ouvre vers l'intérieur. Cela est vrai, mais c'est le cas général et si, par hasard, elle s'ouvrait vers l'extérieur, nous ne serions pas pris au dépourvu, car nous joindrions à notre matériel deux pitons à vis et une forte ficelle. L'un des pitons fixé à la porte près de la serrure l'autre au plancher à 2 mètres de la porte, nous les réunissons par la ficelle que nous attachons solidement et nous pouvons défier les voleurs.

Maintenant examinons le second cas, celui où l'on sort de chez soi. Ici les choses se compliquent : d'abord, parce que c'est généralement quand on est absent qu'on désire que sa porte soit bien fermée ; ensuite, parce que c'est précisément parce qu'on sort qu'il est impossible d'organiser la moindre barricade à l'intérieur. Il y a bien des serrures, dites incrochetables qui sont, sinon inviolables, du moins fort difficiles à crocheter ; les malfaiteurs n'essayent généralement pas de ce moyen et ils préfèrent la *pince*

monseigneur. Nous croyons utile de rappeler ici que
cet instrument, cher aux voleurs, est tout simplement un ciseau en acier légèrement recourbé à ses

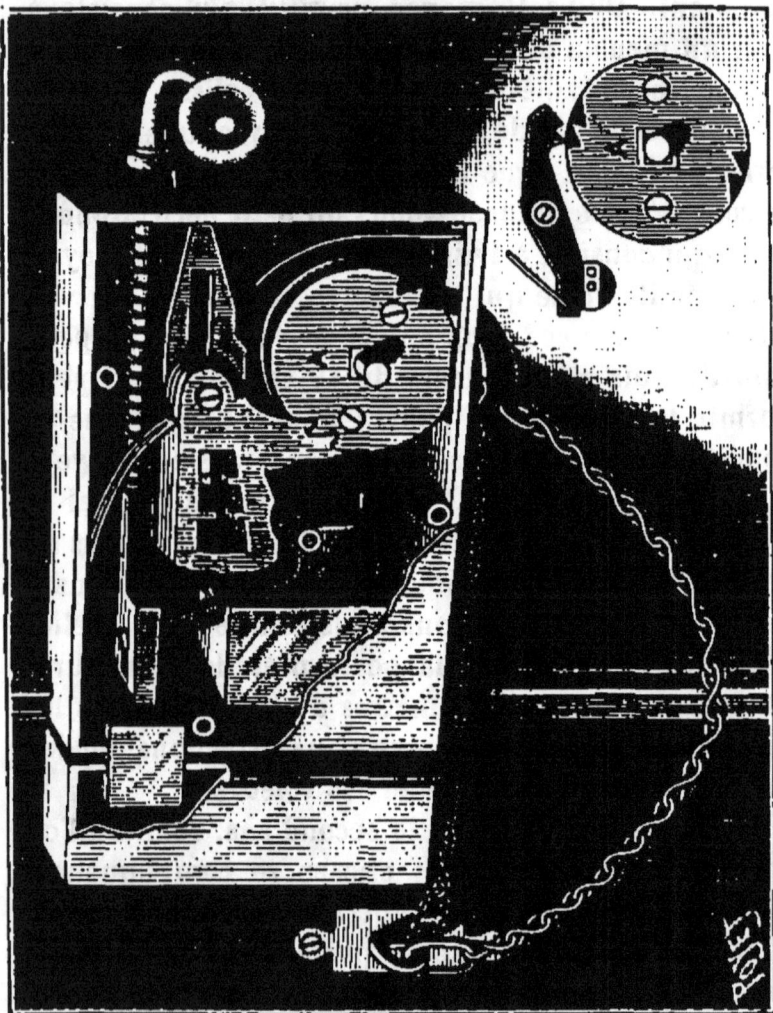

Fig. 73. — Chaîne de sûreté perfectionnée.

extrémités et qui peut, lorsqu'il est bien manœuvré,
forcer le pêne à sortir de la gâche et au besoin faire
sauter celle-ci. Les complications de la serrure deviennent alors bien inutiles.

Parmi les systèmes qui permettent de se mettre à l'abri d'une attaque de ce genre, il en est deux qui, à l'exposition de serrurerie, ont particulièrement attiré notre attention. L'un consiste en une chaîne fixée au mur par une de ses extrémités (fig. 72) et portant à l'autre bout un crochet qu'on place sous la serrure dans une entaille ménagée à cet effet. Cette opération se fait de l'extérieur en passant le bras par la porte entre-bâillée. Lorsqu'on donne ensuite deux tours de clef, la chaîne vient s'enrouler sur le tambour A auquel correspond le crochet, et elle se trouve complètement tendue. (Cette position est indiquée en pointillé sur la gravure.) En supposant que par une pesée on force le pène à sortir de la gâche, la fermeture est quand même assurée; et cela quel que soit le sens d'ouverture de la porte.

L'autre système nous paraît encore plus sûr. Il consiste à placer un arc-boutant contre le volet de la porte. Cet arc-boutant est une tringle en fer (fig. 73). Au moment de sortir, on place l'une des extrémités dans un petit trou ménagé à cet effet sur le plancher. L'autre extrémité porte un petit verrou A que l'on place dans une glissière H fixée sous la gâche. Dans ce verrou s'engage l'extrémité d'un levier pivotant en B et dont l'autre extrémité D aboutit dans la gâche même en face du pène de la serrure. On voit de suite que lorsqu'on donne un tour de clef, le levier DBA force l'extrémité A de la tringle à venir contre la porte dans une seconde glissière E disposée là pour la recevoir. Si la porte s'ouvre vers l'intérieur, elle peut alors résister à toutes les pesées. Si elle s'ouvrait dans l'autre sens, il faudrait que la tringle au lieu de s'appuyer simplement sur le plancher y fût accrochée, ce qui est facile à réaliser. Voici donc notre porte bien fermée de l'extérieur avec la clef : il s'agit maintenant de la rouvrir. A cet effet,

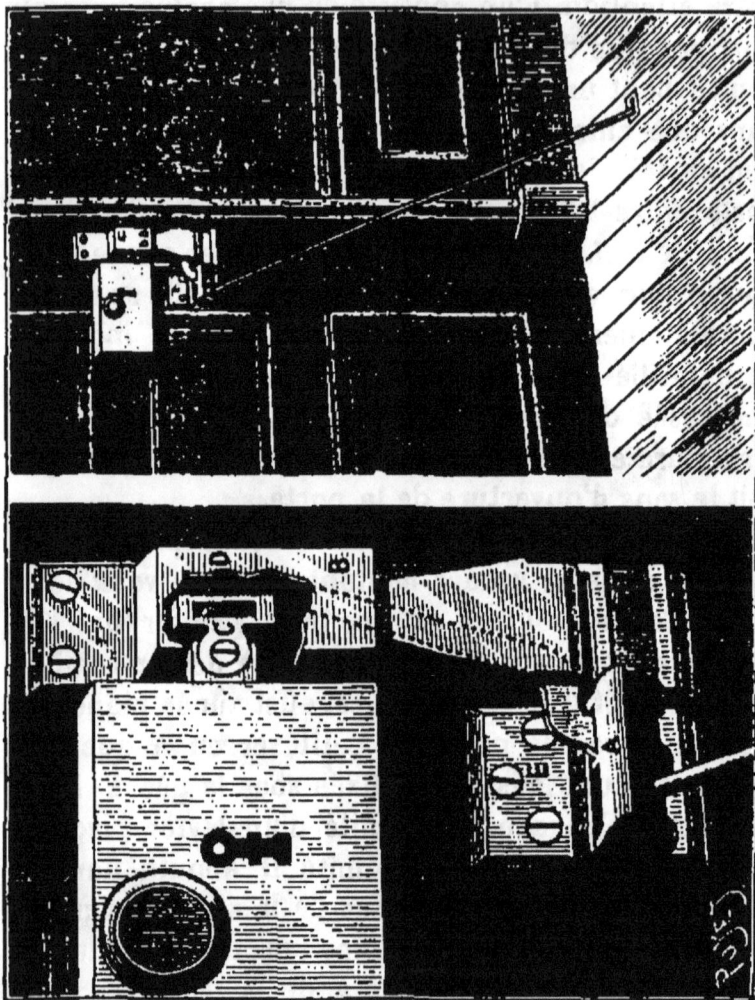

Fig. 73. — Nouvelle fermeture de porte par arc-boutant.

on a fait subir au pène de la serrure une légère modification ; on y ajoute simplement une pièce C évidée à son extrémité. D'autre part, l'extrémité D du levier est recourbée en équerre et entre dans cet évidement lorsqu'on ferme la porte. Il résulte de cette disposition que le levier AD devient solidaire du pène et voyage avec lui. En tournant la clef de l'extérieur pour ouvrir la serrure, on forcera donc la tringle à venir sous la gâche en H et rien n'empêchera plus d'entrer. Il est clair qu'une fois rentré on ôte tout à fait la tringle. L'avantage de cette fermeture est de pouvoir utiliser les serrures qui existent; il n'y a que la gâche à changer. (M. G. Mareschal.)

Petite machine à écrire « la miniature ». — Depuis plusieurs années il a été décrit plusieurs systèmes de machine à écrire, mais aucun jusqu'alors n'a présenté les caractères de simplicité et surtout de bon marché de celui-ci. La *Miniature pocket type writer* justifie bien son nom; on peut la mettre facilement dans sa poche; elle a 5 centimètres de haut sur 10 de long et 7 de large. Notre figure 74 la représente aux deux tiers de sa vraie grandeur. Il ne suffit pas qu'une machine soit simple et maniable; il faut surtout qu'un amateur puisse facilement la construire lui-même en la simplifiant, et on doit indiquer les quelques *modifications à apporter dans ce cas*. L'inventeur de la *Miniature* a été aussi loin que possible dans la voie des simplifications et il a réduit la machine à sa plus simple expression, ainsi qu'on va pouvoir en juger.

Les caractères typographiques, en caoutchouc, sont montés sur la face inférieure d'un disque au centre duquel se trouve une poignée B. Un axe légèrement incliné traverse le disque et la poignée, et, si

on fait rouler celle-ci entre les doigts, on fait en
même temps tourner le disque. Dans ce mouvement
tous les caractères viennent successivement passer
sur un petit rouleau en feutre E enduit d'encre. Un
chariot métallique monté sur deux rouleaux A et C
supporte tout ce système. La platine du chariot est
percée d'une ouverture en regard de laquelle viennent successivement se présenter tous les caractères
supportés par le disque. Pour se servir de l'appareil,
il suffit de le poser sur l'endroit où l'on veut écrire
en le maintenant avec la main gauche appuyée sur
le rouleau A. On fait tourner la poignée B pour
amener la lettre ou le signe à imprimer en face de
l'ouverture dont nous venons de parler, ce qui est
facilité par l'indication, sur la face supérieure du
disque, des lettres ou signes qui sont en dessous et
par une petite saillie rivée sur la platine du chariot
en face de l'ouverture. On exerce alors une légère
pression sur la poignée B, la tige qui la traverse
étant légèrement mobile permet à la lettre fixée sous
le disque de venir toucher le papier et s'y imprimer.

Des crans que le disque porte sur son pourtour et
qui correspondent exactement à chaque caractère
viennent s'engager, au moment de la pression sur B,
dans la petite saillie dont nous avons parlé et assu-
rent l'immobilité du disque dans le sens latéral
pendant l'impression. Aussitôt que la pression de la
main cesse, un petit ressort placé sur la platine du
chariot fait monter le disque en dégageant le cran
de la saillie et on peut alors amener une autre lettre
et répéter la même série d'opérations qu'auparavant.
L'intervalle entre chaque lettre est obtenu en poussant avec la main gauche le rouleau A qui porte une

petite roue à crochet dont chaque cran donne exactement l'intervalle nécessaire. Quant à l'intervalle

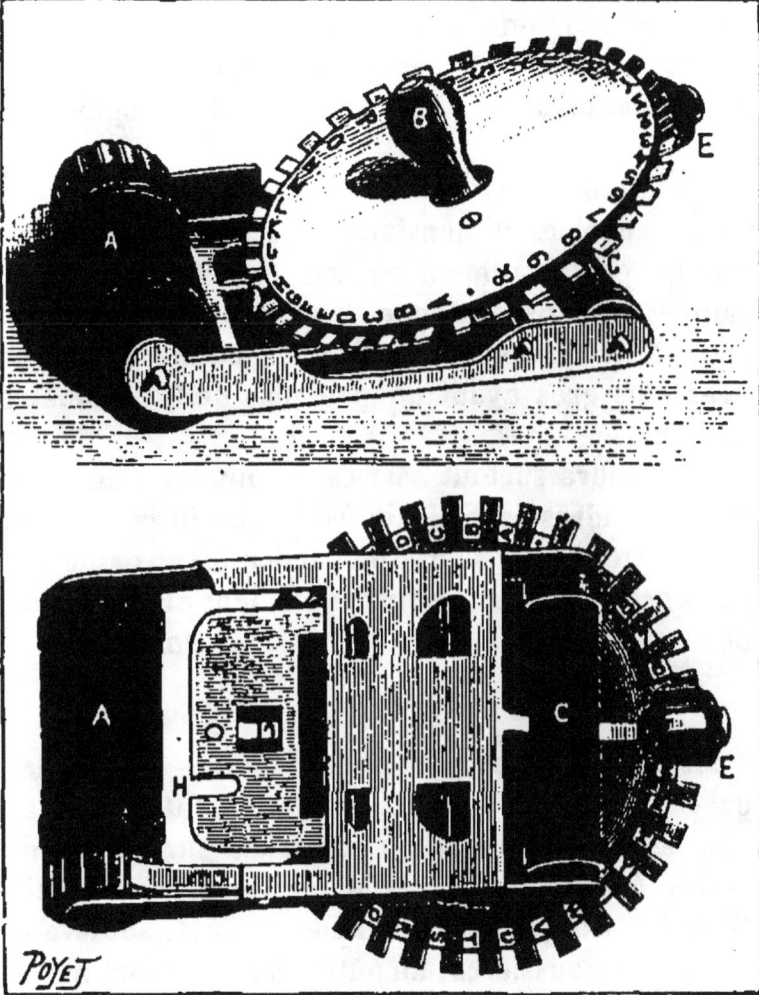

Fig. 74. — Machine à écrire de poche.

entre les lignes il est déterminé au moyen d'une
petite échancrure H, ménagée dans la platine, qu'on
place toujours au-dessus de la ligne qui vient d'être

écrite et qui sert alors de guide à travers cette échancrure pour écrire la suivante. On voit que, malgré la plus grande simplicité, tout a é é prévu. La rapidité n'égale pas celle des grandes machines à écrire Remington et autres, mais n'oublions pas qu'elles coûtent 500 francs tandis que celle-ci coûte cinquante fois moins cher; ce qui est une considération.

On fait deux types de machines qui sont identiques pour les dimensions de l'appareil, mais qui varient par la dimension des caractères typographiques. Le n° 1 donne la taille utilisée surtout pour la correspondance, le n° 2 donne des caractères plus gros ayant un peu plus de 3 millimètres de haut.

Elle rendra surtout service à tous ceux qui ont à écrire des adresses, des étiquettes, des titres, etc. Nous la recommanderons aussi en particulier aux amateurs photographes pour imprimer sur leur album le sujet de leurs épreuves.   (M. G. Mareschal.)

Brosse mécanique pour tapis. — Tous ceux qui ont des tapis dans leur appartement en connaissent les inconvénients qui consistent surtout dans la difficulté de leur nettoyage avec le balai ordinaire. Ce balai, chaque fois que l'on s'en sert, soulève des nuages de poussières; en outre, il chasse fort mal les menus objets qui peuvent se trouver à la surface du tapis et qu'il faut parfois enlever à la main. Notre gravure (fig. 75) représente une brosse mécanique américaine qui est d'un usage si pratique et si commode que nous avons cru devoir la signaler à nos lec-

teurs. Cet appareil consiste en une brosse hélicoïdale A
(fig. 75, n° 1) que l'on promène sur le tapis au moyen
d'un manche de bois, cette brosse faite en crins enlève

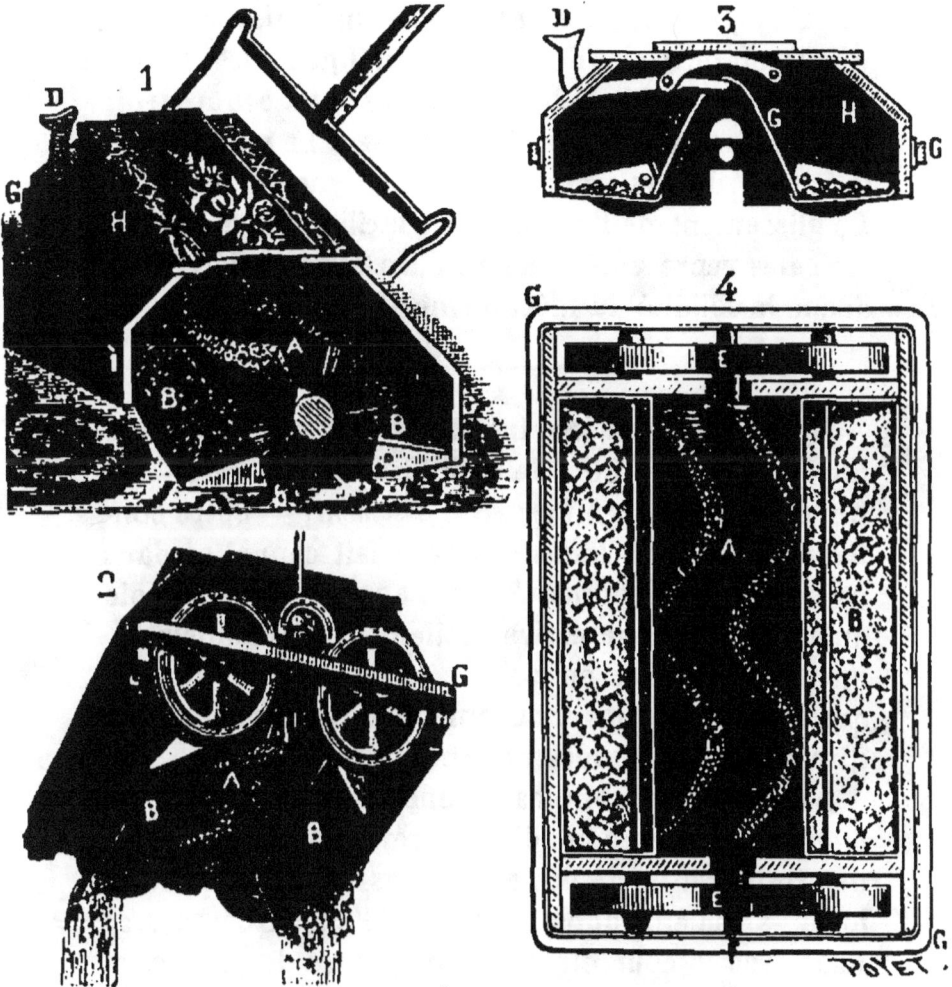

Fig. 75. — Nouvelle brosse mécanique pour tapis.

toutes les poussières, tous les menus objets adhérant
au tapis, et elle les rejette dans deux boîtes latérales BB, où ils se trouvent emprisonnés. Cela res-

semble à la tondeuse archimédienne pour les gazons.

L'appareil est protégé par un couvercle H. Quand le balayage est fini, en appuyant sur la tige métallique D, on ouvre les deux boîtes BB (fig. 75, n° 2) et les poussières tombent, soit dans un seau à ordure, soit à la surface d'une feuille de papier. Le n° 3 donne la coupe du système, et le n° 4 la vue en dessous. Le glissement de l'appareil est facilité par des roues latérales représentées en EE. Un cadre extérieur G donne la solidité au mécanisme.

Appareil pour écrire dans les véhicules en mouvement. — Sous le nom bizarre *Wrytcezy* — et qui en anglais signifie *j'écris aisément,* — notre confrère de Londres *Industries* nous fait connaître dans un de ses derniers numéros un appareil aussi simple qu'ingénieux pour écrire facilement et confortablement, en bateau, en voiture et en chemin de fer, quels que soient les mouvements désordonnés de ces divers moyens de locomotion.

L'appareil se compose d'une sorte de pupitre ou d'appui-main en bois, d'une forme rappelant la carte des restaurants, de dimensions assez petites pour se loger aisément dans la poche d'un pardessus, se fixer avec la courroie de la couverture de voyage, et même se dissimuler dans un carton à chapeau.

Le manche de ce pupitre d'un nouveau genre peut se fixer au bras de l'écrivain, ou, plus simplement encore, se placer dans la manche du paletot : l'extrémité supérieure est supportée par une ficelle munie d'un crochet qui s'attache au filet du wagon, ou en

tout autre point convenable du véhicule. Dans ces
conditions, le bras, le pupitre, la main et le papier se

Fig. 76. — Appareil pour écrire en chemin de fer.

déplacent synchroniquement, d'un mouvement commun, et l'écriture devient aussi facile que sur un bureau bien aménagé. L'appareil se recommande tout

particulièrement aux voyageurs de commerce, aux commerçants, aux industriels, aux journalistes, en un mot à toutes les personnes qui peuvent utiliser fructueusement le temps du voyage, et en abréger la longueur apparente en faisant leur correspondance et leurs affaires. En employant des papiers spéciaux et des papiers à reporter, on peut écrire plusieurs copies à la fois, ou écrire au crayon copiant, et reproduire la copie à l'aide d'une presse spéciale. Cet appareil répond donc à un nouveau besoin, que les petites machines à écrire ne parvenaient que bien incomplètement à satisfaire, et sa construction est assez simple pour que ceux qui voudraient le construire eux-mêmes puissent se dispenser d'en faire l'acquisition.

Porte-monnaie en papier. — Voici la manière d'opérer pour faire un curieux petit porte-monnaie en papier, ou même en cuir mince : 1° formez les plis de la figure 77, n° 1 en divisant deux côtés adjacents chacun en trois parties égales ; 2° tracez les diagonales du carré telles qu'elles sont représentées dans le n° 2 (il est inutile de les faire passer par le carré du milieu) ; 3° des quatre coins du carré central, tracez dans le même sens (n° 3) les petites diagonales *a*, en accentuant bien les plis de l'autre côté. Cela fait, on obtient une figure qui, pliée comme l'indique le n° 4, représente le porte-monnaie ouvert. Mais il est nécessaire pour en arriver à ce point de rabattre l'un sur l'autre les triangles *b* et *c* et de tenir le papier par les quatre coins ainsi obtenus ; le porte-monnaie se formera aisément. Pour le fermer

il suffit de rabattre chacun des quatre coins *d* l'un
sur l'autre; le dernier trouvera une poche dans

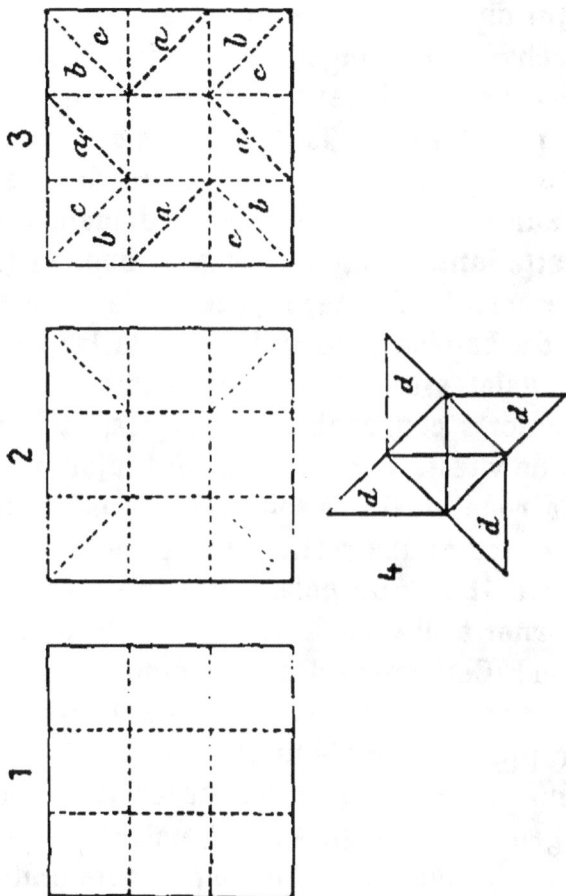

Fig. 77. — Confection d'un porte-monnaie en papier.

laquelle il entrera facilement. (**M. J.** *Decoudé*, à
Soignies, Belgique.)

___

Chronotachymètre Pouget. — Il est intéressant de pouvoir contrôler la marche des locomotives,
de se rendre compte de l'allure de cette marche en

divers points du parcours et à des intervalles de
temps séparés. Il importe également de connaître
les temps précis de départ et d'arrivée. Entre tous les
appareils qui ont pour but ce contrôle, nous citerons
le chronotachymètre Pouget, et nous indiquerons le
principe de cet appareil sans entrer dans trop de détails techniques. C'est sur la jante d'une des roues de
la locomotive que se prend la mesure du chemin
parcouru. Sur l'un des points commodément acces-
sibles de cette jante, un galet vertical, dont la tranche est légèrement bombée, repose sur la surface de
roulement du bandage, au milieu de la largeur de
celle-ci. Ce galet est constamment pressé contre la
roue des ressorts convenablement réglés, et tourne
ainsi avec une vitesse circonférencielle toujours égale
à celle de la roue, quel que soit le faux-rond du bandage ou les oscillations verticales dues aux irrégula-
rités de la voie. L'axe du galet porte une vis sans fin
qui fait tourner à une faible vitesse une roue dentée
à axe vertical. Cette roue dentée commande par des
dispositions appropriées trois marteaux à ressort qui
viennent frapper la tête d'autant de styles et les font
marquer sur un cylindre enregistreur. On obtient
ainsi trois genres de marques : le premier style pointe
d'un signe l'achèvement de chaque parcours unitaire,
de 25 mètres, par exemple ; le second imprime un
signe différent après chaque kilomètre ; le troisième
style fonctionne quand la locomotive marche en
arrière et donne alors sa marque distincte. Le cylindre
enregistreur, à un axe horizontal, est mis en rotation
par un mouvement d'horlogerie et reçoit, de plus, un
mouvement lent de translation dans le sens de son
axe. Il a, ainsi, un mouvement hélicoïdal. Le papier

qu'on enroule sur le cylindre est partagé en colonnes égales et présente, dans l'autre sens, des lignes légèrement inclinées qui, par l'enroulement, forment une seule et même hélice se déroulant d'une façon continue devant la pointe d'un des styles. C'est ainsi qu'on obtient, en enlevant la feuille après la fin du service de la locomotive, les diverses indications d'espaces parcourus et de temps employé, qui constituent la feuille de route la plus claire et la plus complète.

Un nouveau pantographe ou polypantogra-

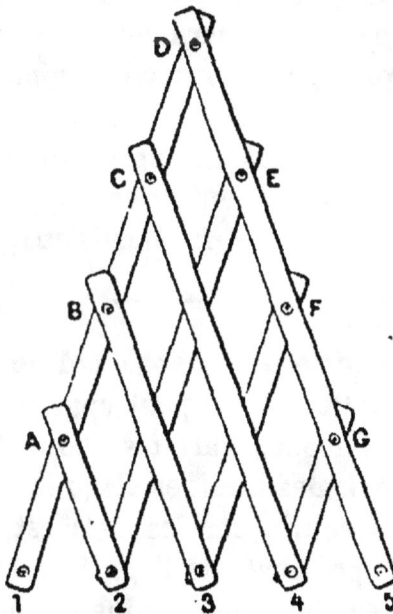

Fig. 78. — Nouveau pantographe.

phe. — Ce qui distingue le polypantographe des autres instruments de même espèce, c'est d'abord sa forme qui n'est pas tout à fait celle qu'on leur donne ordinairement. Le second point par lequel il diffère des autres pantographes, c'est qu'il permet de faire à la fois trois dessins de grandeurs différentes. Il est inutile que je parle ici de dimensions, attendu qu'on peut lui donner celles qu'on voudra ; mais il est très important de prendre soin que D5 et D1 soient exactement divisés en quatre parties égales. Les points A, B, C, E, F, G, et aussi 2, 3, 4 sont naturellement munis de pivots qui permettent l'écartement des branches du pantographe. Si la pointe fixe et pivotante est placée en 1, le traceur en 5 et les crayons en 2, 3 et 4, les copies seront respectivement un quart, la moitié et trois quarts plus grands que l'original. Si le traçoir était placé en 2 et les crayons en 3, 4 et 5, les copies seraient deux fois, trois fois, quatre fois plus grandes que l'original. Nous bornerons là nos explications. Ceux de nos lecteurs qui voudront fabriquer cet instrument et l'étudier verront tout le parti qu'on peut tirer du *polypantographe*.

(M. *Marissiaux*, à Avesne.)

Bec verseur de propreté « collectogoutte ». — Le collectogoutte est un petit appareil spécialement destiné aux flacons, burettes, bouteilles, etc., qui doivent contenir des liquides visqueux ou autres. Les flacons de ce genre, sur lesquels est adapté le bec verseur, sont préservés de l'agglomération des gouttelettes qui, sur les vases ordinaires non pourvus de ce système, glissent le long du goulot et salissent la surface extérieure de ces flacons en même temps que les rayons qui les supportent. Une disposition intérieure spéciale de ce bec permet aux gouttelettes

recueillies de retourner à la burette, flacon ou autre
récipient. Le dessin ci-contre, qui représente en
coupe le collectogoutte avec son couvercle et monté
sur un flacon, montre le principe de l'appareil. Les
gouttelettes suspendues en A qui glissent le long de
la paroi extérieure du bec tombent sur le plan incliné
BC et rentrent dans l'intérieur du vase par le conduit
CD. Le collectogoutte est en métal anglais exempt de
plomb, de durée indéfinie, facile à nettoyer et pou-

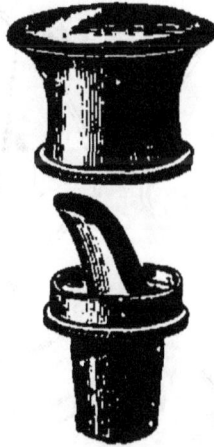

Fig. 79. — Bec verseur.

vant s'adapter à n'importe quel flacon à l'aide d'une
garniture de liège ou de fil ciré. Il se fait en plusieurs
grandeurs. C'est donc un appareil nouveau qui repose
sur le principe bien simple du plan incliné, mais qui,
jusqu'à ce jour, à cause des difficultés de sa construction, n'a jamais été réalisé pratiquement. Il est destiné à rendre service à toutes les personnes sou-
cieuses de la propreté. Il s'adresse entre autres aux
pharmaciens, droguistes, pour débiter huiles, glycérine, acide phénique, etc.; aux liquoristes; aux

ménagères qui auront toujours leur burette à huile bien propre sur une nappe exempte de taches, ainsi que leur flacon de réserve à la cuisine, et à une foule d'autres personnes. (M. *Henri Reeb*, à Neuilly-sur-Seine.)

————

Gants de natation. — J'ai été frappé, à la dernière saison de bains que je faisais à Étretat, de voir

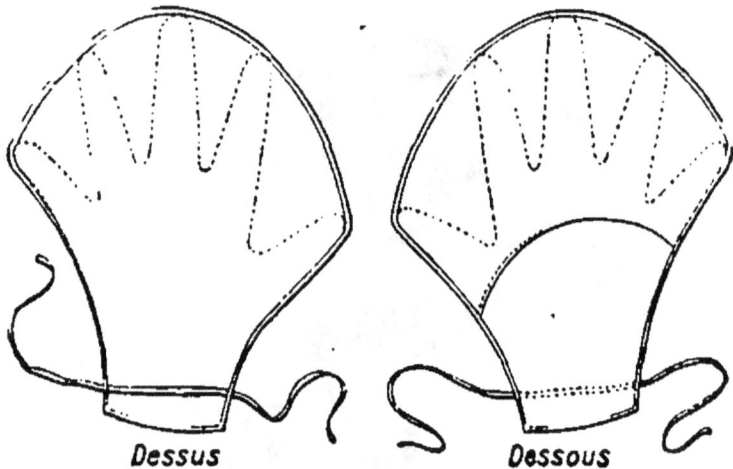

Dessus   *Dessous*

Fig. 80. — Gants de natation.

avec quelle vitesse une baigneuse pouvait nager sans en paraître fatiguée. M'étant aperçu qu'elle portait des gants spéciaux, je lui ai demandé de me les montrer. Ces gants ont été imaginés et confectionnés par la personne elle-même. Ils se composent de deux morceaux de toile ordinaire cousus l'un contre l'autre (comme l'indique la figure 80). La partie de dessus se prolonge jusqu'au poignet pour s'y attacher à l'aide de deux cordons ; quant à la partie de dessous, elle s'arrête à la paume de la main pour ne pas gêner les mouvements de celle-ci. Ces gants, fort ingénieusement combinés, remplacent tout à fait les pattes palmées de nos canards.

(M. X., à Paris.)

Nouveaux compas d'épaisseur à lecture directe. — Les compas d'épaisseur, sous leur forme ordinaire, ne se prêtent pas à une détermination rapide

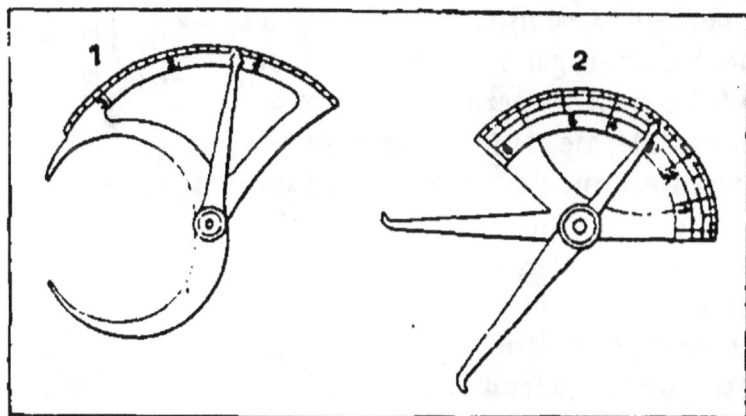

ig. 81. — Compas d'épaisseur.

du diamètre des pièces qu'ils servent à mesurer : il faut, en effet, après avoir ajusté le compas sur la pièce, le rapprocher d'un mètre, l'y appliquer et faire une seconde opération pour connaître le diamètre en centimètres ou en millimètres de la pièce. Le pied à coulisse résout en partie le problème, mais il n'a pas une forme commode à la mesure des diamètres dans tous les cas que l'on rencontre dans la pratique. Les deux figures ci-dessus représentent deux formes nouvelles du compas d'épaisseur qui résolvent complètement le problème : la simplicité des appareils nous dispense d'en donner une description et d'insister sur le caractère essentiellement pratique qu'ils présentent.

Baromètre de montagne. — J'ai construit, en 1884, un baromètre de montagne très commode et très simple ; voici en quoi il consiste. Un tube ABC (fig. 82) replié sur lui-même est terminé par un réservoir à chaque extrémité. A est fermé et plein d'hydrogène ; C est ouvert et le tube vient s'y terminer contre la paroi latérale soufflée sur ce point en petite ampoule. La moitié AB du tube est parfaitement cylindrique et divisée en demi-millimètres ; BC est divisée de même sur une longueur de 30 millimètres à partir du réservoir et les traits faits en même temps à la machine à diviser correspondent exactement des deux côtés. Le réservoir A est jaugé très exactement et contient 2500 divisions de la tige environ. Les deux branches sont remplies de mercure au moment de la construction jusqu'aux zéros placés au sommet. L'appareil est étalonné par comparaison avec un baromètre Fortin. V étant le volume de A ; n la division où affleure le mercure en AB ; h la différence de niveau dans les deux branches en fa-

Fig. 82. — Baromètre de montagne.

veur de BC; H la hauteur de Fortin; t la température : on a

$$\frac{(V+n)\ (H+h)}{1+\alpha t} = \text{constante} = k$$

Quand on s'élève dans la montagne, le mercure
refoulé par l'hydrogène s'écoule dans C. Pour faire
une observation, on l'aspire avec un petit caoutchouc
afin de vider la pointe presque capillaire et de ramener le niveau dans la partie graduée. L'hydrogène
arrive alors en n' dans AC; la différence de niveau
est h' et il vient

$$\frac{(V+n')\ (H'+h')}{1+\alpha t'} = k$$

d'où

$$H' = \frac{k\ (1+\alpha t')}{V+n} - h'$$

Pour faciliter les calculs, j'ai construit la table des
valeurs de constante $\times$ ($1 + \alpha\ t'$) de 0 à 30° par 1/5
de degré. Quand on redescend dans la plaine, on in-
cline l'appareil de manière à ramener le mercure du
récipient C dans la petite ampoule; on aspire de manière à remplir de nouveau la pointe, et la pression
atmosphérique fait rentrer le liquide du récipient
dans le tube. L'appareil a 26 centimètres de longueur
et ne pèse pas 50 grammes avec un étui. J'ai pu l'u-
tiliser au Canigou (2 800 mètres), au Carlite (2 000 mètres), au Montcalm (3 200 mètres), et au Néthou
(3 400 mètres). Il a été porté en bandoulière au bout
d'un cordon et sans accident malgré de nombreuses
glissades, quelquefois sur le dos. Ce n'est pas un appareil de précision. La hauteur des montagnes, cal-
culée au moyen d'observations faites à la même heure

à Perpignan ou à Toulouse, s'est trouvée cependant
suffisamment exacte, vu surtout la distance des lieux
d'observation. (M. *Cros*, à Montpellier.)

––––––––

Confection d'un ballon d'étoffe. — Ayant eu à
construire, à la campagne, un ballonneau, et me trouvant dépourvu, dans les conditions où je me rencon-
trais, de toutes les facilités que j'aurais pu réunir
à Paris, j'ai été conduit par la nécessité à imaginer

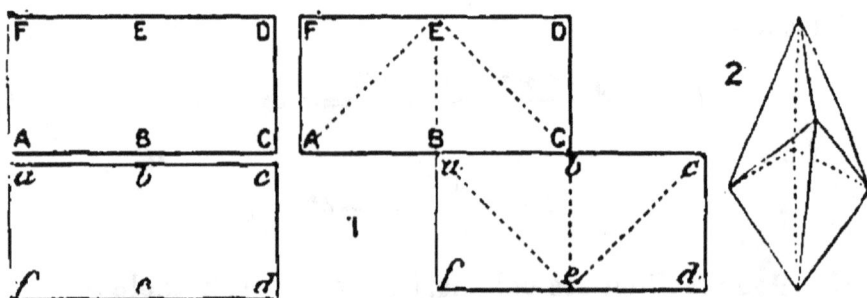

Fig. 83. — Confection d'un ballon d'étoffe.

un mode simplifié de construction, dont je vous donne
communication, pensant qu'il pourrait rendre, en pareil cas, quelques services. Imaginez une bande d'é-
toffe ayant en longueur le double du lé : soit 2 mètres
de lé, 4 mètres de longueur ; une seconde bande absolument identique. Ces deux pièces assemblées forme-
raient un carré parfait, ABCDEF, *abcdef* (fig. 83, nº 1).
Je place l'angle *a* de la seconde pièce au point B, milieu du côté AC de la première ; je couds *ab* sur BC.
Puis je ramène *bc* sur CD, que je couds également.
De même *af* sur AB. Puis FE sur EC, *fe* sur *ed*. Enfin
ca sur AF. Cela fait, si les plans du développement

étaient rigides, j'aurais un solide cristallographique,
que le gonflement transforme en un volume à surfaces
gauches indéfinissables tendant à se rapprocher d'un
double cône. Les avantages que je trouve à ce mode
de construction sont : 1° la simplicité, l'absence de
tout tracé géométrique, en sorte de la première
femme venue peut tailler et coudre le ballonneau ; 2°
nulle perte d'étoffe ; 3° minimum de couture. On peut
employer une étoffe vernie d'avance, et il ne reste plus
qu'à passer une couche de vernis sur la couture. Le
volume, et par suite la force ascentionnelle sont, il est
vrai, moindres pour un volume de cette forme que
pour la forme sphérique, *à égalité de superficie définitive ;* mais ils sont, au contraire, ce qui importe en
pratique, supérieurs *à égalité de surface d'étoffe dépen-
sée,* parce qu'il ne sort aucune retaille. (M. *C. Delon.*)

Alambic à distillation continue. — Je crois devoir signaler aux viticulteurs un petit appareil à distillation tout nouveau. Je dirai uniquement qu'il est
simple, commode, bon marché et susceptible de rendre de très réels services aux vignerons.

Il est en cuivre rouge bien étamé ; la chaudière, la
colonne à distillation, le réfrigérant, tout cela ne fait
qu'un mètre, en largeur trente centimètres, dans le
petit modèle, lequel distille une barrique de vin dans
sa journée et coûte 160 francs.

A ces premiers avantages s'en joignent d'autres
que voici : pour distiller, point n'est besoin d'un appareil de chauffage coûteux, de combustible spécial ;
le poêle qui chauffe l'appartement en hiver, pourvu
qu'il puisse recevoir le fond de la chaudière, sufût

largement; à son défaut un poêle en fonte de quinze francs qu'on installe où l'on veut, donne toute la chaleur nécessaire au bon fonctionnement de l'alambic.

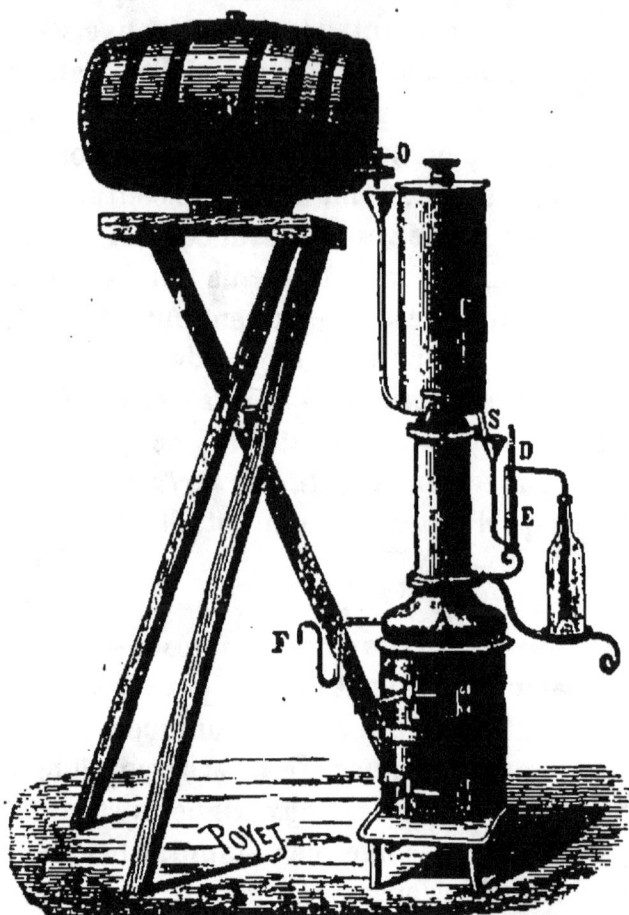

Fig. 84. — Alambic à distillation continue. — R. Tonneau contenant le liquide à distiller. — O. Robinet d'introduction dans l'alambic. — C. Récipient du serpentin. — A. Chaudière. — S. Tube de sortie de l'eau-de-vie distillée. — E. Tube contenant un alcoomètre D.

Comme M. Estève, de la Réole (Gironde), qui est l'inventeur de cette machine, emploie pour refroidir la vapeur le liquide même à distiller au lieu d'eau, il n'y a, peut-on dire, presque aucune perte de chaleur, et avec soixante centimes de charbon, une barrique donne, du premier jet, en dix heures, tout ce qu'elle contient d'eau-de-vie. On règle à volonté le degré de celle-ci en modifiant le **débit** du robinet placé sur la barrique et s'ouvrant directement au-dessus du réfrigérant.

Pour qui sait le profit que trouve le viticulteur à distiller des petits vins, des marcs, des lies, et ennuis, sans parler des dépenses, qu'entraîne l'usage des alambics ordinaires qui ne donnent l'eau-de-vie qu'après deux opérations, dont l'une au bain-marie, les avantages de l'alambic Estève, maintenant énumérés, sont pour lui la meilleure des recommandations. (M. F. Vassillière, à Bordeaux.)

Le chiffreur universel. — Le petit appareil que nous représentons ci-contre (fig. 83) permet d'établir une correspondance sans que nul autre que ceux qui ont la clef puisse comprendre cette correspondance. Le *Chiffreur universel*, ainsi nommé par son inventeur, M. Flamm, sert aux communications secrètes et peut être utile à l'armée ou au commerce. Cet appareil se compose de deux parties : l'une *fixe* et l'autre *mobile*.

La partie extérieure, ou *fixe*, renferme une série de chiffres ainsi qu'un tiret (—) et un point d'interrogation (?). (Le tiret sert uniquement à former les fractions.) Immédiatement au-dessous se trouvent placées les lettres de l'alphabet dans leur ordre naturel, à l'exception de la lettre y, une série de nombres, tous de deux chiffres, et au-dessous desquels se trouvent aussi les lettres de l'alphabet, mais non dans

leur ordre naturel. Cette partie sert à indiquer les
lettres ou chiffres de la partie extérieure fixe. *Exemple :* deux personnes ont choisi la clé B/Z ; B se trouve
sur la partie extérieure fixe et Z se trouve sur la partie intérieure mobile. Pour avoir la clé, on n'a qu'à
tourner la partie mobile jusqu'à ce que la lettre Z

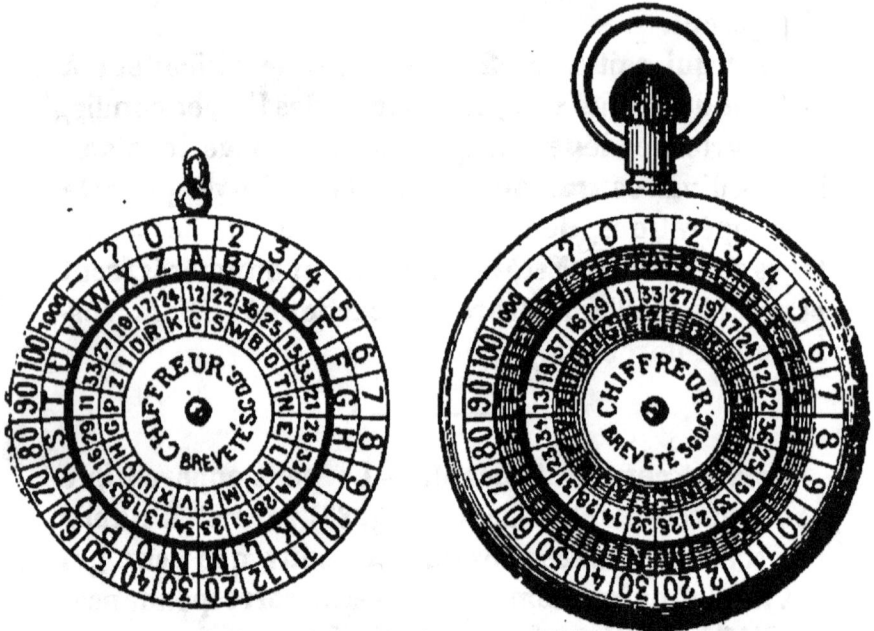

Fig. 85. — Chiffreur universel permettant d'assurer le secret des
correspondances.

vienne se placer *au-dessous* de la lettre B. On ferait
de même pour toute autre clé choisie (clé de lettres
ou de chiffres). Ainsi, avec la clé B/Z les lettres Z, I,
D, R, etc., du cercle intérieur correspondront aux
lettres B, C, D, E, etc., etc., du cercle extérieur, et
on écrit alors pour les lettres à chiffrer du cercle extérieur, les lettres correspondantes du cercle intérieur.

a. Exemple : Clé B/Z Je pars demain
                      Br ampf drɔpwe

La lettre ou la dépêche peut être composée alternativement de lettres et de chiffres, puisque l'on peut substituer à chaque lettre le nombre correspondant.

b. Exemple : Clé A/M   suis   arrivé
                      021p15 m25bllell8

Par ce moyen on évite la répétition successive de deux mêmes lettres dans un mot. Si l'on choisit des chiffres comme clé, on procède comme dans le cas *a*, le premier nombre figurant sur la partie fixe (cercle de chiffres extérieur) et le second sur la partie mobile (cercle intérieur ou cercle chiffreur).

c Exemple : Clé 10/32
                 Venez   11 1/2   matin
        88 25 23 25 17   14 24 27 12   81 24 29 28 23

La personne qui recevrait ce télégramme serait nécessairement portée à traduire 11 1/2 par les lettres, mais comme elle formerait un mot n'ayant aucune signification, elle devra alors, dans un cas analogue, employer les chiffres du cerche extérieur. Si l'on craignait, en employant une seule clé, que le premier mot ne fût compris par un tiers et qu'à l'aide de ce premier mot, il pût deviner tout le reste de la dépêche, on peut établir une combinaison plus difficile encore et stipuler, par exemple, qu'on aura une clé spéciale pour chaque mot. De la sorte chaque mot aurait sa propre clé.

On voit, d'après ce qui précède, que les combinaisons relatives à la clé et à ses modifications *peuvent varier à l'infini*, et qu'il est impossible à quiconque n'est pas initié dans le secret de déchiffrer la correspondance.

Nœuds et brêlages. — La plupart des arts et métiers ont pour auxiliaire indispensable un art modeste, mais dont les produits sont empreints d'un caractère de haute utilité.

Les gabiers, les pontonniers, les aéronautes, les artilleurs, les artificiers, les charpentiers, les maçons, les haleurs, les voituriers, les mécaniciens, les gymnastes et, plus généralement, tous les artisans, à quelque industrie qu'ils appartiennent, sont tenus de savoir faire correctement des nœuds.

Un mot de la constitution intime des cordes en chanvre :

Tout cordage ou brin de cordage est formé de plusieurs *torons* tordus sur eux-mêmes dans un sens et s'enroulant les uns sur les autres en sens inverse de la torsion. Chaque toron se compose de plusieurs *fils*, jouant dans ledit toron le rôle des torons dans le cordage. La torsion propre des fils doit être de sens contraire à celui de la torsion des torons. Il faut qu'il en soit de même en ce qui concerne l'enroulement. On garnit ordinairement le bout des cordages d'une ligature en ficelle afin d'en prévenir la détorsion (fig. 4). Pour ce qui est de la résistance à la traction, on obtient — exprimé *en kilogrammes* — le maximum d'efforts qu'on peut exercer sur un cordage, en en multipliant par 20 le carré de la circonférence exprimée en centimètres.

Cela dit, donnons un aperçu des procédés actuellement en usage.

Les éléments des nœuds sont la *ganse* (fig. 87, n° 5) et la boucle (n° 6). Les dessins 1, 2 et 3 (fig. 86) exposent le dispositif des boucles d'usage courant.

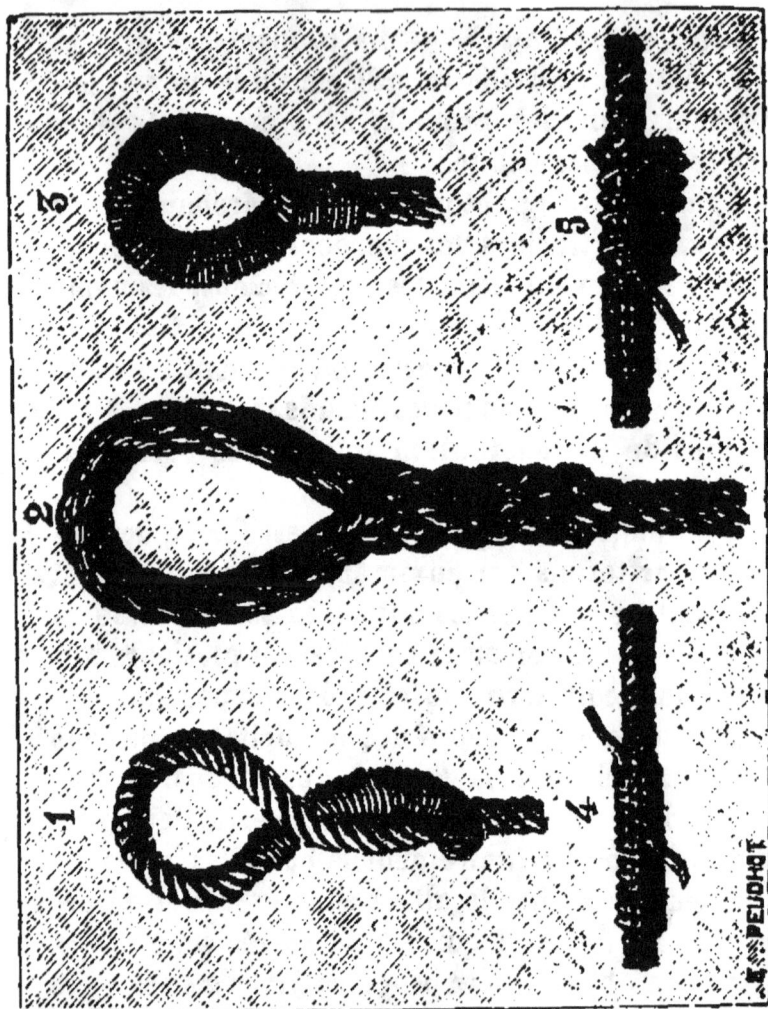

Fig. 86. — *Détails des figures correspondantes de la gravure ci-contre.* 1. Boucle lacée. 2. Boucle épissée et ficelée. 4. Ficelage d'un bout de cordage.

Les nœuds de cordage se distinguent en nœuds *simples*, nœuds *de jointure* et nœuds *d'amarrage*.

La catégorie des nœuds « simples » comprend le nœud simple proprement dit, le nœud *double*, le

nœud *simple gansé*, le nœud *allemand* et l'*estrope*.
Le nº 7 réprésente un nœud simple ordinaire ; 8, est
un nœud double, se desserrant plus difficilement que
le précédent ; 9, un nœud simple gansé ; 10, un nœud
allemand. A-t-on besoin d'un appareil simple, orga-
nisé à l'effet de hisser un homme à certaine hauteur
au-dessus du sol, on fait, à environ 2 mètres de l'extrémité de la corde, un nœud allemand disposé comme
l'indique le nº 11. L'estrope (nº 12) n'est autre chose
qu'une couronne dont on obtient l'axe en faisant une
boucle en un point donné d'un cordage.

Dans la classe des nœuds « de jointure » se ran-
gent le nœud *droit*, le nœud *droit gansé*, le nœud
de tisserand, le *joint anglais*, l'*épissure* et le nœud
d'artificier. Tous s'emploient, ainsi que l'exprime
leur dénomination générique, à l'effet de réunir bout
à bout deux cordages. 13 représente un nœud droit ;
14, un nœud droit gansé, lequel ne peut se faire qu'a-
vec des cordes de faible diamètre ; 15, un nœud de
tisserand, servant généralement à réunir deux cordes
d'inégale grosseur. Une jonction peut également s'effectuer moyennant recours : soit au joint anglais (nº 16),
soit tout bonnement au nœud simple (nº 17). L'usage
de ce dernier procédé est à recommander dans la plupart des cas qui se présentent.

On emploie l' « épissure » à l'effet d'unir deux
cordages de même diamètre, sans former de saillie
brusque auprès de la jonction. Les nœuds de ce
genre servent à mettre plusieurs cordes les unes au
bout des autres, à souder ensemble les deux bouts
d'une même corde, de manière à en faire une corde
sans fin ; à insérer l'extrémité d'une corde en un point
quelconque de sa longueur, de façon à former un

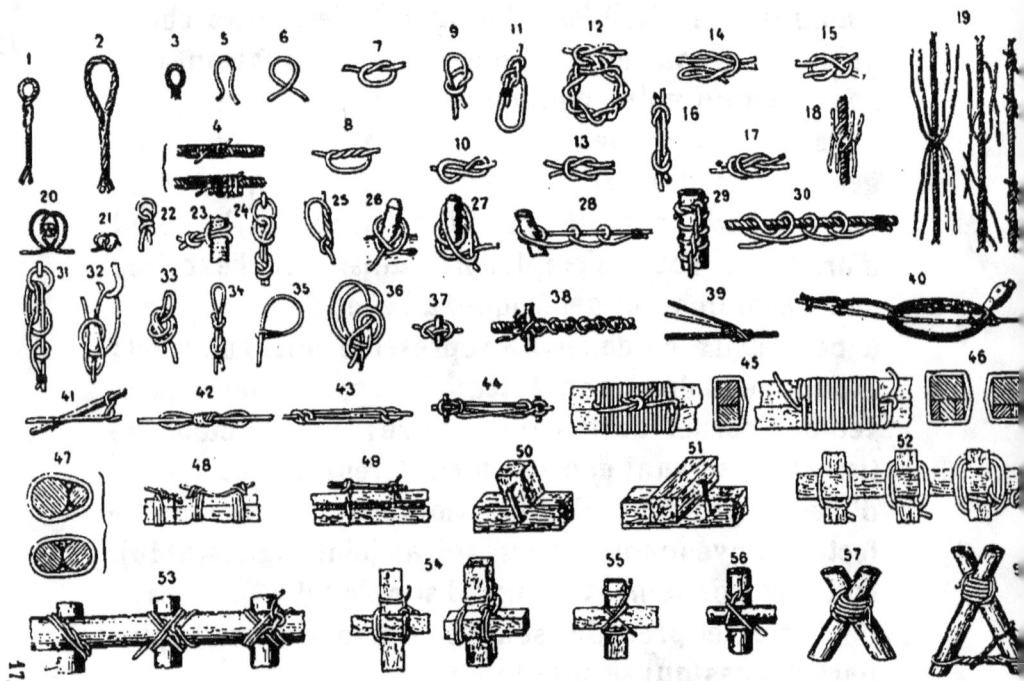

Fig. 87. — Dessins explicatifs des divers nœuds et brêlages. (Voir le texte.)

œillet ou une boucle, etc., etc. L'épissure *courte* (n° 18)
se distingue de l'épissure *longue* (n° 19). Le nœud d'artificier n° 26) constitue un excellent mode de jointure ;
on peut le faire double (n° 21). Il existe une grande va-
riété de nœuds « d'amarrage ». Le n° 22 représente le
nœud *coulant simple ;* le n° 23, l'amarrage *en tête d'a-
louette* qui se fait au cas où l'on peut coiffer le corps
auquel il faut s'amarrer. Le dispositif indiqué n° 24
s'emploie alors qu'on ne peut coiffer le corps et qu'il
convient de doubler la corde sur toute sa longueur,
pour lui permettre de résister à des efforts considérables. Le n° 25 représente un nœud *coulant sur double
clef.* On donne le nom du nœud *de batelier* (n° 26)
au nœud d'artificier dont on fait usage au cours des
opérations d'amarrage des embarcations. Le nœud *de
poupée* (n° 27) s'emploie, aiusi que le nom l'exprime,
à l'effet d'amarrer un cordage d'ancre à la poupée
d'une embarcation ou d'un radeau. Le n° 28 des-
sine un amarrage *par demi-clefs ;* quand la traction
doit s'exercer dans le sens de la longueur du corps
auquel on s'amarre, on a recours au dispositif indiqué n° 29. L'amarrage en *patte-d'oie* (n° 30) sert à
frapper un cordage sur un autre cordage déjà tendu.
S'agit-il de fixer le cordage à un organeau, on forme
le nœud *d'ancre* (n° 31) ; veut-on l'attacher à un
crochet, on a recours à l'emploi : soit du nœud de
cabestan (n° 32), soit de la *boucle nouée* (n° 33), soit
encore de la boucle *coulante à arrêt* (n° 34). Inutile,
d'ailleurs, d'indiquer la manière de se servir d'un
cordage muni, à l'une de ses extrémités, d'une boucle épissée ou ficelée. Un dispositif de ce genre (n° 35)
est dit *ganse à œillet coulant.* Comportant les mêmes
usages que les divers nœuds ci dessus énumérés, le

nœud *double fixe* (n° 36) s'emploie au cas où l'on est tenu de résister à des efforts considérables. Le nœud *de galère* (n° 37) sert à fixer sur une corde dont les extrémités ne sont pas libres un levier sur lequel on veut exercer une action ; il se défait naturellement alors qu'on retire le levier. Quand le cordage est trop roide ou trop tendu pour qu'il soit possible d'y équiper la galère, on y fixe le levier par le moyen d'une ligature, ainsi que l'indique notre n° 38. S'agit-il de frapper des cordons de bretelle sur une ligne de halage, on a recours au dispositif représenté n° 39 ; les cordons se détachent d'eux-mêmes de la ligne alors que le haleur cesse de faire effort. Enfin, le nœud *de palan* (n° 40) s'emploie au cas où l'on a besoin d'amarrer une moufle à un câble sur lequel il faut exercer un effort.

Il est souvent nécessaire, au cours d'une manœuvre, de raccourcir un cordage ; et cela, sans le couper. L'opérateur peut alors recourir : à la *garroture* (n° 41), quand le cordage est peu tendu ; au *nœud plein sur trois brins* (n° 42) ou au dispositif représenté n° 43, si l'un des bouts du cordage est libre ; ou, enfin, au procédé dit *à nœud de galère* (n° 44), alors que cette condition n'est point remplie. On désigne sous le nom de *brêlages* les ligatures en cordes servant à relier ensemble deux ou plusieurs pièces de bois.

S'agit-il de deux poutrelles équarries dont les faces à mettre en contact mesurent même largeur, on forme à l'entour du système de ces pièces une *garniture* semblable à celle que représente le n° 45 ; si les faces à mettre en contact n'ont point même largeur, il convient d'appliquer contre la poutrelle la moins large des pièces d'un équarrissage suffisant à

racheter la différence, et un peu plus longues que la
garniture à exécuter (n° 46). Au cas de deux bigues
ou poteaux à section circulaire (n° 47), on exécute
la garniture comme au cas précédent ; cela fait, on
chasse avec force des morceaux de bois dans les
vides compris entre la corde et les pièces à marier
Le n° 48 expose la manière de ressouder les deux
parties d'une poutrelle rompue ; le n° 49, la façon
dont s'exécute le brêlage des poutrelles *de guindage*
d'un pont militaire. Les n°ˢ 50 et 51 représentent
des assemblages de pièces de charpente obtenus à
l'aide de *clameaux* (grands clous coudés) à une ou
deux faces ; mais il faut observer que de telles pièces
peuvent aussi s'assembler par voie de brêlage ; qu'on
peut ainsi les croiser à angle droit comme le montrent les n°ˢ 52, 53, 54, 55 et 56, ou les disposer en
croix de Saint-André (n°ˢ 57 et 58).

Le dénouage est toujours opération assez délicate.
Il faut, pour défaire un nœud, tordre l'un des brins
de la corde en la faisant glisser sous l'autre. Si ce
travail présente quelque difficulté, on chasse à coups
de maillet un morceau de bois dans les entrelace-
ments du nœud. Telle est la méthode théorique,
mais il n'est pas toujours commode de suivre ces
principes qui semblent si simples ; un nœud bien fait
implique souvent des difficultés gordiennes, et les
impatients sont alors tentés de recourir à l'emploi du
procédé dont Alexandre le Grand faisait parfois
usage.   (M. le lieutenant-colonel *Hennebert.*)

———

Symboles et abréviations. — Il est intéressant
de connaître les décisions du comité international

des poids et mesures en ce qui concerne les nota-
tions, abréviations employées dans les sciences,
ainsi que les positions que doivent occuper ces abréviations à la suite d'un nombre, et d'un nombre déci-
mal en particulier. M. Ch. Ed. Guillaume a traité le
sujet avec beaucoup d'autorité dans les *Archives des
sciences physiques et naturelles*. On peut écrire l'abré-
viation dans *la ligne* ou en *supérieur*, *après* la virgule,
ou à *la suite* du nombre ; ainsi on a :

$$0,mg\ 41\ ;\ 0^{mg},41\ ;\ 0,41\ mg\ ;\ 0,41^{mg}.$$

Ces différentes manières d'écrire peuvent avoir les
unes et les autres leurs avantages et leurs inconvénients : aucune d'elles n'a été sanctionnée jusqu'ici.
Toutefois M. Guillaume désirerait que l'on réservât
l'écriture en *supérieur* pour les *positions*, et l'écriture
dans la ligne pour les *intervalles*. Ainsi on écrirait :
une expérience a commencé à $2^{h},30^{m}$, et une expérience a duré 2 heures 30 minutes.

Abréviations des unités métriques

(Adoptées par le Comité international des poids et mesures.)

LONGUEURS.

Kilomètre............ km
Mètre............... m
Décimètre........... dm
Centimètre.......... cm
Millimètre.......... mm
Micron .... μ

SURFACES.

Kilomètre carré.... km²
Hectare............. ha
Are................. a
Mètre carré........ m²

Décimètre carré... dm²
Centimètre carré.. cm²
Millimètre carré... mm²

VOLUMES.

Mètre cube........ m³
Stère .... s
Décimètre cube.... dm°
Centimètre cube... cm³
Millimètre cube.... mm²

CAPACITÉS.

Hectolitre......... hl
Décalitre.......... dal

Litre................	l	Quintal métrique..	q
Décilitre............	dl	Kilogramme........	kg
Centilitre..........	cl	Gramme..........	g
Millilitre..........	ml	Décigramme.......	dg
Microlitre.........	λ	Centigramme......	cg
		Milligramme.......	mg

MASSES.

		Microgramme.....	γ
Tonne..............	t		

Méthode pour déterminer le jour correspondant à une date quelconque du dix-neuvième siècle. — Le calendrier grégorien est, comme tout le monde le sait, très irrégulier ; à cause de l'inégalité des nombres de jours dont les mois sont composés, un même quantième d'un mois correspond à des jours différents dans diverses années : ainsi le 15 mai est un samedi en 1880, un dimanche en 1887, un mardi en 1888, un mercredi en 1889, un jeudi en 1890. Il est aisé de comprendre que pour déterminer le jour d'une date il faut posséder un calendrier ; si la date est dans le courant de l'année 1852, par exemple, alors c'est un calendrier de 1852 que l'on doit consulter. On peut évidemment se trouver dans le cas de ne pas avoir de calendrier.

Être en possession d'une méthode simple permettant d'obtenir rapidement le jour correspondant à une date quelconque est donc de grande utilité. Beaucoup de moyens ont déjà paru, parmi lesquels il en est d'excellents. Mais, le plus souvent, la méthode n'est pas expliquée : on n'indique pas pourquoi l'on doit faire telle ou telle opération ; la méthode est alors machinale, et si l'on ne l'emploie pas fréquemment on l'oublie. La méthode que je présente ici au lecteur a cet avantage que si on l'a perdue, on peut facilement la retrouver; afin d'obtenir ce résultat, je procède comme si je la cherchais. Je pars du principe que la semaine est de 7 jours et par déductions et remarques, j'en conclus les règles.

Principe. — La semaine étant de 7 jours, les jours comptés de 7 en 7 portent le même nom.

Déduction I. — Si le premier jour est un dimanche, les 8 (1 + 7), 15 (8 + 7), 22 (15 + 7), 29 (22 + 7) janvier seront aussi des dimanches. Je puis continuer : 29 + 7 = 36; mais le mois de janvier étant de 31 jours, le 36 correspond au 5 (36 — 31) février. Et raisonnant toujours de même, je forme le Thème I :

Dates du même jour que le 1er janvier. — Janvier, 1, 8, 15, 22, 29; février, 5, 12, 19, 26; mars, 5, 12, 19. 26; avril, 2, 9, 16, 23, 30; mai, 7, 14, 21, 28; juin, 4, 11, 18, 25; juillet, 2, 9, 16, 23, 30; août, 6, 13, 20, 27; septembre, 3, 10, 17, 24; octobre, 1, 8, 15, 22, 29; novembre, 5, 12, 19, 26; décembre, 5, 10, 17, 24, 31.

Remarque I. — Le 1er janvier et le 31 décembre correspondent au même jour.

Remarque II. — Les quantièmes de janvier correspondent à ceux d'octobre, ceux d'avril à ceux de juillet, et je vois que je puis écrire comme coïncidants : septembre et décembre; février, mars et novembre.

Déduction II. — D'après le Thème I et la remarque II, je compose le Thème II :

Janvier, octobre, 1, 8, 15, 22, 29; avril, juillet, 2, 9, 16, 23, 30; septembre, décembre, 3, 10, 17, 24; juin, 4, 11, 18, 25; février, mars, novembre, 5, 12, 19, 26; août, 6, 13, 20, 27; mai, 7, 14, 21, 28.

Remarque III. — Suivant la déduction I, je puis supprimer les quatre nombres de droite du Thème II, et j'obtiens le Thème III :

Janvier, octobre, 1; avril, juillet, 2; septembre, décembre, 3; juin, 4; février, mars, novembre, 5; août, 6; mai, 7.

Ce dernier Thème nous apprend que si le 1er janvier est un mercredi, par exemple, le 5 novembre, le 3 septembre, le 7 mai, etc., seront des mercredis.

Problème I. — Trouver le jour correspondant au 26 décembre sachant que le 1er janvier est un mardi. Je raisonne comme suit : le 3 décembre étant de même jour que le 1er janvier, le 3 décembre est un mardi, il en est de même du 10 (3 + 7), du 17 (10 + 7), du 24 (17 + 7). Le 24 étant un mardi, le 26 est le second jour suivant le mardi, c'est-à-dire un jeudi. Le 26 décembre est donc un jeudi.

Règle I. — Pour trouver le jour correspondant à une date, connaissant le 1er jour de janvier, on cherche dans le Thème III le mois de la date; on ajoute, au nombre situé sur le chiffre de ce mois, 7 ou un multiple de 7, afin d'approcher le plus possible de la date proposée. On obtient ainsi une date correspondant au même jour que le 1er janvier; puis on calcule combien de jours séparent cette date trouvée de la date proposée; on compte un nombre de jours égal suivant le jour de la date trouvée et l'on a le jour correspondant à la date proposée.

Remarque IV. — Dans les années bissextiles les dates sont reculées d'un jour à partir du 1er mars. Quand il s'agira d'une année bissextile, on fera donc remonter chaque mois d'un chiffre dans le Thème III, sauf pour janvier et février. Ainsi avril et juillet iront sur le chiffre 1; octobre, devant monter sur un chiffre qui n'existe pas, redescendra sur le chiffre 7; septembre et décembre se placeront sur le chiffre 2;

juin, sur le chiffre 3; février, mars et novembre, sur le chiffre 4; août, sur le chiffre 5; mai, sur le chiffre 6.

Cela établi, il est nécessaire de savoir déterminer le premier jour de janvier d'une année quelconque du dix-neuvième siècle. Pour résoudre la question, j'ai comparé tous les calendriers annuels depuis l'an 1800 jusqu'à l'an 1900 et j'ai fait les remarques suivantes :

Remarque V. — Pour qu'une année soit bissextile, il faut que les deux derniers chiffres de droite forment un nombre divisible exactement par 4. Exemple : 1876 est bissextile car 76 est exactement divisible par 4. (Cette remarque doit déjà être connue du lecteur.)

Remarque VI. — Le 1er janvier et le 31 décembre étant même jour dans les années simples, le 1er janvier d'une année sera le jour suivant le jour du 1er janvier de l'année précédente. Ainsi, si le 1er janvier 1889 est un mardi, le 1er janvier 1890 est un mercredi. Le 1er janvier d'une année bissextile étant un jour précédant celui du 31 décembre, le 1er janvier d'une année suivant une année bissextile, sera deux jours suivant le 1er janvier de l'année bissextile. Ainsi, le 1er janvier 1888 est un dimanche, le 1er janvier 1889 sera un mardi.

Remarque VII. — Les années commençant par un même jour se succèdent par intervalles de 5, 6, 11, 6 ans à partir d'une bissextile. Ainsi 1804 est bissextile, son 1er janvier est un dimanche; le 1er janvier des années 1809 (1804+5), 1815 (1809+6), 1826 (1815+11), 1832 (1826+6) sera un dimanche. L'année 1832 étant bissextile la période 5, 6, 11, 6 (dont

la somme est 28), recommencera et l'on aura les
années : 1837, 43, 54, 60 — 1865, 71, 82, 88 — 1893, 99.

Problème II. — Trouver le jour correspondant au
1er janvier 1877, sachant que le 1er janvier 1804 est
un dimanche.

Je raisonne comme suit :

Le 1er janvier 1804 étant un dimanche, le 1er janvier de l'année 1804 + 18 + 28 + 5 + 6 = 1871 est un
dimanche ; le 1er janvier 1876 tomba (1876 — 1871)
cinq jours après un dimanche, c'est-à-dire un samedi.
L'année 1876 étant bissextile le 1er janvier 1877 est
un lundi.

Règle II. — Sachant que le 1er janvier 1804 est un
dimanche, pour déterminer le premier jour de janvier d'une année quelconque, on ajoute à 1804 la
somme de la période, c'est-à-dire 28 ou une partie de
la période 5, 6, 11, 6 autant de fois qu'il faut pour
approcher le plus de l'année proposée ; l'année obtenue par cette opération commencera par un dimanche ; alors par déduction d'après la remarque VI on
arrivera aisément à la solution de la question.

Récapitulation. — Déterminer le jour correspondant au 11 mars 1890.

1804 + 28 + 28 + 28 = 1888 ; 1er janvier 1888 est
un dimanche ; 1er janvier 1889 est un mardi ; 1er jan-
1890 est un mercredi ; 5 + 7 = 12, le 12 mars 1890 est
un mercredi, donc le 11 est un mardi.

Il est important de connaître par cœur le Thème III
et la période 5, 6, 11, 6 et le jour du 1er janvier 1804.

                (M. *Maurice Wurth*, à Liège.)

———

Les joints au minium. — Nombre d'industriels

préfèrent, pour les joints de vapeur et même les joints
de conduites d'eau, le mastic au minium à tous les
autres, bien qu'il ne soit pas le moins coûteux. Si on
le prépare d'avance, suivant les procédés ordinaires,
quelque soin qu'on prenne à le couvrir, à le protéger
par une légère couche d'huile, il ne tarde pas à durcir, et, au moment de l'emploi, il faut le broyer, le
battre à nouveau, pour lui rendre le liant nécessaire
à son application sur les parties métalliques qu'il
doit réunir. C'est la conséquence de la réaction qui
se produit dans les huiles, en présence de certains sels
métalliques dont ceux de plomb font partie : l'huile
s'oxyde, se résinifie, et la masse se prend et durcit
assez promptement. — Si on le prépare au moment
de l'emploi, par petites quantités pour éviter cet inconvénient, c'est un mastic qui revient réellement trop
cher. En mélangeant à l'huile employée à faire le
mastic de minium, une certaine quantité d'huil
lourde de Boghead dégoudronnée ou d'oléonaphte
(de 25 à 30 pour cent), on peut sans crainte préparer
d'avance une provision de mastic, car il conserve sa
fraîcheur et sa plasticité.

**Remplacement du jute par la fibre de pin
dans la fabrication des toiles pour les sacs.** —
Des essais prolongés ont été exécutés à Charleston
sur la toile à sacs faite au moyen de fibres de pin,
en vue de la substituer à la toile de jute. Ils ont fourni
les indications suivantes : La toile pour sacs produite
à l'aide de fibres de pin peut avoir un poids déterminé
quelconque par mètre ; elle ne peut pas pourrir ni
tacher le coton auquel elle sert d'emballage. Le prix

de vente de ce nouveau produit serait inférieur à celui de la toile de jute, même dans l'hypothèse où le jute serait admis en franchise de droits. La fabrication de toile pour sacs en fibres de pin peut devenir pour le sud du pays, une branche d'industrie très lucrative, attendu que la matière première ne coûte presque rien.

Contre la buée des vitrines. — La buée qui se forme sur les vitrines des magasins provenant de la condensation de la vapeur d'eau contenue dans l'air de l'intérieur sur les glaces qui sont à la température de l'air extérieur, il faut, pour l'éviter, établir un courant d'air froid sur la face intérieure des glaces de la façon suivante : Si la vitrine est fermée, ce qui est le cas le plus fréquent, il faut ouvrir une prise d'air dans un angle de la partie inférieure sur la rue, puis en ouvrir une deuxième, un peu plus grande, dans l'angle supérieur et opposé, il s'établit ainsi un courant d'air froid par ces deux bouches qui traverse en diagonale la vitrine et qui, en maintenant les deux faces de la glace à une température à peu près égale, empêche la formation de la buée, surtout lorsque le gaz est allumé. (M. *Pichonat*, à Bourges.)

Manière de débarrasser un chien de ses puces. — Pour débarrasser un chien de ses puces, il ne faut pas se contenter de les détruire sur place, ce à quoi on arrive facilement au moyen de poudres insecticides, comme celle de pyrèthre ou de graines de staphysaigre, projetées au fond des poils, ou en oignant

le fond des poils d'huile de laurier ou d'huile ordinaire
dans laquelle on a incorporé un peu de tabac en poudre, onction qu'on fait suivre, après un intervalle de
douze heures, d'un bon bain savonneux; — on peut
aussi employer les bains de barèges artificiels qui
produisent le même effet; — mais il faut surtout
détruire la source des puces, c'est-à-dire les nids où
grouillent des larves : on y arrive en échaudant,
c'est-à-dire en répandant de l'eau littéralement bouillante sur le sol où elles existent, dans les fissures des
planches, dans l'intérieur des niches à chiens.

**Moyen d'éviter le dépôt de buée sur les lor-
gnons.** — Pour éviter le dépôt de buée sur un lorgnon
quand on entre dans une pièce chauffée, il faut avoir
soin, avant d'entrer, de le retirer et de le mettre dans
la poche pour le laisser échauffer; on peut ensuite le
remettre sans inconvénient. (M. *Piequel*, à Reims.)

On mouille légèrement les verres avec de la glycérine, mais de façon à n'avoir qu'une très faible couche.
(M. *Yvon*, à Paris.)

Avant d'entrer dans une pièce chaude, projeter l'ha-
leine sur les deux faces des verres du lorgnon et essuyer aussitôt. Le peu de chaleur transmise suffit à
empêcher le dépôt de la buée. (M. *P. Gay*, à Paris.)

Conduits à gaz et à air combinés. — Chacun sait
que la consommation de l'air dans les locaux fermés
est sensiblement augmen'ée par la combustion du gaz

d'éclairage, qui, elle-même, subit les effets de sa raréfaction. Pour éviter cette raréfaction de l'air res-
pirable par la combustion du gaz, pour augmenter
la puissance d'éclairage de ce dernier et pour éviter
la corruption de l'air produite par une combustion
incomplète, M. Edel propose une disposition permettant d'amener du dehors l'air nécessaire à la combustion du gaz. A l'extérieur de la muraille, on dispose une cavité servant de réservoir de prise d'air, et
fermée au dehors par une persienne à lames inclinées
vers le sol, de façon à éviter que la violence des coups
de vent n'agisse sur la flamme des becs. On peut, en
outre, dans le même but, diviser le réservoir en compartiments par un certain nombre de cloisons parallèles, alternativement écourtées, de façon à obliger
l'air à parcourir un chemin sinueux, avant d'arriver
au conduit d'aspiration, et, par suite, lui faire perdre
sa vitesse. Un conduit part de ce réservoir et va re-
joindre le tuyau de gaz auquel il est juxtaposé, et ces
deux tuyaux se rendent au brûleur. Le conduit d'air
aboutit à un cylindre clos dans lequel se trouve en-
fermé le bec de gaz; ce cylindre est fermé, à sa partie
supérieure, par un tamis par où l'air peut s'échapper en se mélangeant au gaz. Pour empêcher l'affluence
de l'air contenu dans le local, le bec de gaz est en-
touré, en outre, d'une cloche fermée par le bas.

Manière de copier une broderie. — « On pose
la broderie à copier sur une surface plane, une table,
par exemple; on la recouvre d'une feuille de papier
suffisamment souple, le papier écolier convient très
bien, puis on frotte rapidement le papier avec le dos

du petit bout d'une cuiller en étain. La broderie se
décalque presque instantanément. On place alors le
décalque obtenu sur un papier bleu spécial bien
connu des dessinateurs en broderie et avec un crayon
on suit le contour du dessin; on obtient ainsi sur
l'étoffe une copie de la broderie. Ce même procédé
peut s'appliquer à la reproduction des pièces de mon-
naie et, en général, à la copie de tout dessin en léger
relief (feuilles d'arbre, ornements au fer sur cuir, car
ton, etc. » (M. *L'Esprit*, à Paris.)

Bouchon fermant hermétiquement. — Il existe
quantité de procédés pour donner aux bouchons de
liège la souplesse et l'imperméabilité désirables. En
voici un, qui permet de les rendre non seulement parfaitement étanches, mais encore inattaquables aux
acides, avantage largement apprécié par les chimistes
et les amateurs photographes. Après avoir choisi de
bons bouchons de liège, on les plonge pendant quelques heures dans une solution de 15 grammes de
gélatine ou de colle ordinaire et de 24 grammes de
glycérine pour un demi-litre d'eau; la solution est
chauffée à 44-48°. Après avoir retiré les bouchons,
on les fait sécher à l'ombre. Ils sont alors parfaitement
étanches. Pour leur donner la seconde qualité, c'est-
à-dire leur permettre de résister aux acides, on les
baigne dans une mixtion de vaseline (2 parties) et de
paraffine (7 parties) chauffée à 40°. On pourrait toutefois, il semble, supprimer cette seconde opération
en ajoutant à la solution de glycérine-gélatine un peu
de bichromate de potasse ou de bichromate d'ammoniaque et en exposant à la lumière les bouchons

ainsi traités. La gélatine bichromatée, une fois exposée, étant insoluble dans l'eau chaude et demeurant inattaquée par les acides, on aurait d'excellents bouchons pour les laboratoires.

Manière pratique de couper la ficelle. — Il suffit de faire un nœud ordinaire, à l'endroit où l'on veut briser la ficelle : en donnant un coup sec, on obtient le résultat désiré sans que l'on en sente rien sur les mains, à la condition toutefois de donner le coup *franchement* et d'avoir bien serré la ficelle autour des mains. (M. G. *Pellissier*, à Paris.)

L'humidité sur les bords de la mer. — Habitant les bords de la mer une grande partie de l'année, j'ai combattu l'humidité à l'aide de la chaux vive. J'ai fait faire des boîtes en fer-blanc, fermant bien, à deux compartiments superposés. La feuille de métal qui établit la séparation est percée de trous. On met la chaux dans le compartiment inférieur, en ayant le soin de laisser assez d'espace pour le boursouflement; les objets à préserver sont placés dans le compartiment supérieur, j'ai conservé ainsi des gants sans détérioration de la peau, je pense qu'il en doit être de même pour les chaussures. (*Un abonné*, à X.)

Soin des chaussures de campagne. — Pour empêcher les chaussures de moisir, il suffit de les enduire de vaseline. Il ne faut pas croire cependant que la moisissure détériore le cuir ; elle lui conserve, au contraire, toute sa souplesse. (M. *H. Horiot*, à Troyes.)

Dans 500 grammes d'huile de pied de bœuf faire dissoudre, sur un feu doux, 150 grammes de gutta-percha *coupée en très petits morceaux et agiter* jusqu'à parfaite dissolution; pendant qu'elle est chaude en passer une couche ou deux sur les cuirs également chauffés et bien secs... Cet enduit préserve de l'humidité et conserve au cuir sa souplesse. Je pense que cela empêche aussi la moisissure, je vais l'expérimenter. — Voici encore une autre recette pour le même usage : sur un feu modéré faites fondre une certaine quantité de cire jaune, ajoutez-y, en remuant, même poids de saindoux et autant de miel; complétez la composition, après l'avoir retirée du feu, avec la moitié d'essence de térébenthine et malaxez jusqu'à parfait mélange; chauffez légèrement le cuir et passez au pinceau plusieurs couches successives de cet enduit. (*Un abonné*, à Saint-Dié.)

Manière d'empêcher un chat de manger des oiseaux. — Nous avions à B... un chat qui mange les oiseaux. Nous ne voulons pas nous en défaire ; nous avons trouvé le moyen de l'empêcher de dévaster nos bosquets en suivant la méthode qui nous a été communiquée par un amatéur. Ce dernier s'étant trouvé dans le même cas avait résolu la question en attachant un grelot au cou de son chat. N'y aurait-il pas lieu d'indiquer ce moyen dans les *Recettes et procédés utiles?* Je crois qu'on rendrait service à bien des lecteurs (*X...*, à Paris.)

Problèmes à résoudre avec des allumettes.
— Je trouve quelquefois dans *La Nature* des jeux de
patience faits avec des allumettes. J'espère être

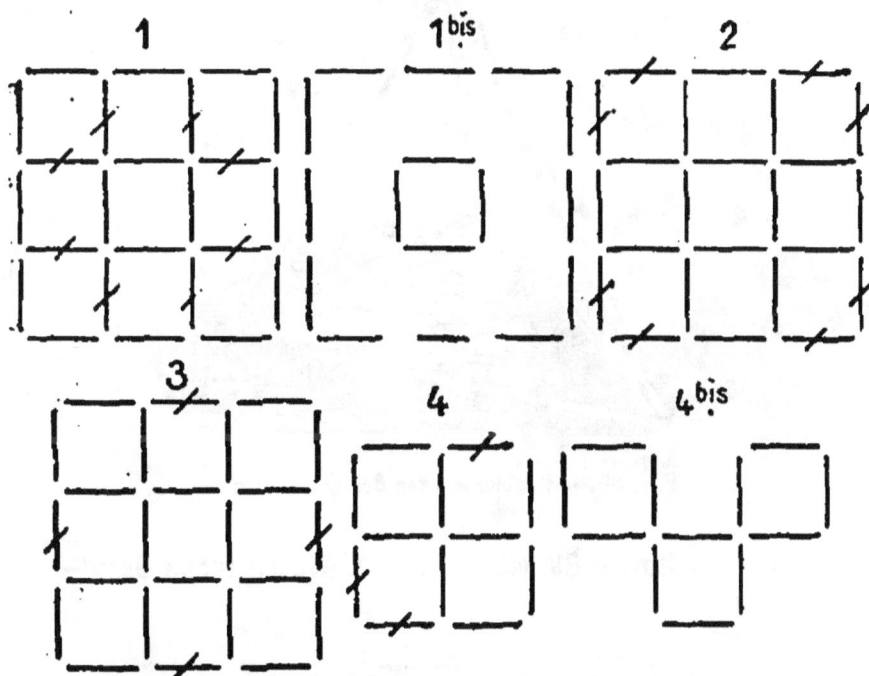

Fig. 88. — Problèmes à résoudre avec des allumettes. — 1. Oter 8 allumettes pour laisser 2 carrés. 1 *bis*. Solution. — 2. Oter 8 allumettes
pour laisser 5 carrés. — 3. Oter 4 allumettes pour laisser 5 carrés. —
4. Changer de place 3 allumettes pour faire 3 carrés. 4 *bis*. Solution

agréable aux amateurs de *Récréations mathématiques*
en leur en indiquant trois ou quatre qui n'ont pas
encore été publiés. (*M. P. Plequet*, à Reims.)

Autre problème. — Avec six allumettes construire quatre triangles équilatéraux, chaque côté
étant formé par une allumette. — Si l'on cherche à
résoudre le problème par des figures planes, on ne

peut y arriver ; mais il suffit de songer au tétraèdre régulier pour que le problème soit résolu, comme le

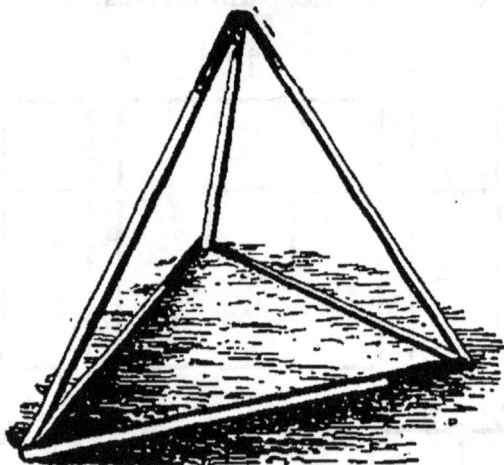

Fig. 89. —Problème avec des allumettes.

montre la figure 89. (M. *G. L...* élève au lycée Saint-Louis.)

Moyen d'empêcher une porte de crier quand on n'a pas d'huile. — Rien n'est insupportable, surtout quand on travaille, comme d'entendre *crier* une porte; ce qui produit ce *cri*, c'est le frottement à nu des deux parties du gond, sans qu'aucun lubrifiant vienne faciliter ce frottement. Quand on a de l'huile, rien de plus simple que d'en graisser les gonds; mais il est rare que l'on ait de l'huile dans un bureau de travail; l'on peut, en outre, se faire des taches. Tout le monde, au contraire, a sur sa table un crayon. Il suffit de frotter les gonds avec la pointe dudit crayon, surtout s'il est un peu tendre, pour faire disparaître totalement le *cri* de la porte, le graphite étant un des meilleurs lubrifiants connus.

Puissance d'absorption des matériaux de construction et temps nécessaire à leur séchage naturel. — Voici quelques chiffres donnés par M. C. Tollet au Congrès d'hygiène, à l'exposition universelle de 1889; ils pourront être utiles aux constructeurs. Ils se rapportent aux quantités d'eau que peuvent absorber les matériaux de construction les plus usuels; ils ont été déduits d'expériences faites sur soixante échantillons. Le plâtre cuit pulvérisé et réduit en bloc absorbe, par décimètre cube, de 400 à 425 grammes d'eau ; la mosaïque composée de mortier de chaux hydraulique et de petits cailloux concassés, 280; les ciments et dalles, de 80 à 200; les calcaires tendres ou grossiers, de 140 à 335 ; les calcaires durs, de 120 à 170; les meulières, de 80 à 200; les ardoises, de 10 à 90; les tuiles de 26 à 290 ; les briques, de 60 à 325; les carreaux, 20; le grès, 15; le grès cérame, de 5 à 50; le bois de chêne, 45 ; le bois de sapin, 50. L'absorption maxima ou à saturation ne se produit pas dans les mêmes délais, ni avec la même progression; il y a des différences très marquées jusque dans les matériaux similaires et de même catégorie. Ainsi, pour la tuile et l'ardoise, la saturation se produit en moyenne au bout de six heures d'immersion, tandis que pour les briques, il suffit de deux heures. Le ciment, les pierres meulières, les calcaires durs et les bois emploient un délai compris entre deux et six heures. Les grès n'emploient que deux heures à absorber une petite quantité d'eau. Quant au temps nécessaire à la dessiccation, il est très variable ; la dessication naturelle est très lente pour la plupart des matériaux. Les calcaires tendres n'ont perdu que le 1/12 de leur eau d'absorption au bout de soixante-quatre heures ; les meulières, les 4/5 ; le sapin, le 1/10 ; les calcaires durs et le chêne, le 1/3 ; les briques et le ciment, au bout de ce temps, ont perdu la moitié de leur eau d'absorption. Certaines ardoises, tuiles et briques, les carreaux en grès, le grès cérame, le bois de sapin, sont les matériaux les plus hydrofuges : leur siccité est à peu près complète au bout de quelques heures et, comme ce sont aussi ces matériaux qui absorbent le moins d'eau, ils doivent être préférés. Lorsque la brique est beaucoup plus chère que les moellons, ce qui arrive dans bien des localités, il faut l'employer au moins comme chemise interne pour éviter toute humidité.

La conservation des tableaux à l'aquarelle. — Le Dr Liesegang indique la méthode suivante. On sait avec quelle rapidité les aquarelles pâlissent, exposées à la lumière du jour. Toutefois, si la lumière, avant d'arriver au tableau, traverse une substance fluorescente, l'action chimique ne se fait plus, et les couleurs restent intactes. Le sulfate de quinine est une substance de ce genre ; mais, comme une solution appliquée directement serait fatale aux couleurs, on l'applique en pratique aux vitres de l'appartement où se trouvent les tableaux. La solution est incolore à la lumière transmise, et, par conséquent, invisible de l'intérieur de la chambre. Cette solution de sul-

18.

fate de quinine rendrait peut-être de bons services
aux usines où l'on fabrique des papiers sensibles, tels
que les papiers au gélatino-chlorure, les papiers à
l'albumine sensibilisés, etc. Pour toute sécurité on
pourrait, avec cette solution, donner une couche intérieure et une couche extérieure aux vitres des fenêtres des usines. Quoi qu'il en soit, nous avons exposé
à une forte lumière un morceau de papier à l'albumine sensibilisé sous un verre, portant d'un côté
une couche de la solution de quinine, et le papier
resta, pendant deux jours, presque incolore. Il serait
certainement très avantageux de pouvoir travailler
dans ces usines à la pleine lumière du jour.

Moyen de déterminer l'humidité de l'air. —
Dans le *Rep. Annal. chem.*, M. Rueckert, rappelant
les propriétés bien connues des sels de cobalt et de
nickel, qui, pour des changements de couleur, indi-
quent le degré d'humidité de l'air, recommande les
combinaisons suivantes, qui peuvent être étendues
sur les carreaux de vitre d'une fenêtre, sur un papier
recouvrant la muraille, ou sur tout autre corps convenable : 1° chlorure de cobalt, 1 partie ; gélatine, 10 ;
eau, 100 ; 2° chlorure de cuivre, 1 partie ; gélatine,
10 ; eau, 100 ; 3° chlorure de cobalt, 1 partie ; gélatine, 20 ; eau, 200 ; oxyde de nickel, 75 ; chlorure de
cuivre, 25. Ces combinaisons sont incolores quand le
temps est humide ; quand il est clair, le n° 1 donne
une couleur bleue ; le n° 2, une couleur jaune, et le
n° 3, une couleur verte.

Récréation mathématique. —Le problème consiste dans la construction d'un carré avec dix morceaux de carton provenant de cinq carrés égaux entre eux et également divisés en deux parties suivant la ligne AB. A est le milieu du côté (fig. 1). En plaçant ces cinq carrés exactement comme l'indique la figure 2, et faisant pirouetter les quatre triangles ombrés autour des points A, ils viennent occuper les parties pointillées et former ainsi le carré cherché. Géométriquement on arrive, plus facilement, à la

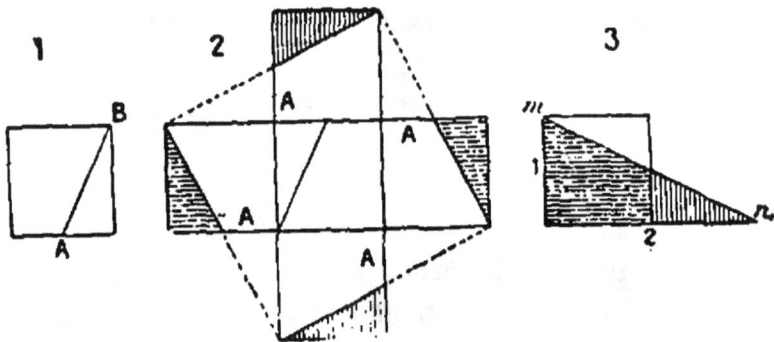

Fig. 90. — Figures explicatives.

solution en cherchant comment l'on peut former le côté du carré demandé, qui doit avoir la valeur de $\sqrt{5}$. La figure 3 explique clairement comment l'on obtient $mn = \sqrt{5}$. (*M. A. J. de P.*, à Perpignan.)

Plantes baromètres. — Le *Petit traité de météorologie agricole*, par M. Canu, contient une liste de pronostics, à propos de l'aspect que présentent certaines plantes, suivant l'état de l'atmosphère; nous allons en citer quelques exemples: Si la tête de la

Nigelle des champs se penche : *Chaleur*. Si la tête de la Nigelle des champs se dresse : *Fraîcheur*. Si les tiges du Trèfle et d'autres légumineuses se dressent : *Pluie*. Si la feuille de l'Alleluia se relève : *Orage*. Si la feuille de la Drave printanière se replie doucement : *Tempête*. Si la fleur de la Belle-de-Jour se ferme : *Pluie*. Si la fleur de Mouron se ferme : *Pluie*. Si la fleur de l'Oxalis s'ouvre : *Beau*. Si la fleur de l'Oxalis se ferme : *Pluie, Orage*. Si la fleur de la Carline se ferme : *Tempête*. Si la fleur de la Laitue s'épanouit : *Pluie*. Si la fleur du Petit Liseron se ferme : *Pluie*. Si la fleur de Népenthès se renverse : *Pluie*. Si la fleur de Népenthès se relève : *Beau*. Si la fleur de la Quintefeuille s'étale : *Pluie*. Si la fleur de la Quintefeuille se replie : *Beau*. Si la fleur du Souci d'Afrique se referme : *Pluie*. Si la fleur du Souci pluvial se replie . *Pluie*. Si les écailles du Chardon à foulon se rapprochent, se tiennent serrées : *Pluie*.

Mesure des distances en vélocipède. — *Là Nature* a donné plusieurs moyens de mesurer les distances au pas. En voici un autre. Si le terrain que vous avez à mesurer n'est pas raboteux et si vous êtes vélocipédiste, vous enfourchez votre machine et vous comptez vos doubles pas (tours de pédale). Ensuite vous les convertissez en mètres. Bien entendu vous avez soin, au préalable, de compter les tours de pédale que fait votre vélocipède sur une distance donnée. Par ce procédé, avec une bicyclette qui fait 22 tours par 100 mètres, j'ai mesuré des distances de 1 à 2 kilomètres, à 4 mètres près, en faisant le kilomètre en 4 minutes. (M. *O. B.*, à Cugand.)

Le partage difficile. — M. X... laisse à sa mort un pré de forme carrée, dont un quart est donné aux pauvres. Le défunt désire que la partie restante soit partagée à ses quatre enfants en quatre parties égales en surface et en forme. Le problème est simple par lui-même, mais fait chercher souvent assez longtemps. Les figures ci-dessus A et B donnent la solu-

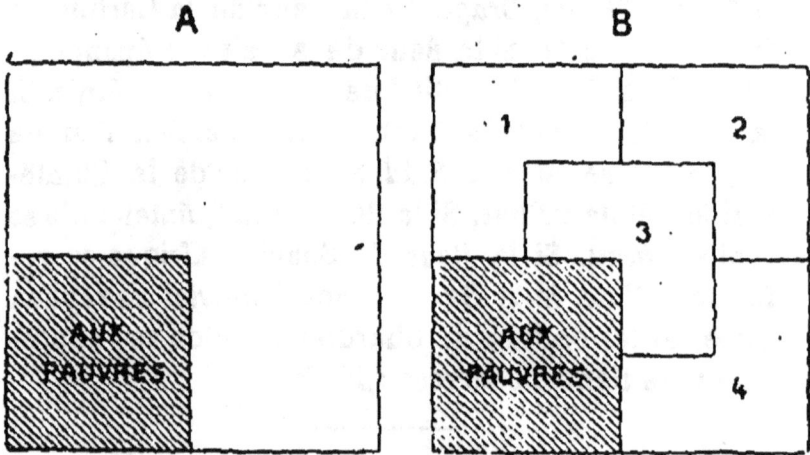

Fig. 91. — Partage difficile.

tion. Le terrain A a fourni un quart de sa surface aux pauvres. Les portions 1, 2, 3, 4, de la figure B répondent à la donnée du problème. (M. J. Hammer, à Lyon.)

Physique amusante. — **La décapitation.** — Chaque prestidigitateur a sa décapitation présentée d'une façon différente et dont, avec raison, il cache autant que possible la machination. Ce ne sera donc pas violer le « secret professionnel », si soigneusement gardé en prestidigitation, que d'indiquer le moyen en

question. L'opérateur présente le patient, qui est généralement une femme portant un costume voyant,
et le fait coucher sur une table de 2 mètres de longueur, et drapée complètement, qui se trouve là ; puis
prenant un énorme sabre ou une hache, il se met en
demeure de trancher la tête d'un seul coup. Le patient
remue ; craignant alors de manquer son coup, il lui
bande les yeux et demande au public si on veut qu'il
couvre le corps d'un drap pour éviter la vue de l'opération aux personnes sensibles ; en faisant cette question il fait le geste de couvrir le sujet qui, à ce moment
précis, se trouve caché aux yeux du public pendant
deux secondes. Tirant alors, soit avec un fil, soit avec
le pied, un verrou invisible, le dessus de la table
bascule dans le sens de la longueur ; le patient tombe
dans le dessous de la table qui est garni de lanières
comme un lit de sangles. La seconde face du dessus
de la table qui supporte un mannequin de taille et
de costume semblable à l'opéré prend la place de la
première face. Rien de plus simple alors de couper
la tête retenue en place par un coin à ressort et de
la montrer au public d'une main, en découvrant le
corps de l'autre. Le prestidigitateur pose ensuite cette
tête aux pieds du corps et au moment où il se trouve
devant pour la poser et qu'il la cache forcément au
public, il l'enfonce dans une trappe pratiquée à cet
effet, pendant que le patient véritable, tombé dans la
table et qui s'est retourné, passe sa tête vivante par
une trappe à côté. Tel est, en peu de mots, parmi les
systèmes de décapitation, celui qui, se rapprochant
le plus du truc américain, en diffère par quelques
points essentiels. Naturellement, l'éloignement scéni-
que, la parole de l'opérateur, etc., ajoutent à l'illusion

et contribuent à frapper vivement l'imagination du spectateur le plus prévenu. (M. *Alber*, prestidigitateur, à Paris.)

Récréation mathématique. — On peut aisément déterminer la date, le mois et l'année de la naissance d'une personne, si l'on veut lui faire effectuer les opérations suivantes : on demande à une personne d'inscrire le quantième du mois de sa naissance, de le doubler, d'ajouter 4 au nombre ainsi formé, le multiplier par 50, puis d'ajouter le numéro du mois. On prie la personne de multiplier par 100 ; de retrancher du nombre obtenu l'âge qu'elle avait l'année précédente. Puis de ce dernier nombre retrancher encore le nombre fatidique 19 911. On obtient ainsi un nombre et c'est ce dernier nombre seul que la personne interrogée doit indiquer au questionneur. Ce dernier sépare ce nombre en tranches de deux chiffres en commençant par la droite, ce nombre est formé de cinq ou six chiffres ; la dernière tranche à gauche peut avoir par conséquent un ou deux chiffres. La première tranche à gauche donne le quantième du mois de la naissance de la personne questionnée, la deuxième donne le mois, et la troisième les deux derniers chiffres de l'année. Fixons maintenant les idées par un exemple : supposons une personne, née le 29 août 1844. Prenons le quantième du moins de la naissance 29, doublons-le : 58, ajoutons 4, nous avons 62. Multiplions par 50 = 3100, ajoutons le numéro du mois de la naissance 8, il vient 3108. Multiplions encore par 100, puis retranchons l'âge de l'année dernière, nous avons le nombre 310 800 — 45 = 310 755. Retranchons enfin de ce nombre 19 911, nous obtenons 29 0844 ; ce qui signifie bien que la personne est née le 29 du 8ᵉ mois en l'année 1844. Il est bien évident que dans tous les calculs qui précèdent la personne interrogée doit se contenter de faire des calculs à l'insu de la personne qui les indique et de ne donner que le résultat final. C'est à l'aide de ce résultat que l'interrogateur résout le problème. Le nombre 19 911 doit varier d'une année à l'autre : tous les ans il doit être diminué d'une unité. — En 1891, ce chiffre deviendra 19910 et ainsi de suite. (M. *L. Marchetti*, à Paris.)

Manière de confectionner soi-même un vêtement imperméable et léger. — Se faire confectionner un vêtement de telle forme qu'on voudra en calicot serré et fin. Il le faut fin, car les opérations qu'il subira l'épaissiront suffisamment. Le calicot pour chemises convient parfaitement, à la condition qu'il soit serré. On le place sur une planche supportée par deux tréteaux. Avec une petite éponge on l'enduit à l'endroit d'huile de lin très siccative et additionnée d'un peu de terre de Sienne ou d'ombre brûlée pour lui donner une couleur brune. Il importe de déposer très peu d'huile à la fois, de frictionner fortement et par petites parties. L'huile doit juste mouiller l'étoffe ; on laisse sécher à l'ombre pendant quelques jours. Puis on donne une deuxième couche à l'envers. On laisse encore sécher à l'ombre pendant quelques jours et on termine par une troisième couche à l'endroit. Si, par hasard, l'étoffe n'était pas assez imperméable, on pourrait donner une quatrième couche à l'endroit. Si on le désirait, on pourrait faire teindre le calicot

avaut d'opérer. De cette façon on obtiendra un vêtement léger, imperméable et ne poissant pas comme
ceux achetés chez les marchands. (M. O. *Labadie de
Lalande*, à Bordeaux.)

Moyen d'obtenir des fruits non véreux. — Il
paraît que pour obtenir des fruits non véreux, il existe
un procédé qui se trouve à la portée de tous. Il suffit,
assure-t-on, d'asperger les arbres avec de l'eau vi-
naigrée (10 gr. par litre d'eau). On opère à deux reprises successives, au moment de l'épanouissement
des fleurs d'abord, puis quand les pétales commencent
à tomber. L'odeur du vinaigre jouirait du privilège
d'éloigner les mouches et les papillons qui viennent
déposer leur œufs dans les jeunes fruits.

Manière de tuer les rats électriquement. —
Un de nos lecteurs à Mexico nous communique le
moyen suivant de tuer les rats électriquement. Des
deux fils partant des pôles d'une bobine de Ruhmkorff,
l'un aboutit à une plaque de métal placée horizontalement, l'autre arrive dans un tube de verre à une
petite distance de la plaque de métal. Ce dernier fil
porte un crochet métallique destiné à suspendre de
petits morceaux de pain ou autres substances. Le
rongeur en passant sur la plaque veut aller atteindre
le pain, il reçoit aussitôt la décharge de la bobine et
tombe foudroyé. Pour perfectionner l'appareil, il faudrait adapter sur la plaque un dispositif qui, au moment où le rat passerait, fermerait le circuit de la
pile et actionnerait la bobine de Ruhmkoff, pour

éviter que cette dernière ne reste continuellement en fonction.

———

Destruction des rats. — On sait combien il est difficile d'amorcer les pièges à rats ; les pièges les mieux combinés restent souvent sans effet. Le capitaine Weedin, directeur du Jardin zoologique de Washington, avait, comme cela arrive dans la plupart des établissements où l'on tient des oiseaux, ses bâtiments infestés par les rats, et ne pouvait réussir à s'en débarrasser. Il crut remarquer un jour que les rongeurs étaient particulièrement friands de la graine de tournesol, et il en amorça ses pièges. Depuis ce temps, les rats se prennent par quinzaine.

———

INDEX ALPHABÉTIQUE

FIN DE L'INDEX ALPHABÉTIQUE

TABLE DES MATIÈRES

DE LA TROISIÈME SÉRIE

Paris. — Imprimerie Lahure, 9, rue de Fleurus.

www.ingramcontent.com/pod-product-compliance
Lightning Source LLC
Chambersburg PA
CBHW050455270326
41927CB00009B/1750